世界史

本书为湖北省教育厅人文社会科学专项研究项目（编号：2
本书出版得到湖北大学历史文化学院世界史硕士学位点建设经费资助。

On the Changes of Marriage Ideas in Early Modern England

近代早期英国婚姻观念的变迁

宋佳红◎著

中国出版集团
世界图书出版公司
广州·上海·西安·北京

图书在版编目（CIP）数据

近代早期英国婚姻观念的变迁 / 宋佳红著 . —广州：世界图书出版广东有限公司，2025.1重印

ISBN 978-7-5100-9693-8

Ⅰ . ①近…　Ⅱ . ①宋…　Ⅲ . ①婚姻—观念—研究—英国—近代　Ⅳ . ① C913.13

中国版本图书馆 CIP 数据核字（2015）第 110401 号

近代早期英国婚姻观念的变迁

策划编辑　于光明
责任编辑　梁少玲
出版发行　世界图书出版广东有限公司
地　　址　广州市新港西路大江冲 25 号
http:// www.gdst.com.cn
印　　刷　悦读天下（山东）印务有限公司
规　　格　710mm × 1000mm　1/16
印　　张　13.5
字　　数　200 千
版　　次　2015 年 5 月第 1 版　2025 年 1 月第 3 次印刷
ISBN　978-7-5100-9693-8/D · 0117
定　　价　68.00 元

序

婚姻既是一个具有严格法律意义和丰富社会文化内涵的概念，又是一个具有漫长历史过程的演变形态。具体到世界各民族、各地区、各国家而言，婚姻还呈现出多种多样的形式和结构差异。历史研究无论中外，也无论政治史、经济史、社会史、文化史，婚姻往往或多或少、或轻或重地构成其中的某项元素，例如婚姻与传统社会王位子嗣的衍生和王权承继，社会经济变革与婚姻方式和婚姻形态的相互勾连，婚姻与家庭构建和生计维系，婚姻的社会状况与社会的稳定和发展，文化道德观念和宗教信仰对于婚姻产生的潜移默化和至为深远的影响。因此，历史学领域中的婚姻问题研究，如同法学、社会学领域的同类研究一样，具有十分重要的学术价值和现实意义。

宋佳红所著的《近代早期英国婚姻观念的变迁》，即是从婚姻角度入手，聚焦于从中世纪向近代社会转型时期，考察当时英国婚姻观念的变动与社会转型两者之间的内在联系和相互影响。作者经过认真的学术梳理和反复思考斟酌，根据自己作为青年学者所具有的学力和功力，也根据前人已有的研究成果和史学发展新的前沿动向，没有框定整个大的婚姻范畴进行架构，而是选择其中的“婚姻观念”深入进去，集中精力作专题探究。观念研究与行为研究是婚姻史研究中互为补充的两个方面，观念体现于精神范畴，行为体现于物质或实体范畴。相形之下，婚姻实态的研究比较容易入手，比较便于观察触摸和感知，而婚姻观念研究的读解认知和分析把握需要付出更多理性思维与哲学思辨。对于中国学人来说，属于异文化的西方婚姻观念，其认识难度要比欧美同行更大。由于本书涉及西欧和英国宗教改革，婚姻观念变动与基督教旧教、新教教义密不可分，准确认识观念的内涵，如实把握其中的延续与变化，确实需要化费相当大的气力，并且首先需要有知难而进、啃硬骨头的勇气。就目前国内世界史学界而言，西方婚姻史这类探索尚不多见，也非常值得予以深化研究，由此看来，作者的选题视角和学术胆气均值得称道。

史学研究如同一切学术研究一样，贵在通过一代代学人前后相继、不断探究予以新的推进，获取新的认知。披阅全书，不难发现，作者在以下方面形成了自己的论述和识见：

围绕基督教会对婚姻的一系列规范进行了归纳。作者从婚姻的地位与目的、婚姻的缔结、婚姻的解除等方面进行了细致的阐述，认为12世纪以前，婚姻在西方仍属于一般世俗性事务。由于教会贬抑婚姻而赞扬独身，婚姻的规范和合法性问题并不受到重视。12世纪起随着教士独身的逐步制度化，基督教义中独身与婚姻的内在矛盾得以调解化释，教会开始规范俗间婚姻的条件和程式，建立了对于婚姻的司法管辖权。在此基础上，作者由面及点，十分自然地将教会实施婚姻规范的过程引入英国，就13世纪初英国形成比较系统的婚姻法规后的司法情况，通过典型案例加以剖析，并且道出其稳定婚姻的作用以及面临的若干困境，从而为后续观念变化的部分做了铺垫。

本书着墨最多的部分是英国婚姻观念在近代早期发生的变化，这是全书的主题。在综论人文主义、新教思想等社会思潮影响和经济社会变动的大背景后，作者分别以三个专章的篇幅论述了英国近代社会转型时期婚姻观念的重要变化。与前述中世纪婚姻观相衔接对比，作者就婚姻与独身之优劣、教士婚姻的合法化、夫妻情感、婚姻禁忌、成婚条件与程式、离婚问题等多个方面的变化展开了扎实深入的论证，而这一切依然紧扣婚姻的地位与目的、婚姻缔结、婚姻解除等贯穿全书的基本分析范畴，显得线索清晰，驾驭有道。大凡论及历史变迁现象，都有一个程度、分寸拿捏把握是否得当的问题。说突变易，言渐变难，论此消彼长趋向大体可见、但又处在变化终局未结之中、甚或出现某种局部反复的事物则更难。社会转型时期观念变化的阐述即往往属于后类。作者心中时时悬着这份清醒，评观念注意恰当，论变化避免过度，尽可能使自己的论述比较接近历史真实，这在书中有关婚姻观念变迁限度的论述里体现得十分明显。全书最终认为，16、17 世纪英国在社会转型过程中，受社会经济和思想文化多方因素影响，出现了一系列以中世纪婚姻观为对立面的婚姻观念。新婚姻观反对独身主义，反对教会贬抑婚姻的做法，极力颂扬婚姻之福，主张通过正规程式履行婚姻，规范人们的婚姻行为，强调情感是维系婚姻和家庭的基础。与此同时，新观念也批判了中世纪时期的婚姻不可解除论，提出解除婚姻的“过错原则”。这些新观念成为英国现代婚姻观念的先声，并且在随后的岁月中逐步趋向法制化。它们既是英国社会近代转型的结果，也是社会转型的构成内容，对于社会的稳定和发展产生了积极作用。凡此种种，无不渗透着作者辛勤思考和勇于探索的精神，具有推进国内英国婚姻史研究的重要价值，值得与学界同行交流切磋。

宋佳红攻读博士学位期间一贯勤奋好学，注重夯实外语和史学功底，特别关注英国史研究的前沿动态，在史料搜集和问题意识的形成上颇下功夫。她不事张扬，作风朴实端正，在学友中口碑甚好。由于在职攻读学位，她一边从教，一边又当学生，频频往返于湖北大学与武汉大学之间，工作学习十分辛苦，本书就是她在博士论文基础上修订而成的结果。诚然，历史研究讲究韧劲，学术探索永无止境，青年学者要想在世界史研究领域不断取得新的进展，需要发扬持之以恒的“挖井”精神。

欣闻本书即将出版，权以上述絮言为序，期望这一成果成为作者未来探索的新起点。

陈　勇

2015 年 1 月于武汉大学珞珈山南麓

摘　要

本书以英国近代早期的社会转型为历史背景，以中世纪教会的婚姻规范为标尺，探讨和研究了英国近代早期婚姻观念所发生的历史变迁，并分析了其原因和影响。从12世纪开始，中世纪教会在婚姻的地位与目的、结婚的禁忌、婚姻的构成条件、结婚程序和婚姻的解除等方面形成了一系列的规范，并且通过自己在婚姻事务上的司法权将这些婚姻规范贯彻到社会生活之中。由于教会婚姻规范本身的内在矛盾，在16、17世纪经济、政治和思想文化变革的影响下，英国社会开始出现了新的婚姻观念。

在婚姻的地位方面，中世纪教会认为婚姻劣于独身，并且制定了强制性的宗教独身制度，同时教会又将婚姻列入七大圣事之一。教会视独身为最高理想的同时又将婚姻列入七大圣事之一，这是教会婚姻规范的第一个矛盾。教会认为婚姻的目的是保障人类的繁衍、防止淫乱和获得夫妻情谊。

在婚姻的缔结方面，教会对结婚禁忌的规定比较严格。不得通婚的亲属关系有四等亲以内的血亲和姻亲、二等亲以内的教亲（宗教亲属）和干亲（由领养而形成的亲属关系）。在特定的日子里，教会禁止举行婚礼。教会认为当事人双方的同意是构成婚姻的首要条件。而在实践过程中，教会又往往不得不以性关系作为唯一的婚姻成立标准。这是教会婚姻规范的第二个矛盾。教会也要求结婚需要经过公开的仪式，反对秘密婚姻，但同时又承认这种婚姻的有效性。

秘密婚姻既是有效的又是非法的，这是第三个矛盾。

在婚姻的解除方面，教会坚持婚姻不可解除论，坚决反对离婚。教会允许在某些条件下夫妻分居，即双方免除共同生活的义务，仍然保留夫妻关系并且都不能再婚。解除有效婚姻的唯一途径就是死亡。根据教会对结婚禁忌的规定，很多婚姻都是无效婚姻。这种婚姻可以被废除，之后男女双方都有再婚的自由。但这并不是真正的离婚。理论上婚姻的不可解除性与现实中失败婚姻的存在是教会面临的第四个矛盾。

在中世纪英国，经过教会的宣传与贯彻，上述婚姻规范基本为社会所接受和认可。但教会无法从根本上解决其婚姻规范的内在问题。在人文主义、新教以及清教思想的影响下，当近代早期英国的社会经济发生变动时，婚姻观念也开始发生变化。人口增长带来的社会资源的紧张，社会分化导致的社会中上层与下层在价值观念上的隔阂，最终使社会容忍度降低。人口大规模的地域流动也使社会秩序遭受严重考验，加强流动人口的婚姻管理和性道德规范成为无法回避的社会问题。正是在这些因素的作用下，英国社会上出现了各种新的婚姻观念。教育的发展与文化传播的进步在提高社会文化水平、促进知识普及的同时，也促进了新规范和新思想的传播，进而对婚姻观念的变迁起了推动作用。

具体而言，英国的婚姻观念在近代早期发生了以下变化。

一、关于婚姻的地位与目的。新教改革者认为婚姻比独身尊贵，并且反对天主教的婚姻圣事论。新教改革者还身体力行提倡教士、修女结婚，打破了罗马教会的宗教独身制度。随着婚姻地位的提高，在16世纪开始出现了重视夫妻情感的倾向。在17世纪，清教徒普遍都认为夫妻情感才是婚姻的首要目的，夫妻关系也是人伦之首。

二、关于婚姻的缔结。结婚禁忌最明显的变化体现在禁婚亲等和禁婚日期上。1563年《帕克禁婚列表》将血亲和姻亲的禁婚亲等降到二等亲。人们的结婚日期不再完全受宗教禁忌的制约而是越来越受到生产活动的季节性影响。在婚姻构成条件方面，英国社会开始强调父母同意在儿女婚姻中的重要地位，并且要求结婚首先要具备一定的经济基础，结婚双方要在生理上和心理上成熟，因而也反对过早的婚姻，甚至还干涉穷人结婚。宗教改革者对中世纪以来的婚礼仪式做了一些调整，在英国革命期间还一度出现了用世俗婚礼取代教堂婚礼的激进改革。在结婚的程序中，订婚的重要性下降，教堂婚礼的重要性增强。社会更加强调整个结婚程序的公开性，对秘密婚姻的整饬也更加趋于严厉。

三、关于婚姻的解除。在宗教改革初期，亨利八世为了达到自己的婚姻目的而肆意利用教会的规定、随意解释《圣经》教义的做法动摇了婚姻不可解除论。英国社会也由此出现支持离婚的观念。人们要求向大陆新教国家学习，废除天主教教会无效婚姻解除的做法，而代之以真正意义上的离婚。此时所主张的离婚主要遵循一种“过错原则”，即在夫妻中一方犯有重大过错时，如通奸和抛弃等，他们可以离婚，只有无过错方才可再婚。英国也出现了比较激进的离婚观，即主张夫妻性情不和可以导致离婚。在支持离婚观的影响下，英国开始尝试离婚改革，并最终形成一种独特的离婚形式，即通过议会颁布特别法案准许人们离婚。这种离婚方式的司法程序非常复杂，费用也极其高昂。毕竟，婚姻不可解除论从此被抛弃了，离婚得到了法律的认可。在实际生活中，离婚是可以成功实现的事。

近代早期英国婚姻观念的变迁既是英国社会转型的结果，也是社会转型的内容之一。这些新观念是现代婚姻观念的先声，对当时社会以及英国婚姻法的现代化都产生了积极影响。但是英国婚姻法改革的进程非常缓慢，婚姻观念的变迁对社会的影响存在一定的限度。

Abstract

As oppose to the marriage regulations in medieval church, marriage ideas changed in early modern England.This book is to probe into these new ideas and their causes and effects in the context of social transition in early modern England. From the 12th cengtury, the medieval church instituted a series of regulations on the status and ends of marriage, impediments and qualifications of marriage, procedures of wedding, and the dissolution of marriage.Through its jurisdiction on marriage the medieval church carried out these regulations in western society. There are many inner problems in these regulations. Therefore,many new marriage ideas took place in England under the influence of the economic,political and ideological transformations in the 16th and 17th century.

As far as the medieval church is concerned, marriage is inferior to celibacy; religious celibacy is compellent; marriage is a sacrament, and the ends of marriage are procreation, avoidance of fornication and companionship. Celibacy is the most great cause, at the same time marriage is the first sacrament. That is the first dilemma.

The regulations on impediments are very strict. The forbidden degrees for consanguinity and affinity is under the fourth degree, spiritual and nominal kinship under the second degree. Wedding is forbidden in special days. The free consent is essential to marriage.In fact, the intercourse is essential under some conditions. That is the second dilemma. Public wedding is required.Clandestine marriage is prohibited. But, Clandestine marriage is both valid and illegal. That is the third dilemma.

Marriage is indissoluble, and divorce is forbidden. Separation is permitted under some conditions. After separation, the couple can live separately, but their marriage bond still exists, so they cannot marry with others. Only death can dissolve the valid marriage. According to impediments, many marriages are invalid, which can be annulled. Then the couple can remarry freely. But that is not a divorce in a real sense. In theory, marriage is indissoluble, but in fact many marriages fail, or have some defects. That is the fourth dilemma.

In the middle ages, disseminated and carried out by the church, these regulations were accepted in English society. But medieval church cannot dealt with the dilemmas mentioned above. Under the influence of humanism, protestantism and puritanism, marriage ideas take place many changes whith the socail and economic transformation in early modern England. Population expansion results in the tension between the population and the resources; social stratification results in the gulf between the upper and middle stratum with the low one in values. That reduces the social tolerance ultimately. The mass migration threats the social order. To reinforce the marriage administration and sexual ethics in floating population is very urgent. So, many new marriage ideas appear in English society. The development of education and propagandization improves the literacy and faciliates knowledge popularization, also promotes new regulations and ideas to diffuse, and drives the marriage ideas to transform.

To sum up, in early modern England marriage ideas changed from the following aspects.

Firstly, the status and ends of marriage. Protestant think that marriage is superior to celibacy, and deny that marriage is a sacrament. They call for priests and nuns to marry,and earnestly practise what they advocate. Religious celibacy is smashed. With elevation of marriage status, people incline to think much of spousal affection in 16th century. In 17th century, Puritan regard the companionship as the first and the most important end of marriage, and regard the relationship between husband and wife the all-important one.

Secondly, the formation of marriage. As for the marriage impediments, forbidden degrees and forbidden wedding days changed obviously. Parker's Table of Degrees published in 1563 reduced forbidden degrees to the second degree in consanguinity and affinity. Work seasonality rather religious belief influenced the marriage seasonality. Parent consent and authority in children's marriage became very important. Before marriage, independence and maturity in physiological and psychological sense are required. Marrying too early was criticized, and the pauper marriage was intervened. Wedding ceremony was modified somewhat. The espousal began to lose its importance, but church wedding became more and more important. The publicity of marriage was emphasized more actively, and clandestine marriage was punished more rigorously.

Thirdly, the dissolution of marriage. At the beginning of English Reformation, the indissolubility principal was shaken by Henry VIII who wilfully availed himself of the church's regulations on marriage and interpreted the Scripture at will. Since that, some argued that England should follow the Protestant continent, abrogate the marriage annulment and adopt divorce instead. They advocated divorce in a fault principal, which means that the couple can divorce only when one of them commited serious offence such as adultery and desertion, and only the innocent party can remarry. Also, some maintained that people can divorce for intolerable disposition. The new ideas on divorce played important role in divorce reformation which resulted in a unique means for divorce, that is, parliamentary divorce, which is very expensive and complex. After all, the indissolubility principal was abandoned. Divorce was accepted and became possible.

The changes in marriage ideas are both the results and contents of social transition in early modern England. These new ideas are the first signs of modern marriage ideas, and have positive impact on the modernization of English marriage law.However, the process of marriage law reform is very slow; to some extent, there are limits in the social function of the ideas changes.

目　　录

导　论

一、选题意义

家庭是社会的基本单元，婚姻作为连接个体男女、形成家庭的基本纽带，对于个人和社会都具有重大意义，它历来都是一个引人注意的焦点问题，也是社会史研究领域的一个重要命题。

婚姻是人类社会发展历程中持久存在的因素，似乎是持续不变的。随着现代社会对传统的生活方式、价值观念的挑战日益加剧，男女关系以及婚姻的形态都发生了深刻的变化。当今社会的婚姻裂变粉碎了婚姻恒久不变的神话，婚姻是社会中的一个灵动的因子，凝结着社会变动的信息。因此从历史的长河中去探寻捕捉婚姻的变迁，尤其是探讨社会转型时期的婚姻变迁，具有一定的现实意义。

随着历史学研究在广度和深度上的发展，家庭史学和妇女史学异军突起，取得了引人注目的丰硕成果。其中婚姻问题虽然占有显赫地位，其重要性却被隐没了。在家庭史学中，婚姻主要是作为组建家庭的手段与方式来研究，对婚姻本身的关注主要局限在家庭的婚姻生活状况方面。而在妇女史学中，却被赋予了强烈的女性主义色彩，变成了女性历史的一个组成部分，因此，加强对婚姻问题本身的研究将有助于弥补这一不足。

英国是现代化的先行者，要深入研究其在近代早期的社会转型，婚姻研究是一个值得重视的问题。亨利八世的多次婚姻以及宗教改革期间对婚姻问题的激烈争论都使英国的近代转型从一开始就与婚姻有密切的关联。国内外学术界对英国在近代早期的社会转型已经做了大量的深入研究。相对而言，对这一时期英国婚姻的研究是比较薄弱的，有进一步进行专题研究的必要。

近代早期作为一个从中古到近代的转型时期，其中所发生的变化、发生了什么变化一直是学者探讨和研究的热点。在近代早期，英国经历了宗教改革、资产阶级革命、王朝复辟、光荣革命。在整个过程中，英国社会出现了许多新的婚姻观念，而且一直存在要求婚姻改革的呼声和行动。尽管这些改革在当时一再失败，就是在这变革与保守的不断较量之中，英国的婚姻发生了尽管缓慢但却持续的变化，最后终于奠定了现代婚姻的基础。在制度层面，英国婚姻变革的进程确实比较漫长。但是，不能据此抹杀婚姻观念变迁的重要性。这些新婚姻观最终还是在英国近代的婚姻立法中得到了体现。新婚姻观的生命力证实了它所具有的价值。因此，研究英国近代早期婚姻观念的变迁是有意义的，也会有助于加深对英国社会近代转型的了解和认识。

二、国内外研究现状

（一）人口史研究引发的婚姻研究

对近代早期英国家庭的研究最先起源于研究人口与经济发展以及现代化之间关系的需要。英国人口在经历了一个多世纪的低增长之后，到18世纪中期突然急剧增长，前者使英国突破了“马尔萨斯陷阱”，而后者为工业和殖民扩张提供了充足的劳动力。两者都在英国工业化过程中的发挥了重要作用，由此学者开始追问人口增长的机制，生育率与死亡率在其中到底有什么样的作用，而生育率又与婚姻息息相关。为了研究这一问题，西方学者在20世纪50年代采用了“家庭重建法”，即整理有关结婚与生育的日期，探讨死亡率、寿命、结婚年龄、婚姻持续的时间以及生育率等问题。剑桥人口史与社会结构研究小组对此进行了20多年的研究。由于人口研究的需要，他们对家庭的研究主要关注的是与人口有关的家庭规模与结构，因此对婚姻的研究也主要是研究与生育相关的结婚年龄、结婚率、婚姻期限、再婚和非婚生育等问题。

1965年，J. 哈日诺尔（J.Hajnal）提出“欧洲婚姻模式”论，认为至少从16世纪开始西欧就产生了奇特的甚至可能是独一无二的婚姻模式，它的两个中心特征就是：妇女的平均初婚年龄很晚，往往在25岁以上；很多女子不结婚，往往占人口的15%以上。*(Population in History, essays in historical demography*，1965；*Family Forms in Historic Europe*，1983）运用“家庭重建法”和整体背投法，剑桥人口史与社会结构研究小组重建了英国人口史，于1981年出版《英国人口史1541—1871：一项重建》(*The Population History of England, 1541-1871: a reconstruction*，1981)，该书揭示出结婚率在人口增长的过程中起了很大的作用，另外也注意到私生和未婚先孕的情况急剧增多所导致的一系列后果。

麦克法兰（Alan Macfarlane）的专著《英国的婚姻与爱——1300到1840年的生殖模式》（*Marriage and Love in England: modes of reproduction 1300-1840*，1986），从其副标题就可以看出他对婚姻的研究及其与人口的密切关联。麦克法兰从马尔萨斯的人口理论出发研究婚姻，进而提出了马尔萨斯婚姻体制，他同样认为在英国近代早期人口变动的过程中，婚姻以及与之相关的性行为的变化起了关键作用，并指出马尔萨斯婚姻体制的兴起对于解释西欧尤其是英国的社会经济历史和分析世界上大部分地区当前的发展都是非常重要的。

（二）家庭史研究背景下的婚姻研究

以拉斯莱特 (Peter Laslett) 为代表的家庭史专家研究了西欧的工业化与家庭模式、结构和功能之间的关系，其基本观点是认为家庭是现代化过程中的一个延续不变的因素，在家庭以及与之相关的婚姻和生育方面，现代社会和传统社会没有什么区别，以前所谓的家庭婚姻的现代特征其实在传统社会一直存在。

在《我们所失去的世界》（*The World We Have Lost*，1965）一书中，拉斯莱特主要研究了工业革命前后的英国社会，并且将之与20世纪的社会结构相比较，涉及婚姻的问题有结婚年龄、家庭规模、死亡率与再婚率、婚姻的期限和未婚先孕等问题，认为伊丽莎白时期和詹姆斯一世时代社会平均结婚年龄是女子24岁，男子将近28岁，因此在前工业时代人们并不比工业时代的人结婚更早，家庭规模也并不像人们所想象的那样很大，实际上一般家庭规模都较小。

拉斯莱特的另一部代表性作品是他所主编的《历史上的户与家》（*Household and Family in Past Time*，1972），其研究的重点也是家庭的规模与结构，并进行横向和纵向的比较。拉斯莱特认为核心家庭一直是人类家庭的主导模式，从16世纪末期到20世纪的前十年，英国平均家庭规模并没有发生变化，数代同堂家庭在英国从未成为普遍现象。正因为如此，他对婚姻的研究主要集中在已婚、未婚和丧偶的比例以及已婚子女与父母共同生活的比例问题。

拉斯莱特还有一部作品就是他的论文集《历史上的家庭生活和不正当爱情》（*Family Life and Illicit Love in Earlier Generations: essays in historical sociology*，1977）。在本书中，他研究了西方的家庭特征、私生子问题、英国历史上的孤儿与继父母、老年问题和中世纪以来欧洲人的性成熟年龄等问题，他研究的核心仍然是大量地使用教区登记档案，利用计量史学的方法研究这些现象的比例。

斯通对英国家庭史研究的成果《1500年到1800年英国的家庭、性与婚姻》（*The Family, Sex, and Marriage in England 1500-1800*，1979）是任何自他之后研究英国家庭史的人都要提到的。与以前的学者强调家庭规模与结构在现代化前后的一致性截然不同，斯通则主张在近代早期英国的家庭经历了一个明显的发展过程，即从开放的世系家庭发展到有限父权制的核心家庭再到亲密的友爱核心家庭。该书的主题是通过分析英国16到18世纪家庭成员关系的变化来透视这三个世纪以来英国人的世界观和价值体系的嬗变，认为其中最大的变化是从疏远、服从和父权制到所谓的情感个人主义的转变，最后18世纪中期在英国社会的上层形成了现代的家庭模式，到19世纪晚期，这种新型的家庭模式才进一步扩展到社会各个阶层。斯通对婚姻的研究也完全服务于该书的主旨，他强调婚姻抉择问题上的亲子关系的变化，婚姻财产安排上的兄弟姐妹之间的冲突，择偶标准上的从亲族、家庭利益向个人喜好的转变以及婚姻中的夫妻关系从冷漠到亲密的一系列转变。

斯通的著作引发了众多的争议和批评，其中三个代表性人物是：杰克·古迪（Jack Goody）、拉尔夫·霍尔布鲁克（Ralph Houlbrooke）和艾伦·麦克法兰（Alan Macfarlane）。他们都否认在近代早期英国的家庭发生了变化并最终诞生了现代家庭的观点，认为在工业化前后家庭主要是延续一致的，西方现代家庭的特征，尤其是斯通所说的那些特征早就产生了。不过，现代家庭的特征到底是何时开始形成的，三者对此的意见是不统一的。

在《欧洲的家庭与婚姻的发展》（*The Development of the Family and Marriage in Europe*，1983）一书中，古迪认为变化早在罗马帝国末期就开始了，基督教的到来使欧洲的家庭由地中海模式转变为欧洲模式，然后一直延续到现代社会。古迪认为是基督教导致了这些变化，而教会的动机是为了控制世俗社会、破坏从前的一些继承方式以攫取人们的财产，比如，捍卫一夫一妻制原则、维护寡妇的财产权、规定严格的禁婚范围、强调婚姻中男女双方同意的重要性等这些都是为了教会自己的私利。

霍尔布鲁克在《1450 年到 1700 年的英国家庭》（*The English Family 1450-1700*，1984）中批评斯通夸大了变化的程度，否认英国的家庭关系发生了从疏远到亲密的转变，指出从 1450 年到 1700 年，就如同今天一样，核心家庭占据主导地位，这一时期重大的历史发展尽管会影响到家庭生活，但对家庭的形式、功能和理想没有带来根本的变化。他认为英国家庭生活的一些特征早在中世纪就形成了，同时也承认家庭生活显然会受到重大的经济、制度和社会变化的影响，不过不能够夸大这种影响的后果，家庭生活的变化是既复杂又缓慢的。

前面已经提到的麦克法兰也对斯通的关于家庭关系的论述提出了质疑。对于现代婚姻中的个人主义和夫妻的友爱情感等特征，麦克法兰采取从 18 世纪向前追溯寻找有关证据的方法，认为形成夫妇友爱婚姻的革命至少在乔叟的时代就产生了。资本主义并不是现代婚姻体制的起因，而正好相反，个人主义的家庭和婚姻体制及其“理性”的人口模式至少是资本主义起源的必要条件。英国家庭和人口特征的产生至少可以追溯到13世纪，其中很多方面还植根于基督教和日尔曼人的传统之中。

（三）妇女的婚姻问题

妇女史背景下的婚姻研究最明显的特征是女性视角，可以说是对妇女的婚姻进行的研究，其中最具有代表性的作品是莎拉·门德尔松（Sara Mendelson）和帕特丽夏·克劳福德（Patricia Crawford）的合著《近代早期英国妇女》（*Women in Early Modern England, 1550-1720*，1998）。该书对恋爱和婚姻的研究都力图站在女性的角度上，“我们试图从女性的角度来诠释材料，揭示妇女介入影响恋爱进程和增进自己利益的多种方式”，“从女性的角度重建妇女日常的婚姻生活，并且揭示已婚妇女是如何对影响她们的社会、经济和人口因素作出反应。”[1] 在该书中，作者强调的是妇女在婚姻中的生活体验，她们认为婚姻对于社会各阶层妇女都是人生关键的转折点。

（四）英国的离婚史研究

首先涉及英国离婚问题的是罗德里克·菲利普（Roderick Phillips）的《分手：西方社会的离婚史》（*Putting Asunder: a history of divorce in western society*，1988）。这是一本典型的从现实出发反思历史的著作。菲利普研究了从中世纪直到20世纪80年代西方社会中的离婚以及婚姻破裂的问题，时间跨度达一千多年之久，重点集中在16世纪和19世纪，这是因为他认为这两个历史时期在离婚法的发展历程中至关重要。他运用了宗教的、意识形态的、法律的、制度的、社会的、经济的、文化的和人口学的方法，主要讨论了三个主题：离婚法的发展、离婚的社会史和婚姻破裂。对于英国，菲利普也承认宗教改革后英国没有像其他新教国家那样放弃天主教的婚姻不可解除论，直到19世纪中期英国才

[1] Mendelson, Sara & Crawford, Patricia. *Women in Early Modern England, 1550-1720*, Oxford: Clarendon Press, 1998. p109, p126.

允许真正的离婚。但他所提出的两点意见是非常有启发性的：一是16世纪英国的教俗法庭都不允许离婚，但一直有人要努力改变这种现状。16世纪末期，欧洲其他国家对离婚的争论都停止了，而在英国直到17世纪上半期，争论仍在继续甚至变得更加激烈，这说明要求允许离婚的呼声仍然很高。二是英国革命期间政治变动时，婚姻似乎也在发生一些变化。关于婚姻和离婚的争论也出现了变化。内战以前，争论几乎完全局限在神学范畴，是诠释《圣经》的斗争。17世纪末期开始出现了新变化，教会以外的人士参与进来，争论更加世俗化，不仅是在观念层面，而且在规范婚姻事务的制度方面也是如此。

另外就是斯通的《1530年到1987年的英国离婚史》（*Road to Divorce in England 1530-1987*，1990）。该书与菲利普的著作一样跨越的年限非常长，它们的下限几乎是一致的，同样也是从现实去反思为什么一个禁止离婚的社会转变为离婚非常普遍的社会。斯通对结婚、离婚和婚姻破裂的各个方面做了深入详尽的研究，但是他实际上对16世纪和17世纪前半期论述太少。他也认为英国的婚姻法从12世纪直到1753年都没有发生什么重大变化，而有关离婚的法律在1857年之前也没有发生什么变化。

（五）宗教改革与婚姻的研究

目前西方学术界对英国近代早期的婚姻问题所做的最为直接的研究应该是埃里克·J. 卡尔森（Eric J.Carlson）和海伦·L. 帕里什（Helen L.Parish）的研究。他们都在宗教改革的背景下探讨英国婚姻的延续或是变化的问题，而且两者的研究还存在一定的渊源关系。在《英国的宗教改革与婚姻》（*Marriage and the English Reformation*，1994）一书中，卡尔森经过对教会、政府、人民三个层次以及婚姻观念与婚姻行为两个层面的研究，得出结论认为在英国不存在对改革婚姻法的支持，也没有人要求这么做，因此没有出现婚姻法的改革。

帕里什的研究可以说直接受到了卡尔森的启发和影响。她在《英国的宗教改革与教士婚姻》（*Clerical Marriage and the English Reformation: precedent policy and practice*，2000）的导论部分主要评述了卡尔森的观点，尤其是关于教士结婚的观点，她认为卡尔森对教士婚姻的论述是有瑕疵的。帕里什认为，如果脱离了16世纪关于教士独身的教义争论，就无法理解教士婚姻和已婚教士的命运沉浮，因此她详细研究了教士结婚与独身问题的神学和历史渊源，重点论述了16世纪宗教改革期间就此问题的争论和都铎政府的相关政策与态度，以及在此背景下教士结婚的行为和命运。她认为教士结婚最终得以合法化本身就说明了改革者的成功。

总体而言，在20世纪六七十年代国外有关婚姻的研究主要内容是与人口模式、家庭规模和结构的形成相关的西北欧婚姻模式，注重的是数据的统计和分析，这有助于我们了解近代早期英国的结婚率、结婚年龄、婚居模式、婚外生育率等问题，但是这些史学家一致否认在转型时期发生了现代家庭和婚姻的变革，而强调其延续性，而且他们研究的重心大多在17世纪末期和18世纪。

到70年代末，才出现了斯通积极肯定家庭发展演变的著作，尽管他审慎地指出他所说的三种理想的家庭模型从来就没有完全消失，互相之间存在交叉和重叠，他依然遭受了诸多的指责和批评。到80年代，家庭史的研究也步入了新的发展阶段，开始利用私人日记、传记、信件等材料来研究家庭成员之间的关系。研究家庭关系体现在婚姻上主要是涉及婚姻的决定权以及相关的财产安排等问题。研究者们否认亲子关系和夫妻关系发生了从疏远到亲密的转变，他们力图证明的是这些所谓的变化早在中世纪，甚至更早就已经发生了，但谁也没有能够大胆地完全否认这一时期发生了变化，因为谁也无法忽视这一时期诸多重大事件可能发生的影响。比如，霍尔布鲁克说英国家庭生活的一些特征早在中世纪就形成了，但显然变化的主要力量也在起作用。[1] 麦克法兰说我们要考察从14世纪晚期到19世纪早期的婚姻特性，这期间有一些重大变化，但只有很少的变化会被强调，强调的主要是延续性的方面。[2] 显然，近代早期英国的婚姻不是没有发生变化，而只是没有被强调而已。笔者认为学者对斯通的批评导致了矫枉过正。

---

[1] Houlbrooke, *Ralph. The English Family 1450-1700*, New York: Longman, 1984. p18.

[2] Macfarlane, Alan. *Marriage and Love in England: modes of reproduction 1300-1840*, Oxford: Basil Blackwell, 1986. p46.

到80年代和90年代，终于开始出现对婚姻的专题研究，即离婚研究。这确实是一个饶有趣味而且值得探究的问题。传统的西方社会禁止离婚，而在今天的西方社会离婚逐渐变成了家常便饭，这到底是如何产生的呢？而且，对于英国，这个问题就更应该追究了，英国的宗教改革直接与亨利八世的“离婚”有关，但是偏偏在新教国家中惟独英国在制度上仍然坚持天主教的婚姻不可解除的原则。目前对此问题的研究时间跨度太长，主要论述的17世纪末期以后的发展，而对16、17世纪婚姻的变化基本持消极否定的观点。实际上，正是16、17世纪社会转型中婚姻观念上的变迁孕育了以后的婚姻法的现代化变革，如果不挖掘这一时期婚姻所发生的潜移默化的变化，就无法很好地理解和解释这一点。

宗教改革与婚姻的联系是毋庸置疑的，对此类问题的研究却姗姗来迟。学者们对此的研究把婚姻研究推进到了一个新的深度，但是对英国宗教改革期间的婚姻进行研究难免会得出卡尔森那样的结论。与现代社会的加速变动不同，英国近代早期的社会转型是稳定迟缓而且存在曲折反复的，婚姻本身也是社会中的一个持续存在的因素，因此就更不可能很快显示出日新月异的变化，这并不是否认婚姻的变化，而是指其变化的显现和主流化有一段相对较长的过程。卡尔森详细论述了宗教改革期间英国的婚姻为什么没有发生大陆新教国家那样的变革，但这并不等于说英国没有发生自己的变化，连他自己也指出在16世纪，英国的教会法庭和人民仍然合作良好。只要是如此，人们对教会法庭以及教会的婚姻法就不会进行激烈的变革，但到17世纪就会发生很大变化了。[1]

综上所述，最为肯定变化的应该是斯通的《1500年到1800年英国的家庭、性与婚姻》。所谓家家有本难念的经，他对家庭关系和情感的论断很容易被怀疑，这些问题本身也很难证实，而且还会面临解释材料上存在的困难。菲利普对西方社会离婚史和帕里什对教士结婚的研究都有肯定变化的论述，但就本书所关注的这段历史时期而言，他并没有直接深入细致地对变化内容进行阐释，而且他的研究对象也只涉及近代早期英国婚姻的一个方面。

[1] Carlson, Eric Josef. *Marriage and the English Reformation*, Oxford: Blackwell, 1994. p180.

（六）国内的研究现状

国内目前相关的研究已经取得了一些成果，但研究仍然还比较薄弱。复旦大学刘永涛的博士学位论文（1993 年）《英国伊丽莎白时代的社会婚姻状况》以及他的文章《对英国伊丽莎白时代婚姻社会的分析和思考》[《复旦大学学报》（哲学社会科学版），1994 年第 1 期] 是目前唯一的也是最早的对近代早期英国婚姻的系统研究，他将婚姻放在伊丽莎白时代的政治、经济和文化背景中，运用马克思主义史学观，重点研究了当时英国人的婚姻行为。作者认为，在伊丽莎白时代，包办婚制的土壤中产生了自由婚制的萌芽。这种结论还值得进一步进行推敲。笔者认为，这一时期父母在子女婚事上的权力有所加强而不是弱化，家长制的权威逐渐取代教会的权威成为个人婚姻中的支配性因素。左家燕的《现代化早期英国社会的婚姻与家庭状况研究》（天津师范大学硕士学位论文，2001 年）也做了相关研究，该文基本上没有突破斯通和埃里克森（*Women and Property in Early Modern England*，1993）的研究。陈勇教授的《近代早期英国家庭关系研究的新取向》[《武汉大学学报》（人文科学版），2002 年第 1 期] 一文将新的方法与理论运用到家庭关系研究。

其他的很多相关成果主要集中在研究中世纪西欧的教会与婚姻。比如，刘新成教授的《西欧中世纪基督教婚姻观》[《首都师范大学学报》（社会科学版），1995 年第 3 期]；林中泽教授的《西欧中世纪教会法中的婚姻与性》（《历史研究》，1997 年第 4 期）；薄洁萍博士的《西欧中世纪基督教会对婚姻的规范》（北京大学 1999 年博士学位论文）以及她的文章《试论中世纪基督教婚姻思想中的矛盾性》（《世界历史》，1999 年第 5 期）和《乱伦禁忌：中世纪基督教会对世俗婚姻的限制》（《历史研究》，2003 年第 6 期）；俞金尧教授的《中世纪教会婚姻法中的同意原则》（载侯建新主编《经济—社会史：历史研究的新方向》商务印书馆 2002 年版。）和李龙的《试论中古西欧婚姻中的教俗冲突》（首都师范大学 2002 年硕士学位论文）。的确，脱离了基督教有关婚姻的思想与规范，就无法认识西欧前现代社会的婚姻问题，这些研究教会与婚姻问题的成果为笔者更好地理解和研究近代早期英国的婚姻奠定了良好的基础。

俞金尧的另外两篇论文《中世纪欧洲寡妇产的起源和演变》（《世界历史》，2001 年第 5 期）和《中世纪晚期和近代早期欧洲的寡妇改嫁》（《历史研究》，2000 年第 5 期）则对寡妇和频繁的寡妇改嫁做了细致的研究。

林中泽的《16 世纪新教婚姻与性爱观评析》（《世界历史》，1997 年第 4 期）是目前与本选题最为相关的研究成果，该文研究了新教对婚姻圣事论、教士独身制度和教会婚姻法及其婚姻司法的抨击，并试图用辩证的态度说明 16 世纪新教婚姻家庭伦理的真正意义，也客观地指出其历史局限性。作者认为 16 世纪新教的婚姻观在客观上为近代资产阶级婚姻与性爱观的崛起、为近代意义上的婚姻家庭关系的确立铺平了道路，同时也仍然非常保守，改革后的新教婚姻与家庭关系无法体现出近代资本主义精神。但是该文论述的内容主要局限在大陆的新教国家，其中更是以路德的思想和德国的情况为主。所有这些都是近年来中国学者深化历史研究所取得的可喜成果。

尽管国外学术界对近代早期英国的婚姻研究越来越深入、国内学者也越来越重视对该问题的研究，但目前的研究仍然有以下不足，值得进一步探讨。

（1）仍然缺乏对近代早期英国婚姻的系统研究。目前关于婚姻的研究主要分散在其他的专题研究中，少有的近代早期的婚姻研究在时间范围上对 16、17 世纪英国婚姻的整体把握也尚嫌不足。

（2）对社会转型过程中婚姻观念变迁的挖掘不够，对婚姻观念变迁所带动的行为的变迁审视不够，过于强调婚姻持续不变的一面，没有积极肯定新的婚姻观念、政府的相应的改革举措和人们新的婚姻行为。

（3）对社会精英的思想、政府的有关规定和大众的观念与行为这三者之间的互动关系重视不够，过于强调社会的保守性。

三、本书的主要任务与基本观点

在国内外学术界，笔者目前还未见到研究近代早期英国婚姻观念的专题著作。因此，本书的写作主要立足于最近国外出版的两本原始资料选集，即克莱尔和马森主编的六卷本《1500年到1640年的妇女行为守则文集》（*Conduct Literature for Women, 1500 to 1640*，2000）和汤普森主编的四卷本《近代早期英国的婚姻及其解除》（*Marriage and Its Dissolution in Early Modern England*，2005）。这两本书收录的全部都是当时人所写的著作。虽然前者倾向于有关妇女方面的文献，但是全文收录了布林格的《基督徒婚姻守则》以及多德的《虔诚之家政》等重要的有价值的文献。后者与本书的主题尤其相关，因此史料价值非常大。虽然笔者对这些文献的解读和利用还有限，但就笔者所知，目前在国内这两本书尚未引起太多关注。

本书将在解读原始文献、借鉴前人研究成果的基础上，以中世纪教会的婚姻规范为参照系，探讨在近代早期英国社会转型中婚姻观念的变迁。其中婚姻观念主要是指婚姻的地位与目的、婚姻的缔结、婚姻的解除三个方面的内容。本书着力研究以下问题：

（1）《圣经》中所包含的基督教婚姻观和中世纪教会婚姻规范及其在英国的实施状况。

（2）影响婚姻观念在近代早期英国发生变迁的社会背景。

（3）16、17世纪英国社会的新的婚姻地位观和英国教士结婚问题。

（4）16世纪英国在婚姻目的方面的新倾向，17世纪清教对婚姻中夫妻情感的重视，以及这种夫妻情感的新内涵。

（5）在婚姻缔结的问题上，关于婚姻构成条件、结婚禁忌和结婚程序与仪式的不同看法，政府相应的制度调整与变革，以及这种变化对民众婚姻行为的影响。

（6）在婚姻的解除问题上，以亨利八世的婚姻问题作为研究案例来透视英国在宗教改革期间为什么没有放弃中世纪的婚姻不可解除论。讨论社会上要求允许离婚的宣传和努力，以及婚姻不可解除论原则的最终被动摇和被抛弃。

（7）分析婚姻观念变迁的积极意义和局限性。

本书在讨论婚姻观念变迁时始终关照相应的制度变革和行为变化，力图围绕婚姻观念的变迁揭示出婚姻的观念、制度与行为三者之间的互动关系，并通过这种互动关系来说明婚姻在观念上的变迁。笔者认为，在16、17世纪英国的社会转型中，婚姻观念发生了一系列的变化。婚姻观念的变迁显现出持久、缓慢的特征，这既受到了英国社会转型进程的影响，也体现了英国社会转型的特征。所以，婚姻观念变迁既是社会转型的结果，也是社会转型的内容之一。

四、相关概念的说明

本书中的“近代早期”具体而言是指16、17世纪。“婚姻”仍然是指传统意义上的一夫一妻制婚姻。“英国婚姻观念”是指在英国社会上流传的婚姻观念，并不完全是指英国人自己所阐述的观点。文中也引用了人文主义者伊拉斯谟[1]（Erasmus，1466？—1536）、维乌斯[2]（Vives，1492—1540）、瑞士宗教改革者布林格[3]（Bullinger，1504—1575）和德国宗教改革者马丁·布塞尔[4]（Martin Bucer，1491—1550）所论述的婚姻观念。这些国外作者的著作和观点在英国有很大影响，在很大程度上获得了英国读者的认同，所以本书也将这些观点纳入到“英国婚姻观念”之中。

1. 寡妇内婚 (widow in–marriage)

亦可称寡妇内嫁，是指女子在丧夫后不能嫁给外人，丈夫家族中的男子（未婚或丧偶者）有义务娶她为妻，他们所生的长子归于她的亡夫名下，以帮助亡

[1] 伊拉斯谟的思想对英国的宗教改革者有很大影响。他在1498年到1499年间与科莱特、托马斯·莫尔和拉蒂默交往甚密。1506年他旅居英国，并在这里著书立说，写下对英国宗教改革发挥了深刻影响的著作。

[2] 维乌斯也是与英国联系较多的人文主义者。他于1523年来到英国，此后直到1528年他断断续续地在英国居住。他的《女基督徒守则》就是献给凯瑟琳王后的，该书在1528年左右被翻译为英文，在1592年前就先后出了9版。

[3] 布林格在英国有很大影响。伊丽莎白时期的教士都要阅读他的布道集。本书对他的著作《基督徒婚姻守则》引述较多。该书原版是用拉丁文写作的，由迈尔斯·科弗代尔（Miles Coverdale，1488—1569）翻译成英文。该书在英国非常畅销，在1541年到1575年间8次再版。

[4] 马丁·布赛尔在坎特伯雷大主教克兰麦的邀请下来到英国，指导英国的宗教改革。他的思想对《教会法改革草案》的制订有很大影响。爱德华六世经常与他商议有关问题，并要求他写作《基督王国》一书。弥尔顿将其中论述婚姻与离婚的部分翻译成英文，成为布塞尔的著作在英国最广为人知的部分。

者延续香火。

2. 秘密婚姻（clandestine marriage）

根据中世纪教会的规定，在正式结婚之前应该先公布结婚预告，或者从教会获取结婚许可证。秘密婚姻是指既没有公布结婚预告，也没有按照规定程序获得教会特许证就缔结的婚姻。这种婚姻的秘密性是针对它缺乏官方所认可的公开性而言的，并不完全是指结婚双方在没有任何证人的情况下的私定终生的行为。实际上它一般都是在牧师的主持下缔结的，这主要是当事人为了给自己的婚姻披上一层神圣的外衣，使婚姻的有效性以及合法性更有说服力。中世纪教会一直反对这类婚姻，同时也认可这种婚姻的有效性。

3. 分寝分食的离婚（divorce a mensa et thoro）

或称 separation from bed and board，其实就是现代所说的分居。有些夫妻确实因为某些原因而无法继续共同生活，由于中世纪教会禁止离婚，因此允许双方分开生活，但他们之间的婚姻纽带依然存在，都不得再婚。这只是解除了夫妻双方共同生活的义务，而没有解除他们之间的婚姻纽带，因此不是真正的离婚，所以文中直接将之翻译为分居。

4. 完全的离婚（divorce a vinculo matrimonio）

在英语中也称 dissolution 或 annulment，是指男女双方之间存在某种教会规定的不能结婚的禁忌，他们却在没有得到教会特许的情况下违反规定结婚，教会因此不认可双方的夫妻关系，他们的婚姻没有法律效力，所生子女也是私生子，教会可以解除他们的婚姻纽带，他们也可以自由地再婚。这种解除婚姻方式的前提是婚姻本身就是无效的，它并不是真正意义上的离婚，所以文中将之翻译为废除无效婚姻或为了行文方便而称之为“离婚”

5. 议会离婚（parliamentary divorce）

17 世纪后期开始在英国出现的一种离婚形式。一般情况下，它是指如果夫妻一方有通奸行为，无过错方在教会法庭获得分居的判决，然后再由议会通过一个有关个人利害的法案（private act）准许无过错方再婚。在 1857 年前这是唯一一条离婚的法律途径，其前提就是夫妻一方的通奸行为，而且只有无过错方可以再婚。在形成制度后，议会离婚一般包括三个司法程序：首先在教会法庭获准分居，然后在普通法庭向配偶的情人索取赔偿金，最后由议会准许离婚和再婚。程序非常复杂，每一道程序的诉讼费用都很昂贵。

第一章　中世纪的婚姻观念与规范

变迁是一个相对的概念，必须要有一定的参照对象才能说明变迁的内容，进而加以分析。近代早期英国婚姻观念变迁的参照系就是中世纪时期的社会现实。中世纪的社会是基督教笼罩的社会，人们的社会生活尤其是婚姻生活受到了基督教和基督教会的强烈影响。《圣经》作为基督教的原始经典，它所反映的婚姻观念毫无疑问是不能不讨论的。一个新观念的出现，在很大程度上往往就是对现存规范的反叛，中世纪西欧的婚姻规范主要就是教会的婚姻规范。考察教会婚姻规范在英国的实施情况，以弄清楚中世纪英国人们的婚姻行为，对于说明观念的变迁也是非常必要的。因此，作为研究的背景，本章包含三个层次的内容：《圣经》的婚姻观念、教会的婚姻规范和该规范在英国的实施情况。

第一节　《圣经》中的婚姻观念

基督教的原始经典《圣经》既是后世基督教思想的发源地，也是以后持不同意见者论战时所共同使用的思想武器。因此，首先对《圣经》中的婚姻观念进行梳理应该是至关重要的。

一、《旧约全书》中的婚姻观念

《旧约全书》记录了以色列人的行为与观念，它同时也是指导以色列人行为的圣典。它留下了许多关于古代希伯来人家庭生活的信息。《旧约全书》记述了从世界起源到摩西率领以色列人逃出埃及最后来到迦南的神话和传说以及占领迦南地以后，从部落时期、国家时期到“巴比伦之囚”的历史，它所反映的历史信息绵延数千年之久，所以单就《旧约全书》而言，它所包含的婚姻观念都有一个发展变化的过程，难免显得错综复杂、含混不清，甚至不乏互相矛盾之处，给后世留下了许多争论的余地。

在《旧约全书》中，婚姻是神在原罪以前创立的，它是指一个男人和一个女人的结合。《旧约全书》也记载了很多纳妾和多妻的现象，这说明在现实生活中一夫一妻制的原则还没有最后确立。不过，除了贵族以外，一般人很少会一夫多妻或纳妾，而且在《旧约全书》有多处记载，一女侍几夫都会产生灾难性的结果。这说明《旧约全书》倾向于支持一夫一妻制，而且一夫一妻制也成为人们的理想实践，逐步成为人们所接受的一种规则。

根据《旧约全书》的记述，神创立婚姻是因为“那人独居不好，我要为他造一个配偶帮助他。”《创世记》（2：18）[1] 显然，根据此句，婚姻的缔结是由于神的旨意，其目的是要女人帮助男人。女人帮助男人什么呢？不清楚。这个“帮助”到底指夫妻情谊还是生育？这成为后来对婚姻目的争论的肇始。婚姻是有了夏娃后才有的这一点是没有争议的。问题是在这之前即《创世记》的第一章中，神造人后赐福他们说：“要生养众多，遍满地面，治理这地；也要管理海里的鱼、空中的鸟，和地上各样行动的活物。”《创世记》（1：28）生养众多显然是指生育，婚姻的目的是生育吗？应该不是。因为在人类文明的发展历程中，生育本身就早于婚姻。婚姻的目的是生育的观念还未明确形成。不过在《旧约全书》中寡妇内婚的目的显然是要为其亡夫生育继承人。后来先知玛拉基说：“虽然神有灵的余力能造多人，他不是单造一个吗？为何只造一

[1]　即《创世记》第二章第十八节，下同。《圣经》，南京：中国基督教协会2000年编。后文译文均出自该版本。

人呢？乃是他愿人得虔诚的后裔。”《玛拉基书》（2：15）尽管神只造一人这种说法令人费解，但“得虔诚的后裔”也表明传宗接代观念的萌芽。

此时对婚姻的缔结还没有很正式的规定，只是明确规定了禁婚范围，但仅是两代以内的血亲和姻亲不能婚配，并没有禁止表亲婚配和堂亲婚配。具体而言，《旧约全书》的禁婚范围是指男子不能与以下女子结婚：姐妹（包括同父异母与同母异父的姐妹）；（继）母亲；伯叔、弟兄、儿子之妻；父母、妻子的姐妹；（外）孙女、继女、继（外）孙女《利未记》（18：1—18）。《利未记》中所规定的这些结婚禁忌是已经囊括了全部禁婚范围，还是可以依此类推加以扩大，则又是一个问题。还有一个更重要的问题就是关于娶兄弟之妻的。《申命记》（25：5—10）有这样的规定：如果兄弟住在一起，其中一个结婚后还没有生下儿子就死了，那么另一个就有义务娶亡者的遗孀，她也不能嫁给外人，而且她所生的长子要归于亡者的名下，免得亡者断了香火。《利未记》（20：21》却指出，人若娶弟兄之妻，这本是污秽的事，羞辱了他的弟兄，二人必无子。显然，《利未记》与《申命记》的说法存在冲突。男子到底是绝对不能娶兄弟之妻，还是在某种情况下可以娶？这也是后来争论不休的问题。另外，娶妻子姐妹为妻后来也成为一个颇有争议的问题。《利未记》（18：18》规定的是：“你妻还在的时候，不能另娶她的姐妹”，而不是规定绝对不能娶妻子的姐妹。如果妻子已经去世，是否可以娶她的姐妹呢？即与亡妻姐妹的婚姻是不是被禁止的呢？

婚姻并非不可解除。在“摩西十戒”中没有不许离婚的戒条，相反摩西还明确允许离婚和寡妇再嫁。他说：“人若娶妻以后，见她有什么不合理的事，不喜悦她，就可以写休书交在她手中，打发她离开夫家。妇人离开夫家以后，可以去嫁别人。”《申命记》（24：1—2）然而，离婚只是被容忍，绝没有得到鼓励。相反，离婚被认为是对盟约的违反。婚姻和婚姻冲突都不再仅仅是个人的私事，而是盟约法规的司法对象。因为，婚姻本身就是一男一女之间的盟约，它也象征着上帝与其子民之间的盟约。[1] 同样也是在《玛拉基书》中，上帝借先知玛拉基之口说出“因耶和华在你和你幼年所娶的妻中间作见证。她虽是你的配偶，又是你盟约的妻”；“休妻的事和以强暴待妻的人都是我所厌恶的。”《玛拉基书》（2：13，16）这距离耶稣毫不含糊地宣称婚姻的不可解除性只有一步之遥了。

由于通奸与后来对离婚问题的争论有密切关系，因此有必要弄清楚《旧约全书》对通奸的态度。在《旧约全书》中，所谓通奸就是指一男子与一有夫之妇之间发生奸情，而该男子的婚姻状况不予考虑。通奸是对丈夫权利的侵犯，它违背了上帝的意旨，违反了盟约，是与谋杀罪同等的死罪，因此要受到严厉的处罚。“不可奸淫”《出埃及记》（20：14），“不可贪恋别人的妻”《出埃及记》（20：14，17），“不可与邻舍的妻行淫玷污自己”《利未记》（18：20），“与邻舍之妻行淫的，奸夫淫妇必致死”《利未记》（20：10），已经许配了丈夫但没有成婚的处女与有夫之妇一视同仁，与这样的女子行淫，双方都要被用石头打死《申命记》（22：23—24）。所有这些规定都说明了《旧约全书》对通奸的痛恨之深。

综上所述，在《旧约全书》中，有关婚姻的制度、目的、缔结和解除的观念都有一个发展的过程，仍然处于新旧观念交错的过渡阶段。

二、《新约全书》中的婚姻观念

《新约全书》接受了《旧约全书》中婚姻是由神缔结的观念，在婚姻的缔结方面没有什么新的变化或发展。不过却给婚姻的缔结提出了一个新的问题，即性与同意在婚姻构成上所起的作用问题。这个问题主要是由于圣母玛利亚与约瑟的婚姻而产生的。玛利亚已经许配给了约瑟，还没有迎娶就从圣灵怀了孕，约瑟得知实情后娶了玛利亚，但是没有和她同房，等她生了儿子，就起名为耶稣《马太福音》（1：18—24）。在基督教的传统中，他们的婚姻被公认为是

[1] Francis Martin, Marriage in the Old Testament and Intertestamental Periods, in Olsen, Glenn W.(ed). *Christian Marriage: a historical study*, New York : Crossroad Pub., 2001. p20.

完美的婚姻，但他们到底圆房[1]了没有呢？从公元5世纪开始，普遍的观点是认为他们没有圆房。既然如此，那么构成婚姻的条件应该是同意而不是性。但是，根据犹太教的传统，性在构成婚姻上又具有核心作用。

虽然婚姻是由神所创立的，在《新约全书》中，婚姻却遭到了贬抑。耶稣和保罗都不赞成婚姻，他们认为婚姻只是在此生世界中才需要，而在彼岸世界婚姻将不再存在。耶稣说："这世界的人，有娶有嫁。惟有算为配得那世界，与从死里复活的人，也不娶也不嫁，因为他们不能再死，和天使一样，既是复活的人，就为神的儿子。"《路加福音》（20：34—36）既然彼岸的世界对于基督徒更加重要也更令人向往，显然独身就要优于婚姻。保罗不赞成婚姻是因信仰的缘故，他说："我愿你们无所挂虑。"结婚不是犯罪，但若独身免去世俗牵挂，一心侍奉主，就更有福了《哥林多前书》（7：1—12；25—40）。耶稣曾参加过加利利的迦拿的婚筵，并且在筵席上行使了他的第一个神迹，即在筵席的酒用完了的时候，将水变成了美酒《约翰福音》（2：1—11）。后来这一事例总是被赞扬婚姻者视做耶稣赞许婚姻的力证。

不管天国的理想是如何美妙，在此岸世界，婚姻是必要的。耶稣和保罗都没有完全否认婚姻，这是因为它还有着避免淫乱的功效。耶稣并不反对婚姻，因为他知道并非所有人都能保持独身。他说："这话不是人都能领受的。惟独赐给谁，谁才能领受。"《马太福音》（19：11）在耶稣思想的基础上，保罗进一步发展了基督教的婚姻观念。在《哥林多前书》（7：1—9）中，他认为"男不近女倒好。但要免淫乱的事，男子当各有自己的妻子，女子也当各有自己的丈夫。"；"我对着没有嫁娶的和寡妇说，若他们常像我就好。倘若自己禁止不住，就可以嫁娶。与其欲火攻心，倒不如嫁娶为妙。"可见，保罗和耶稣一样认识到禁欲并非人人都能做到，与淫乱相比，婚姻当然要更好一些。在保罗这里，婚姻是为了避免淫乱，其目的在于防恶。

在《新约全书》中，婚姻在被贬抑的同时，却成为基督与教会神秘结合的

[1]　本书用"圆房"一词翻译英文中的"consummation"，该词在英语中的意思是指新婚夫妇通过第一次房事使婚姻圆满，在字面上正好与中文的"圆房"相对应。

象征《以弗所书》（5：22—23）。结婚不仅是指夫妻身体的结合，而且是形而上的永久的精神结合。既然基督与教会的结合是不可分的，那么夫妻也不许离婚。耶稣和保罗既不赞许婚姻，也反对离婚。耶稣说：“夫妻不再是两个人，乃是一体的了。所以，神配合的，人不可分开。”《马太福音》（19：6）保罗继承了耶稣的这种观点，他说：“至于那已经嫁娶的，我吩咐他们，其实不是我吩咐，乃是主吩咐说：‘妻子不可离开丈夫，若是离开了，不可再嫁。或是仍同丈夫和好。丈夫也不可离弃妻子’。”《哥林多前书》（7：10—11）

与《旧约全书》相比，《新约全书》更加强调婚姻的道德，甚至出现所谓的“精神奸淫”，妇女改嫁也是犯了奸淫之罪。在《马太福音》（5：27—32）中有这样的话，“你们听见有话说：‘不可奸淫。’只是我告诉你们：凡看见妇女就动淫念的，这人心里已经与她犯奸淫了。”“又有话说：‘人若休妻，就当给她休书。’只是我告诉你们：凡休妻的，若不是为淫乱的缘故，就是叫她作淫妇了。人若娶这被休的妇人，也是犯奸淫了。”后来耶稣甚至认为离婚再娶的男人也犯奸淫，他说：“凡休妻再娶的，若不是为淫乱的缘故，就是犯奸淫了。”《马太福音》（19：9）这既体现了婚姻道德规范的严厉性，也从另一个侧面反映了婚姻的不可解除性与神圣性。尽管婚姻要劣于独身，但也不允许被侵犯。

这个“若不是为淫乱的缘故”到底是什么意思呢？它是否说明在通奸的情况下是可以离婚的？另外，《哥林多前书》（7：15）指出，倘若那不信的人要离去，就由他去吧。这是不是说明夫妻双方中不信教的一方离开，信教的另一方就可以免除婚姻纽带的约束，即后来所谓的“保罗特权”？再进一步，这个“离去”是什么意思，是否长期的故意离弃可以成为离婚的条件？这些都是在后来引起了许多分歧的问题。

正是出于对淫乱的极端厌恶，《新约全书》非常重视夫妻的性忠诚，认为履行婚债即满足对方的性需求是夫妻的义务。“丈夫当用合宜之份待妻子，妻子待丈夫也要如此。妻子没有权柄主张自己的身子，乃在丈夫；丈夫也没有权柄主张自己的身子，乃在妻子。夫妻不可彼此亏负，除非两相情愿，暂时分房，为要专心祷告方可；以后仍要同房，免得撒旦趁着你们情不自禁引诱你们。”《哥林多前书》（7：3—5）如果夫妻拒绝或没有能力履行婚债，是否构成离婚的条件呢？这在《新约全书》中是找不到直接答案的。

《新约全书》也很重视夫妻之爱，尤其是丈夫对妻子的爱。女人是男人身上的一根肋骨变来的，是男人身体的一部分，即肉中肉，骨中骨，没有人会厌恶自己的身体。“你们各人都当爱妻子，如同爱自己一样。”《以弗所书》（5：33）只是还无从知晓夫妻情谊在婚姻中的地位如何。

在《新约全书》中，婚姻的地位、目的与解除都出现了新的变化。这反映了基督教形成后，基督教婚姻观念的发展，这属于正常的历史发展。由于《圣经》的特殊地位，后人在引经据典的过程中对《旧约全书》和《新约全书》中某些观念的侧重不同，因此观点会大不相同。或者各人因观点不同，因此引证的时候往往只会使用对自己有利的证据，或做对自己有利的解释。因为对于他们来说，《圣经》中的每一句话都具有权威性。在基督徒看来，认为《圣经》的观念有发展、有变化甚至有冲突都是大逆不道的事。

还有一点值得注意的是，由于《圣经》的版本和翻译的不同，也可能产生理解和认识上的差异。比如，前文所引的《旧约·玛拉基书》的内容，笔者现在所看到的是反对休妻的观念。但是，马丁·布塞尔在证明上帝不仅允许离婚而且还命令某些人离婚的观点时，一是使用了前文所述的《申命记》中的证据，二是引证了《玛拉基书》第二章第十五节和十六节的内容。他使用后者说明上帝命令那些讨厌自己妻子的人休妻，这显然与笔者现在所看到的内容完全不同。其中的关键就在于对第二章第十六节的翻译不同。布塞尔使用的是希伯来文的《圣经》，他文章中的原文是：if he hate, let him put away（如果他讨厌她，就休了她）[1]。笔者使用的版本的英文是：I hate divorce，says the Lord.（神说：我恨恶休妻）。詹姆斯一世钦定的英文译本是：For the LORD, the God of Israel, saith that he hateth putting away（因为以色列的神说：我憎恶休妻）。后

[1] Martin Bucer, The Judgement of Martin Bucer, John Milton(trans), in Thompson, Torri L.(ed). *Marriage and Its Dissolution in Early Modern England*, v4, London : Pickering & Chatto, 2005. p388.

两者与布塞尔的理解大相径庭。当然，本书无力对《圣经》做细致的考证，就笔者对上下文内容的理解来看，布塞尔的解释显然是歪曲了文本的意思。这一事例表明宗教改革期间以及以后在对婚姻问题的讨论中，人们运用《圣经》佐证的实质有时候只不过是为了标榜自己的观点。

经过从《旧约全书》到《新约全书》的发展，基督教的婚姻观念已经大体成型。在婚姻的地位上，婚姻劣于独身的观念已经形成，同时婚姻又被看做是基督与教会神圣结合的象征，它具有毋庸置疑的神圣性，因此不容侵犯，也不可解除。婚姻遭到贬抑但没有被完全否认，其存在的必要性主要在于它可以达到防止淫乱发生的目的，保证人类繁衍的目的论也开始萌生。由此可见，在基督教的婚姻观念中，婚姻本身就是一个矛盾体。婚姻比独身低劣，但不能没有婚姻。不仅如此，婚姻还具有不可侵犯、不可破坏的神圣性。

《圣经》也留给后世太多解释和争论的空间。首先，关于婚姻的地位，既然婚姻是神创立的，是必要的，也具有绝对的神圣性，它怎么会劣于独身呢？所以，后来宗教改革者通过强调婚姻的必要性和神圣性提高婚姻的地位。

其次，“那人独居不好，我要为他造一个配偶帮助他。”《创世记》（2：18）这句话引发了对于婚姻目的的争论，即婚姻的最高目的到底是生育子女还是夫妻情谊。支持前一观点的人将重点落在对“帮助”的涵义的解释上。圣奥古斯丁和托马斯·阿奎那都主张这句话表明神创立婚姻的目的在于人类繁衍，其理由是男人只有在生育这种事上才需要一个女人的帮助。而支持后一观点的人则强调前半句话。在他们看来，既然是因为“独居不好”才造配偶，那么造配偶的原因在于要消除人的孤独，所以夫妻情谊才是婚姻的最高目的。

再次，在婚姻的缔结方面，由于《圣经》几乎没有阐述结婚的程序和仪式问题，也没有直接涉及婚姻的构成条件，所以它留给后世的问题主要体现在结婚的禁忌上。《利未记》一一列举了男子不能娶的对象，这种禁婚范围是不是绝对的呢，还能不能扩大呢？该如何调和《利未记》与《申命记》的矛盾呢？中世纪教会认为《利未记》的规定没有囊括全部对象，因此进一步扩大了禁婚范围。当宗教改革者利用《圣经》的权威反对教会的权威之时，结婚禁忌问题不可避免地成为讨论的问题之一。为了保证圣母玛利亚与约瑟之间婚姻的完美与神圣，中世纪教会在确立婚姻的构成条件时遇到了非常棘手的问题，并且使它所制定的关于结婚程序和仪式的规定先天不足。

最后，婚姻的不可解除性是绝对的还是相对的？在某些情况下，婚姻缔结后是不是还可以合理合法地予以解除？根据前文对《马太福音》和《哥林多前书》的引述，似乎在通奸、叛教和离弃的情况下，可以离婚。还有，既然婚姻存在的必要性在于它可以实现某些目的，那么如果一旦这些目的无法实现，婚姻是不是失去了继续存在的理由，是不是可以解除呢？这些问题在《圣经》中都难以找到答案。

中世纪教会在将基督教的婚姻观念制度化的同时，也力图对以上未决的问题作出解释，并予以解决。但是，中世纪教会不仅没有真正解决其中的矛盾和争议，反而还导致了更大的矛盾和争议。

第二节　中世纪教会的婚姻规范

教会的婚姻规范大多成型于12、13世纪。在11世纪以前，婚姻仍然属于世俗事务，婚姻的缔结还没有什么完整的仪式，人们对婚姻的合法性也并不重视，当然也没有什么明确的判定标准。从12世纪开始就出现了以下变化：教士的独身开始制度化；教会获得了对婚姻的司法管辖权，对于什么构成合法有效的婚姻有了明确的规定；在这一时期教会的七大圣礼确立下来，婚姻成为其中之一；结婚也有了一套完整的仪式，从订婚、交换结婚誓言到婚礼弥撒和洞房祝福每一个阶段都有相应的仪式；贵族和领主将婚姻看作是财产与王国继承的关键，婚姻的安全有效和子嗣的合法对于贵族已经变得尤为重要。[1]

---

[1] Brooke, Christopher N.L. *The Medieval Idea of Marriage*, Oxford: Oxford University Press, 1989. pp56-57.

一、婚姻的地位与目的

从《新约全书》直到早期教父都试图调和婚姻与独身的矛盾关系，他们贬抑而不否认婚姻，赞扬独身又知道这并非人人都能做到的事。就二者的对比关系而言，教会认为独身要优于婚姻。所以，教士作为神人交流的中介，独身成为他们的权利与职责，修女作为基督的新娘必须一心侍主，独身是她们的义务。由此，在教会内部独身形成为一种制度。同时位于次等的婚姻却被教会列入圣事之一。教会不得不承认婚姻是因为婚姻可以保证人类繁衍和避免淫乱发生，而且前者成为教会所明确认可的婚姻的首要目的。

从公元4世纪开始，禁欲主义在基督教会中迅速发展起来，教士独身的重要性也开始得到教会人士的认同。哲罗姆是公元4世纪拉丁基督教世界最积极提倡独身的人之一。他说，让那些想要遍满大地的人去生养众多，这些人终日劳累才得一食，而那些保持童贞的人将进入天堂。[1] 奥古斯丁虽然写了《论婚姻的好处》一文，但是他仍然认为独身要高于结婚。在他看来，拥有妻子和家庭让人无法内省、学习和交友，而如果保持独身，这些都完全可以做到。[2] 教皇利奥一世也提出过教士独身与结婚的问题。他并不要求在任教职期间结婚的教士离婚，但要求他们在婚姻生活中保持禁欲。

尽管如此，在中世纪早期教士还是可以结婚的。直到11、12世纪，由于教义的发展和教会内部改革的需要，教士独身开始制度化，并以教会法的形式确立下来，由教会强制实施。在中世纪天主教会看来，独身意味着个人洁净，这对于接触基督的身体是至关重要的。随着圣餐中变体教义的确立，教会越来越强调独身。同时，为了防止教士结婚所生育的子嗣世袭教职和继承教产，最彻底的办法就是干脆禁止教士结婚。教皇利奥九世在1049年开始采取措施反对教士结婚。1059年，教皇在拉特兰宫召开会议重申教士不得结婚这一教会纪律。此后，教皇仍然不断要求教士独身不娶。[3] 教皇格里哥利七世主张禁止

[1] Jerome. Letter 22. http://www.newadvent.org/fathers/3001022.htm.

[2] St. Augustine. On Marriage and Concupiscence. http://www.newadvent.org/fathers/15071.htm.

[3] 吴于廑、齐世荣主编：《世界史·古代史编（下卷）》，北京：高等教育出版社1994年版，第225页。

已婚教士做弥撒，1075年禁止授予私通者教职，1079年禁止人们接受有私通行为的教士做弥撒，他甚至还号召已婚的教士应该无条件离婚。1107年特鲁瓦会议决定剥夺已婚教士的教职。1123年第一次拉特兰会议宣布禁止教士与其姘妇或妻子一起生活。1139年第二次拉特兰会议对以往教皇和宗教会议的决定进行了总结，并编纂成法律。该法律做出如下要求：已婚教士离开他们的妻子，并为自己的这一罪孽忏悔；禁止人们从已婚教士那里领受圣餐；教士结婚违反了教会法律，因此教士婚姻是无效婚姻；教会对不能保持独身的教士予以重罚，违反教士独身制度与谋杀同罪。[1]

对于天主教教会而言，独身既是一种崇高的使徒传统，也是一种切实的现实需要。而婚姻是俗人的事，它之所以要存在是出于迫不得已的原因：保证人类繁衍和避免淫乱发生。后者是耶稣和保罗所认可的婚姻的目的，教会承袭了这一观点。在《旧约》中已经萌生了婚姻的目的在于生育的观点。奥古斯丁认为婚姻有三大好处，即子女、忠诚与圣礼。阿奎那进一步阐发了这种观点，他说：“（婚姻的）第一个目的是子女，因为人是生物；第二个目的是忠诚，因为人有人性；第三个目的是圣礼，因为人是基督徒。”[2]他们都把生育作为婚姻的首要目的。第二个目的“忠诚”是指性忠诚，就是指上述的避免淫乱。第三个目的“圣礼”意思是一种神圣的纽带，纯粹属于精神层面的东西，可以理解为夫妻情谊。

在圣奥古斯丁和阿奎那思想的影响下，中世纪教会明确规定婚姻的正确目的在于传宗接代。公元596年，教皇格里哥利一世派遣圣安德烈修道院长奥古斯丁率领一支修道士队伍来到不列颠传教。后来奥古斯丁就一些传教过程中遇到的问题要求教皇给予指点，格里哥利一世很快就作出答复，其中第五个和第八个问题与婚姻尤其相关。在答复第八个问题时，格里哥利一世说，繁衍后代的能力是全能的天主赐予人类的礼物；婚姻并不是一种罪过，但肉体上的快感无论怎么说都不可能是没有过错的；肉体结合的正确目的在于传宗接代，而不

[1] Thomson, John A.F. *The Western Church In The Middle Ages*, London : Arnold, 1998. pp88,pp89.

[2] Kindregan, Charles P. *A Theology of Marriage*, Milwaukee: Bruce Pub. Co., 1967. p38.

是欢愉。男女之间的肉体结合是为了生男育女，决不是为了满足肉欲。[1]

教会也承认婚姻中的夫妻情谊，并将之作为婚姻的最后一个目的。因此形成了教会的婚姻三大目的论，即生育、防恶和夫妻情谊。在教会看来，最重要的是前两个，其中第一个又是最首要的。这种排列的顺序不是随意的，而是有着明显的主次之分。需要指出的是，这里所谓的夫妻情谊与男欢女爱毫无关系，既不是性爱也不是通常意义上的夫妻感情。它是指象征基督与教会之爱的夫妻之爱，这种爱与性无关也与男女个体的情感无关，而是一种服务于宗教的纯粹形而上的东西。

教会在贬抑婚姻的同时，又将婚姻列入七大圣事之一。这一方面是因为拉丁文的《以弗所书》（5：32）说："这是伟大的 sacramentum。"哲罗姆在公元 4 世纪翻译希腊文《圣经》时，用 sacramentum 一词来翻译希腊文的 mysterion，该词既可以指神圣的迹象，也可以指神圣的奥理。圣奥古斯丁借用了哲罗姆的拉丁译法，认为该句是说"这是伟大的 sacrament"。由于圣奥古斯丁的权威和影响，中世纪神学家进而也认为婚姻就是一项圣礼。圣安塞姆(1033—1109) 也认为《创世记》中的婚姻和其他所有的婚姻都是基督与教会结合的象征。[2] 在 12 世纪开始普遍采纳教堂婚礼仪式，教会法学家和神学家很容易认为这种仪式就是类似圣典礼仪的事务，如同洗礼和神职授任一样。

另一方面教会视婚姻为圣事还有其自身的原因。罗马帝国灭亡后，罗马的法庭也消失了，主教们承担法官审理纠纷的责任，其中包括婚姻案件，如家庭在筹划婚姻上的分歧、私生子及其财产继承和休妻等问题。教会努力规范婚姻和家庭生活，是因为他们认为道德法律适用于全人类，因此欧洲的婚姻习俗和行为的巨大差别是不道德的，教会的思想家和法律学家有责任探知婚姻的本质，并且掌握婚姻司法以规范所有基督徒的道德与行为。如果婚姻是圣事，那么教

---

[1]　[英] 比德著：《英吉利教会史》，陈维振、周清民译，北京：商务印书馆 1991 年版，第 78、79 页。

[2]　Teresa Olsen Pierre. Marriage, Body, and Sacrament in the Age of Hugh of St.Victor, in Olsen, Glenn(ed). *Christian Marriage : a historical study*, p217.

会规范婚姻和家庭生活的能力就会增强。[1]

所以，当教会的独身制度形成时，婚姻的次等地位就被定格下来。不过教会在无可奈何地承认婚姻的同时，又将婚姻列入圣事之一。

二、婚姻的缔结

中世纪教会扩展了《圣经》对结婚禁忌的规定，并且确定了婚姻的构成条件，对结婚的程序和仪式也有了比较详细的规定。教会规定禁止通婚的亲属范围是四等亲之内，包括血亲和姻亲。教会还规定了其他多种禁止结婚的情况。在教会看来，婚姻关系的确立有两种方式：一是男女双方交换现在时的同意；二是交换未来时同意后发生了性关系。虽然外在的程序与仪式并不会影响到婚姻的有效性，但出于规范婚姻的需要，教会还是规定公布结婚预告和在教堂门口举行公开的仪式是正确的缔结婚姻的方式。

（一）结婚的禁忌[2]

针对当地蛮族中盛行近亲婚配和寡妇内婚的情况，奥古斯丁问的第五个问题是："一个信徒必须跟相隔几代的亲属才能通婚？跟继母或者兄弟的妻子结婚是否合法？"格里哥利一世答复说："罗马帝国的一个世俗法律允许兄妹或姐弟以及两个亲兄弟或亲姐妹的子女结成配偶。但是，经验证明，这样的结合是不会培育后代的。神的律法禁止任何人暴露自己骨肉之亲的下体。因此信徒在三代或四代之内不能通婚。"[3]可见，格里哥利一世强化了《圣经》中的婚姻规范，将《旧约全书》中规定的两代的禁婚范围扩大到三代甚至四代。娶自己的继母和兄弟的妻子在《旧约全书》中也是被禁止的，但《旧约全书》也有要求寡妇内婚的规定，而且并没有禁止堂亲和表亲之间的婚配。格里哥利一世

---

[1] Joseph Martos. Catholic Marriage and Marital Dissolution in Medieval and Modern Times, in Hegy, Pierre & Martos, Joseph(eds). *Catholic Divorce : the deception of annulments*, NewYork: Continuum, 2000. p133.

[2] 国内学者研究对此的研究可参见薄洁萍：《乱伦禁忌 ：中世纪基督教会对世俗婚姻的限制》，载于《历史研究》2003 年第 6 期。

[3] ［英］比德著：《英吉利教会史》陈维振、周清民译，第 70、71 页。

明确反对寡妇内婚和近亲婚配（包括血亲和姻亲），可见在向蛮族传教的过程中，基督教的婚姻规范进一步被强化了。

此后，西方教会在婚姻禁忌上则走得更远。教会根据新的算法，亦即“教会计算法”，将禁止通婚的亲属范围逐渐扩展到七等亲。根据这种算法，七等亲实际上就相当于七代亲，例如，兄弟姐妹为一等亲，第一代从表亲为二等亲，第二代从表亲为三等亲，以此类推。七等亲之禁制似乎出于这样一种刻板的观点，即亲族之间，无论关系多远，都不能通婚。因为在日尔曼人中，有这样一种通例：在财产继承上，亲属的推算以七代为限。因此，禁止七等亲内联姻，就是禁止法律意义上有血缘关系的所有人彼此通婚。[1] 显然在信息交流与人口流动都有限的中世纪，这种大规模的禁婚范围会导致诸多不便与麻烦。人们很难找到合乎规定的配偶，尤其是在要求门当户对的上层社会中。那么人们只有不顾禁令而结婚，如果婚姻生活平安无事可能也就“民不举官不究”，但是一旦出现问题如感情纠葛或财产纠纷，夫妻一方或其他人为了自己的某种利益想废除婚姻，这种禁婚规定就成为他们起诉以达到目的的借口。因此，公元 1215 年，在英诺森三世主持召开的第四次拉特兰会议上，禁婚范围从七等亲降为四等亲，也就是说，只要超出第三代从表亲的关系，即可通婚。对姻亲婚的禁止从此也是以四代为限。姻亲不仅仅是由婚姻关系形成的，而且可以由性关系形成，即一男子只要与一女子发生过性关系，那么他与她的血亲就有了姻亲关系。

除了对血亲和姻亲的这种限制以外，教会还对合法有效的婚姻设置了其他多种障碍。宗教上的亲属关系，教父及其子不能娶教女及其母和姐妹。法律上的亲属关系，养子女不能与养父母及其亲生子女婚配。基督徒不能与异教徒婚配。有罪在身，任何人如与有夫之妇通奸，在该女子的丈夫死后也不能娶她为妻。公共礼仪与尊敬，某人的未婚妻死了，那他就不能娶未婚妻四代以内的亲属。宗教誓言，如果已经发誓保持独身那就不能再结婚。强迫，如果某人由于父母或政府当局的强迫而与另一人结婚，在上帝的眼中该婚姻是不存在的。有

[1] ［芬兰］E. A. 韦斯特马克著：《人类婚姻史》，李彬等译，北京：商务印书馆 2002 年版，第 602、603 页。

现在时婚约在身，一男子已经与一女子定婚，但娶了另一女子，该婚姻也是无效的，他应解除此婚姻，与前者结婚。无生育能力者不能结婚。从降临节到主显节的第八天、从四旬斋前第三个星期日到复活节后的第一个星期日、从祈祷日到圣灵降临节后的第七天，在这些禁止结婚的日子不得举行婚礼。未达到法定年龄者不得结婚。

对于教会的这些规定，现代学者多持批评意见。英国家庭史家杰克·古迪指出，教会这种规定其实很难实施，经常受到地方风俗的抵制，而且没有《圣经》作为经典根据。教会建立并实施这种难以遵守的规则，可以提高教会的地位、强化对人民命运的控制。宗教渗入生产与再生产的基本单位，整个世界都变得有罪并要为之付出代价。[1] 鲍威尔则认为，结婚的禁忌是如此之多，以致教会在任何案件中都可以找到使婚姻无效的理由。教会对这一权利的行使带来了最大的利益，也导致了最多的丑闻，几乎每一个婚姻中都有教会法的缺陷。[2] 日本学者对西方教会法以及教会的婚姻法的评价是：“极端取性欲否定之态度者，为教会法。教会法系于‘尔等勿奸淫’的思想之上，建设婚姻法。即先干涉选择配偶之方针，而设无数之婚姻故障，以防碍婚姻之自由。”[3]

现在看来，不管教会规范实施的结果如何，很难说教会制定这些规定完全只是为了自己获利而故意制造混乱，因为教会也根据实际情况做了一些调整。比如，英诺森三世对血亲的规定就与现代婚姻法的规定很接近。教会的初衷应该是在《圣经》教义、罗马传统、各地风俗和自身理想的基础上创立一套普世的社会婚姻规范。这种规范与社会不相适应也是情理之中的事。因为在教会的理想中，婚姻本身就是不得已的权宜之事，制定规范者是独身的神职人员，缺乏对婚姻的切身体会，也不会过多注重俗人对婚姻的需求，他们又非常地强调伦理与道德，极端地厌恶乱伦。而且，《圣经》中的相关教义被教会奉为亘古

---

[1] Goody, Jack. *The Development of the Family and Marriage in Europe*. Cambridge : Cambridge University Press, 1983. p45.

[2] Powell, Chilton Latham. *English Domestic Relations, 1487-1653*, New York: Russell & Russell, 1972. p11.

[3] ［日］栗生武夫《婚姻法之现代化》，胡长清翻译，北京：中国政法大学出版社 2003 年版，第 8 页。

不变的真理，事实上《圣经》毕竟只是历史的产物。婚姻与神学过分密切的联系使教会的规范难免会过于理论化和理想化。

（二）构成婚姻的条件

在教会看来，婚姻的本质不是性，也不是生育，更不是爱情，而是结婚契约，即所谓的同意构成婚姻。[1]1216年宗教法明确规定夫妻的同意是有效婚姻的唯一条件。在理论上，教会认为同意即构成婚姻，而且还只是当事人双方的同意，婚姻的有效性不需要任何其他的条件和仪式。

教会的同意原则的确立经历了一段艰苦的历程。它首先涉及两个问题：（1）婚姻是由同意构成，还是由性关系构成，或是两者共同由构成？（2）同意是指夫妻双方的同意，还是指父母的同意，或是两者的结合？前一个问题会产生是因为罗马观点和日尔曼观点的冲突。罗马观点认为同意即构成婚姻，而日尔曼观点却认为合法的婚姻是由几个过程构成的，其中性关系是最根本的。第二个问题由来已久。罗马人的同意是指父母的同意。德尔图良相信婚姻中的同意包括夫妻双方及其父亲的同意。而奥古斯丁强调同意只是指夫妻双方的同意。教会法庭需要弄清楚同意与性关系在婚姻形成中的地位，是因为法官需要解决一些伤脑筋的实际问题，如婚姻是什么时候开始的，又是如何依法缔结的。

在中世纪早期，同意原则面临多方面的家庭压力和日尔曼观点的挑战。753年，一条法兰克的牧师会法规规定，如果一名妇女郑重声明其丈夫从未偿还婚债，而且情况属实，那么他们可以分开，该妇女可以获得完全的自由，因为没有圆房就不存在婚姻。在中世纪早期，由于日尔曼文化强调人的行为而不是人的意图的重要性，所以奥古斯丁的观点被暂时地压倒了。[2]

圣维克多的休在考虑圣母玛利亚和约瑟是否真的结婚这样一个神学命题时，开始思考婚姻问题。和奥古斯丁一样，休开始坚持人类的婚姻主要是一种

[1] 关于国内对同意原则的研究可参见俞金尧：《中世纪教会婚姻法中的同意原则》，载侯建新主编：《经济—社会史：历史研究的新方向》，北京：商务印书馆2002年版，第309—333页。

[2] W. Glenn Olsen. Marriage in Barbarian Kingdom and Christian Court : fifth through eleventh centuries, in Olsen, W.Glenn(ed). *Christian Marriage:a historical study*, p160.

伙伴关系，因此玛利亚和约瑟是真正的夫妻。休主张同意是婚姻的根本，为了调和性关系与同意在构成婚姻中的矛盾，休创造了婚姻的“双圣事说”，即性关系与同意都是圣事。当得到了巴黎神学家伦巴德·彼得的支持后，同意理论开始占据主导地位。伦巴德区分了现在时的同意和未来时的同意，前者是指夫妻明确地申明结婚的意图，而后者是承诺在以后结婚。格拉提安是最早系统地阐释教会的同意原则的宗教法规学者之一。他认为性关系对婚姻的存在是必要的，他在其著作《教令集》中指出婚姻由两个阶段构成，即从同意开始，以性关系结束，性关系使婚姻成为圣事，因此使婚姻不可解除。随着教会中禁欲思想的抬头、宗教独身制度的确立，教会人士越来越有兴趣确定和列举圣事、并将婚姻列入圣事之一，性关系决定论也逐渐失势。

由于教会认为婚姻的首要目的是生育子嗣，婚姻中的性如果只是为了生育才是可以容忍的，所以要明确性在构成婚姻上的地位。教会认为在构成婚姻的条件中，同意应该是首要的，而性是第二位的。唯有如此才能解释圣母玛利亚和约瑟的婚姻是完美的婚姻。教皇亚历山大三世调和了两者的关系，他在 12 世纪 60 年代颁布了一系列教令规定有效的婚姻是指：达到法定结婚年龄的两人合法地交换现在时的同意；或交换未来时的同意并接着以夫妻圆房来确定的婚姻。当时的女子法定结婚年龄是 12 岁，男子是 14 岁。“合法”是指在男女双方之间不存在任何教会所规定的结婚禁忌。如果说“我发誓现在就娶你为妻 / 嫁你为夫”，则属于现在时的同意，双方的婚姻就算正式缔结，具有法定的约束力，除非教会宣布其婚姻无效，否则双方不可以解除自己的婚姻。如果说“我发誓以后娶你为妻 / 嫁你为夫”，则属于未来时的同意，按照现在的说法，双方只能算是订婚，而还没有正式结婚，但如果他们此后发生了性关系，那么他们的婚姻就算确立了，一样具有法定的约束力。亚历山大三世还强调了双方同意的重要性，规定由父母或他人以武力胁迫缔结的婚姻无效。这种规定容易导致秘密婚姻和重婚，因而会引起法律诉讼和纠纷，并且有伤风败俗和产生大量私生子的危险，因此教会也多次明令禁止秘密婚姻，并对有关的人给予相应的惩罚。由于教会同时承认秘密婚姻的有效性，问题不可能得到根本解决。在中世纪的婚姻诉讼中，由于私订终生所引发的案件最多。

（三）结婚的程序与仪式

中世纪早期欧洲的结婚方式五花八门，一般而言有三个过程，即协商、订婚和婚礼。直到1100年，许多人的婚礼既是家庭式的仪式，也是公开的仪式。新婚者可能先在家里举行家庭仪式，然后再到教堂去结婚。也可能在家里订婚，然后到教堂去接受祝福。到12世纪，这种分开的仪式才开始合一。[1]

根据教会的要求结婚要经过以下两个步骤。第一是订婚，现在时的订婚或未来时的订婚。前者是指订婚双方表示他们现在就要结为夫妇，这实际上等同于婚姻，只有死亡和任神职才能解除婚姻的纽带。后者是指双方承诺将在某个时间结为夫妇，任何一方不管是出于什么原因都可以毁约。不管是哪种情况，双方只要同居，就是事实婚姻，不管他们有没有举行正规的仪式，他们的婚姻都是有效婚姻。在正常情况下，结婚的第二个程序是在牧师主持下的婚礼，夫妻二人做结婚宣誓，其誓词和今天教堂婚礼中的类似。

由于教会认为同意即构成婚姻，所以在理论上有效的婚姻不需要任何其他的程序和仪式。但是在教会和大众看来，这种没有经过正常仪式的婚姻毕竟还是有缺憾的，是不正规的。因此教会为了促进婚姻的公开化和防止秘密婚姻又对婚姻的缔结形式做了如下要求：首先，教区教士公布结婚预告，如果有人有理由反对该婚姻，那他就有机会和时间向教士报告；然后，如果没有人反对或者反对无效，双方就要在教堂门前，在教士主持下交换现在时的同意，举行婚礼；接着，新婚夫妇进入教堂，领受弥撒；最后，洞房还要得到教会的祝福。

因此，公布结婚预告和在教堂门口举行公开的仪式就成为正确的缔结婚姻的方式，否则就是秘密婚姻。《格里哥利九世教令集》共分五篇，其中第四篇专门阐述了教会的婚姻法，对秘密婚姻有以下规定：秘密结婚的一方如果否认婚姻事实，那么举证的责任在于要求维持婚姻的另一方；如果双方都承认婚姻，

[1] W. Glenn Olsen. Marriage in Barbarian Kingdom and Christian Court : fifth through eleventh centuries, in. Olsen, Glenn W.(ed). *Christian Marriage : a historical study*, p173.

那么教会就应当予以承认；对秘密结婚者应该进行适当处罚。[1] 第四次拉特兰会议颁布的教规主要是为了防止近亲结婚而禁止秘密婚姻。它要求牧师在教堂公布人们要结婚的消息，这样就可以增加发现乱伦的可能性。该教规还规定留出时间可以使那些知情者有机会举报，牧师也可以有调查真相的时间，如果确实可能存在禁止结婚的原因，牧师应该暂时禁止当事人结婚，直到真相大白。知情不报者要受罚，而那些试图妨碍合法婚姻的人也要受惩罚。

不过，直到16世纪的特兰特宗教会议，天主教会才规定教堂婚礼在法律上是必须的。在此之前教会只是要求有公开的仪式，对不服从者进行惩罚，但丝毫不威胁婚姻的有效性。教会还允许所谓的许可证婚姻，即不需要公布结婚预告，而是由教会颁布结婚许可证，承认当事人的夫妻关系。这种婚姻更加具有私密性，因此也更容易避开公众与社会的监督，同时掌握许可证的教会人士也很容易腐败。

三、婚姻的解除

在婚姻的解除问题上，教会完全维护耶稣反对离婚的立场。不过教会也明白，在理论上，婚姻是绝对神圣的，而在实际生活中，某些婚姻确实会存在某种缺陷，某些夫妻继续共同生活确实会有很大困难，甚至会产生很大的危险。所以，教会一方面坚决反对离婚，另一方面也有条件地允许夫妻解除共同生活的义务，甚至解除婚姻纽带。

中世纪的教会旗帜鲜明地反对离婚。圣奥古斯丁认为圣事的作用之一就是其永恒性。基督徒的婚姻是基督与教会关系的神圣象征，既然基督与教会的关系是牢不可破的，那么夫妻关系也肯定是牢不可破的。圣奥古斯丁的婚姻不可解除论非常迎合中世纪教会想要更密切规范婚姻和减少婚姻破裂所导致的社会伤害和家庭分离的欲望，这也符合《圣经》中反对离婚的教义。在奥古斯丁之前，教会领导人依据这一教义来说明基督徒不应该离婚、再婚，而在奥古斯丁

[1] Kelly, Ansgar. *Love and Marriage in the Age of Chaucer*, Ithaca and London : Cornell University Press, 1975. p173.

婚姻神学形成之后，他们认为基督徒不能离婚、再婚。[1]

教会坚持基督徒婚姻的不可解除性，即所谓“神所结合的，人不能将之分开”，认为只有死亡才能结束夫妻的婚姻纽带，但却允许实行“不完全的离婚”，或叫做“食宿分居”，这是指夫妻双方可以免除共同生活的义务，同时仍保留夫妻关系，双方都不得再婚。任何一方如与第三者发生性关系则属通奸行为。所以，这只能说是分居，而非现代意义上的离婚。尽管通奸在《圣经·新约》中受到了极其严厉的谴责，到中世纪中期时，法学家和神学家渐渐地不再承认通奸是离婚的理由，而认为通奸只能导致这种“不完全的离婚”。另外，亵渎上帝、异端、叛教等宗教罪过和严重的暴力行为也可以导致夫妻分居。在天主教教会的统治下，真正的离婚在理论上和制度上都是不可能的。

教会一方面反对离婚，另一方面又规定了许多使婚姻无效的条件。所以，在教会的统治下，中世纪的人们虽然不能合法地离婚，却有另一种解除婚姻纽带的手段，即废除无效婚姻。对于存在某些结婚禁忌的婚姻，教会可以通过宣布其无效而废除夫妻之间的婚姻纽带，双方可以自由再婚。教会将这种行为称之为“完全的离婚”，它在技术上可以说是等同于真正的离婚，实质上它与离婚是两个完全不同的法律概念。离婚的前提是承认婚姻的存在，而所谓的“完全的离婚”是指婚姻本身就是不合法的，不具有法律效力，是属于无效婚姻，即事实上是不存在的。而且，这种婚姻被废除后，其所生子女则丧失合法身份，沦为私生子。因此笔者将之直接称为废除无效婚姻，以免混淆概念。乱伦、结婚前已经有了有效婚约或发过独身誓这类婚姻禁忌可以自动地将无效婚姻废除。

无生育能力也是教会所认可的构成无效婚姻的条件，这反映了教会对性在婚姻中的地位的犹疑态度。虽然同意构成婚姻的观点得到确立，但是《旧约》中“二人成为一体”和《新约》中保罗的“婚债理论”让人不能不重视性在婚姻中的核心作用，人们一般也承认夫妻没有圆房的婚姻是不完满的婚姻。有人主张如果双方所同意的事是自己无力完成的事，同意就不是真正的同意。而且，

---

[1] Joseph Martos. Catholic Marriage and Marital Dissolution in Medieval and Modern Times, in Hegy, Pierre & Martos, Joseph(eds). *Catholic Divorce: the deception of annulments*, New York： Continum, 2000. p135.

婚姻的首要目的是繁衍，这也是婚姻之所以存在的重要理由，但是如果夫妇无法生育，婚姻就丧失了存在的基础。最后，教皇亚历山大三世终于接受无法生育可以成为婚姻无效的条件，但前提是如果无生育能力是在婚后发生的，那么它就不能成为废除婚姻的理由。这一规定在实践过程中显然会遇到很大问题，因为很难确定无生育能力到底在婚前存在还是在婚后才发生的。

根据1337年之前的规定，如果夫妇对他们之间存在的结婚禁忌并不知情，即在不知情的情况下违反了教会的规定，那么他们的子女还是合法子嗣。这实际上很难操作，人们是否真的不知情还是假装糊涂，这是很难判定的。在这之后，教俗一致认为一旦婚姻被废除，他们的子女就是非法生育的；如果教会没有宣布婚姻无效，即使确实存在使婚姻无效的法律条件，子女还是合法的。

从1080年左右到1210年左右，教会终于“征服了婚姻”。人们在教皇的申斥下弃绝了中世纪早期同族通婚的做法，他们通婚的亲等在第四等亲之外。尽管教会的教义经常被忽视，也产生了许多妥协和调和，但在维护婚姻的尊严问题上，教会还是非常成功的。到1100年一夫一妻已经绝对压倒多夫或多妻；教会所确认为乱伦的婚姻逐渐消失了；婚姻不可解除的义务已经为人所很好地理解；婚姻需要夫妻的自由同意的意识不断增长。[1]

第三节　教会婚姻规范在英国的实施

教会的婚姻规范形成后，还必须经过一个传播和实践的过程才能真正成为社会的行为规范守则。就中世纪英国而言，经过教会的宣传与贯彻，上述婚姻规范基本为社会所接受和认可。但是在实施过程中也不可避免地暴露出诸多需要进一步解决的问题。

[1] W. Glenn Olsen. Marriage in Barbarian Kingdom and Christian Court : fifth through eleventh centuries, in Olsen, Glenn W. (ed). *Christian Marriage: a historical study*, p169.

一、教会婚姻规范的传播

教会婚姻规范的传播除了因为教会试图要规范世俗社会生活以外，还有个重要原因就是教会自身受到两个挑战，即其婚姻规范遭到来自宗教和世俗的冲击。

12世纪兴起的异端教派阿尔比派或称清洁派主张善恶二元论，并且认为恶是物质世界的创造者。虽然该派的一般教徒都结婚，但其上层都独身，主张弃绝婚姻，不主持任何的婚姻仪式，认为只有先放弃婚姻才能得到救赎，也厌恶生育，因为生育只会使更多的灵魂回到这肮脏的物质世界。实际上，尽管教会也将独身视做最高理想，但也决不能允许这样地否定婚姻与生育。

此时兴起的骑士文学大力颂扬男欢女爱，甚至推崇婚外性爱。即兴起所谓的“典雅爱情”[1]，这种爱情不以婚姻为目的，而且还有颠覆婚姻的嫌疑，因为它宣扬的是骑士与已婚贵妇的爱。虽然，这种爱情是一种柏拉图式的精神恋爱，但是在骑士文学中，并不乏对性爱的赤露描写。这显然完全违背了教会对婚姻与性的规范，教会容忍性是因为人类需要繁衍，婚姻的存在是教会对人类本性的让步，教会对通奸深恶痛绝，而这种所谓的“典雅爱情”却公然赞扬奸夫淫妇的奸情。教会当然不会对此坐视不理。

为了对抗12世纪阿尔比派完全否定婚姻的异端思想以及新兴的骑士文学过分颂扬男女之爱尤其是婚外性爱的错误观点，教会大力宣传自己的规范。其中一个很重要的途径就是教会自身所做的大量宣传，尤其是礼拜日的布道。由于托钵修士的努力，布道成为当时的一种大众传媒制度。从13世纪中期开始，婚姻布道成为面向大众的“广播”。[2] 在教堂宗教仪式上，当关于迦拿婚筵的福音被宣讲时，布道往往都是有关婚姻问题的。每年在禁婚日结束后，许多打算结婚的人开始筹划自己的婚事，这时婚姻布道的听众往往会比听其他布道更专心，因此这一时期也是婚姻布道最多的时候。有些布道范文会在礼拜日或婚

[1] 具体参见赵立行、于伟：《中世纪西欧骑士的典雅爱情》，载于《世界历史》2001年第4期。

[2] D'Avray, D.L. *Medieval Marriage Sermons : mass communication in a culture without print*, New York : Oxford University Press, 2001. p1.

礼上不断地向不同的听众宣讲，有的还被印成小册子，得到更广泛地传播。此时教会的婚姻规范已经形成系统的体系，同样的思想被不断地灌输给民众。通过潜移默化的作用，教会的婚姻规范获得普遍的认可，即使有人反对并违反，那也不能妨碍它成为主流。

布道的这种作用由于其他宣传形式的趋同作用而进一步得到加强。尤其是第四次拉特兰会议后，教会的婚姻法渐成体制，它清楚明白地向世人昭示了教会在婚姻上的一系列严正立场。首先是仪式的感官作用。中世纪文化在很大程度上是一个没有读写的文化，公共的仪式和庆祝活动不仅给人们提供了娱乐，而且还使一些重大事务公开化，因而使人们通过参加、观看获得具体认知。比如，人们通过见证订婚、参加婚礼就可以明白缔结婚姻的正确程序，因此也可以了解教会在这些事情上的要求。

其次是教俗法庭的强化作用。当教会的规范制定成法律法规后，在英国每个教区牧师都要有几本这样的法令。在教会会议上，这些规则也向全体与会神职人员宣读。在13世纪的前60年，英国教区都逐渐能够看到这些法令文本。大多数主教管区在1240年就已经有了这些法令文本。国王有时候会在自己的法律中重申教会的法律，以帮助教会执行性行为规范或传播其思想。早在克努特时期，英国就有一项法律接受了教会的同意原则，即“不得强迫寡妇或少女嫁给自己不喜欢的人”。[1]

最后就是宗教教育的熏陶作用。《圣经》中不仅有犹太人和基督徒的婚姻教义，而且有很多具体故事和事例，人们在中世纪可以通过各种不同的途径不断地阅读或听闻到这些，尤其是那些由于世人性道德沦丧触犯神灵而导致灭顶之灾的故事。教会的训导让人们生活在对罪恶与地狱深深的恐惧之中，人们因此也更愿意而且更容易接受教会的婚姻规范。

总之，教会的婚姻规范在全西欧范围内经过了数百年的宣传、教化甚至是强制执行，人们在耳濡目染中逐渐接受这些规范，甚至可以说这些规范已经深

[1] W. Glenn Olsen. Marriage in Barbarian Kingdom and Christian Court:fifth through eleventh centuries, in Olsen, Glenn W. (ed). *Christian Marriage:a historical study*, p166.

入人心。当然，违反规定的事经常会发生。但是人们至少对于婚姻中哪些事可为哪些事不可为是很清楚的。比如，当威廉·盖尔向其父亲吹嘘他如何在法庭撒谎以摆脱一桩秘密婚姻时，他父亲马上反责说："小子，真没想到你这么鲁莽地就使自己的灵魂永世受罚。要知道，在今生忍受一些烦恼与嫌恶要比来世受到地狱之火的折磨好多了。"[1]

二、英国的婚姻法律法规概况

在英国，从1072年左右征服者威廉发布的法令开始，教会逐步获得在婚姻上独立的司法权，到1172年"阿夫朗什协议"最终完成这一过程。起初，专门的婚姻立法进展缓慢，只是随着对教士独身制度的规范而逐渐发展起来。

在1076年的温彻斯特会议上，坎特伯雷大主教兰弗朗克提出以后应该禁止教士结婚，但不用要求那些已经结婚的人离婚。[2] 在1102年的伦敦会议上，圣安塞姆要求从大主教直到副执事的各级教士都应该独身，这一教令得到教俗双方的支持。当时约克大主教开始努力贯彻教士独身的规定，而英国国王亨利一世利用该规定向已婚教士和教会人士征税。

在1200年休伯特·沃尔特主持的地区公会议上制定的教规将以前大多数的法规都集合在一起，使之前后一致和系统化，它为以后英国婚姻法的发展奠定了良好的基础。

公会议起初最为关注的是婚姻禁忌问题。1075年，兰弗朗克主持的全英公会议禁止七等血亲和姻亲范围内的人结婚，1125年威斯敏斯特教皇使节会议重复了这一禁令。在1102年安塞姆主持的公会议上制定的教规只提到了血亲关系，没有说明具体的禁婚亲等[3]，但它指出：那些知道即将缔结的婚姻存在乱伦禁忌的人必须揭发真相，否则与乱伦者同罪。

关于婚姻缔结程序和构成条件的规定也较早出现。1076年兰弗朗克主持的

---

[1] Fleming, Peter. *Family and Household in Medieval England*, New York : Palgrave, 2001. p51.

[2] Thomson, John A.F. *The Western Church In The Middle Ages*, London: Arnold, 1998. p88.

[3] 禁婚亲等是指禁止通婚的亲属范围。

温彻斯特公会议下令婚姻要有教士的祝福，否则婚姻无效。要求结婚公开化的规定早在1102年威斯敏斯特公会议教规出现了。根据该教规，没有证人的订婚，如果双方事后都不承认，那么该订婚无效。1175年在威斯敏斯特召开的坎特伯雷地区公会议上也规定禁止秘密婚姻，结婚应该包括教士主持的公共仪式，但如果没有教士的祝福也并不关乎婚姻的有效性，没有当事人双方的同意就没有婚姻。12世纪晚期，地方教会会议命令牧师在夫妻结婚前询问他们是否同意结婚。13世纪的忏悔手册训诫牧师注意自由同意的重要性。[1]1216年乔巴姆的托马斯写道："显然，人们可以在任何地方自行缔结婚姻，不需要牧师和任何其他人，只要彼此同意永远地生活在一起。"[2]

1213年斯蒂芬·兰顿大主教制定了坎特伯雷主教法令，它重申了1200年教规并做了一些调整和发展，并补充了两个重要条款：教区神职人员必须禁止秘密订婚并坚持订婚要有证人在场，这样如果以后对订婚有争议，就有人可以作证；在同意结婚后发生性关系即构成婚姻，教会要予以承认，并且要求人们遵守婚约。英国的主教法令依据罗马教廷的精神，结合英国各地的实际情况以及之前的一些法律法规，为英国社会制定了系统的婚姻法规，下面就介绍其主要内容。

第一，关于婚姻的地位和目的。教士独身制度在英国确立下来。这些主教法令还指出婚姻有防止淫乱的功能，并确立了婚姻的圣事地位，规定牧师要赞美婚姻，向人们宣讲婚姻是首个圣事，是上帝在原罪前创立的，只有婚生子才能获得宗教身份和世俗财产。

第二，关于婚姻的禁忌。12世纪对婚姻有限的规范中亲属禁忌是重点，1215年第四次拉特兰会议后，该问题的重要性相对减小了。不是因为人们不再重视它，而是因为它已经得到了较好的解决，人们对此已经比较了解。1215年前英国有的法律就不再具体明确禁婚亲等，有的地方已经限定在四代以内，

---

[1] Teresa Olsen Pierre. Marriage, Body, and Sacrament in the Age of Hugh of St.Victor, in Olsen, Glenn W.(ed). *Christian Marriage : a historical study*, p217.

[2] Michael M. Sheehan. Marriage and Family in English Conciliar and Synodal Legislation, in Farge, James K.(ed). *Marriage,Family, and Law in Medieval Europe : collected studies*, p85.

之后英国各地普遍采纳了拉特兰的规定。比如，约翰·拉伍得到一块土地，但需要3英镑的费用。艾格丽丝·本特利承诺如果约翰答应娶自己的女儿艾丽丝，那么她将为他提供这笔钱。约翰倒是非常乐意，可惜他已经与艾丽丝的一名女亲戚发生了性关系，所以不得不放弃。[1]索尔兹伯里主教法令明确规定了禁止发宗教誓愿的人结婚，并且还规定：教士应当教导奸夫在其情妇之夫活着的时候不得娶她，如果二人与该丈夫的死有牵连，那么他们不能结婚。

第三，关于结婚的程序和仪式。婚姻的圣事地位要求婚姻在宗教氛围下庄严地缔结，教会关注的几个结婚的重要步骤是订婚、公布结婚预告和夫妇交换现在时的同意。从1213年到1289年总共有33项法令对订婚做了要求。订婚要有证人在场，而且是正式邀请的、值得信赖的证人。有的法规还明确要求有牧师在场。订婚是表明男女结婚的意图，用语一般是未来时的。

英国关于结婚预告的立法受到第四次拉特兰会议的很大影响。英国法律规定，在结婚前要在教堂三榜公布结婚预告。坎特伯雷主教法令还对外乡人的婚姻做了规定：如果双方都是外地人，牧师不得允许其结合，除非他确知他们之间没有什么结婚障碍；如果一方是外地人，要有书面材料证明二者可以结婚，并且确定他们已经三次公布了结婚预告。索尔兹伯里主教法令规定，即使当事人不知道彼此存在结婚障碍，如果他们没有公布结婚预告就结婚，那么他们的子女也是非法生育的，而恶意妨碍合法婚姻的人要受到惩罚。后来对于公布的日子还有了要求，有的特别指出要在三个神圣的日子公布，礼拜日或者节日，每次间隔最少7天，有的地方还要求间隔15天。公布者是当事人所在教区教堂的牧师，如果二人分属不同教区，那么在各自教区都要公布。

同意的确能构成有效婚姻，教会也认可这一点。同时教会也认为只有同意的婚姻是不正当的结合，因此对婚礼仪式也做了一些规定。坎特伯雷法令规定人们应该在地方教会面前，在有牧师在场的情况下公开地举行婚礼。到14和

[1] Gies, Frances & Gies, Joseph. *Marriage and the Family in the Middle Ages*, New York:Harper & Row, 1987. p245.

15世纪，宗教会议都要求婚礼在教区教堂举行。1329年大主教梅芬下令任何在教区教堂或礼拜堂以外场所为人主持婚礼的牧师都要被革职一年。婚礼举行的时间一般是在上午，很可能就是在礼拜日的上午，因为婚礼一般包括新婚弥撒，而此时也是会众聚集教堂的时候，因此也是见证人最多的时候。当然，结婚日期不能在教会的禁婚期内。

不过，一般来说，法令并没有对婚礼的仪式和程序做详细规定。它所关注的主要是加强整个结婚过程的公开性，加强社会监督，杜绝秘密婚姻，以规范人们的婚姻行为。

从1200年威斯敏斯特的休伯特·沃尔特到1342年伦敦的约翰·斯特拉特福德，为处理秘密婚姻问题而制定的教规和法律不下30个。1329年，坎特伯雷大主教西蒙命令：应该让所有的信徒都了解教会关于秘密婚姻的禁令，如果牧师参加的婚礼没有公布结婚预告或没有在规定的教区举行，那么他将被撤职，结婚的男女双方都要受到应有的惩罚。1342年，约翰·斯特拉特福德大主教制定的一项教规规定，有人想通过婚礼使自己的结合得到承认，但是又明白彼此之间存在的结婚障碍。如果在当地公布结婚预告，那么婚礼就不可能举行，因此就到一个人生地不熟的地方，找一牧师为自己主持婚礼，没有结婚预告，婚礼的时间和季节也都不适宜。然后，他们在结婚的地方或回到原籍开始夫妻生活。在这种情况下，要开除他们以及牧师的教籍。任何不经授权就为外教区人主持婚礼的牧师都要受到同样的惩罚。[1]一对男女如果没有举行正规的结婚仪式就宣称自己是夫妻，教会法庭就要对二人的关系展开调查，如果不存在结婚禁忌，其夫妻关系得到承认，但还是要求举行教堂婚礼，否则二人就要分开。在罗彻斯特发生这种情况时，不仅要求他们举行教堂婚礼，而且还在大众广庭下对男女双方处以鞭刑。在一个案件中，一男子与一女子秘密结婚，但没有圆房。后来他又与另外一女子结婚并圆房。结果，他被命令与前者举行婚礼，三

[1] Michael M. Sheehan. The Formation and Stability of Marriage in Fourteenth-Century England: evidence of an Ely register, in. Farge, James K.(ed). *Marriage,Family, and Law in Medieval Europe: collected studies*, p51.

个人都遭到鞭打。[1]

三、教会婚姻规范实施的典型案例

（一）独身与婚姻的较量

在亨廷登郡有一位名叫克里斯蒂娜的女子，她出生于公元1100年前，死于1160年左右。她从小就立志要守独身，但是她的父母亲人都极力反对，并为她安排了婚事。克里斯蒂娜迫于压力结婚，但她坚决拒绝与丈夫圆房。她的父母和丈夫几经努力，还是失败了。最后，在约克大主教瑟斯坦的支持下，她的婚姻才得以废除，她重申了自己的独身誓言，教皇也允许她的丈夫娶另外的女子为妻。在这个事件中，个人的意愿得到肯定而父母的权威和利益却遭到否定，独身的理想也战胜了婚姻的束缚。[2] 同时，这一事件也体现了世俗婚姻观念与教会婚姻规范的冲突，说明了12世纪教会在婚姻问题上对俗界的胜利。克里斯蒂娜的父亲认为她的这种行为不仅使自己的父母蒙羞，而且也是整个贵族阶层的耻辱。她的母亲竟然宁愿自己的女儿被强奸。因为依照当时的规定，性关系可以使婚姻永远具有约束力。因此，在克里斯蒂娜的父母看来，婚姻只不过是由父母同意的并通过性关系来确定的协议。而教会人士认为婚姻不仅仅只是一个社会习俗，它还建立了一种神圣的纽带，是一件圣事。克里斯蒂娜的成功代表了教会取代父母成为婚姻的规范者和控制者的成功，同时也说明了在教会的意识形态中，独身的地位要高于婚姻。

（二）同意原则

威廉·德·萨克维尔在埃塞克斯郡有大量地产，他与奥布里·德·特蕾丝格订立婚约，并交换誓言，然后把她送回娘家，等时间到了再圆房。在此期间威廉看上了郡长的女儿艾丽丝。他们根据教会的结婚仪式举行了婚礼，并且邀请了大量的客人出席婚礼。奥布里试图反对该婚姻，但是没有成功。威廉与艾

---

[1] Kelly, Henry Ansgar. *Love and Marriage in the Age of Chaucer*, p171.

[2] Brooke, Christopher N.L. *The Medieval Idea of Marriage*, pp144-148.

丽丝生活在一起并且生儿育女，其中包括女儿梅布尔。后来，威廉又将艾丽丝扫地出门，并且从柯彻斯特副主教杰弗里那里弄到了废除无效婚姻的判决。艾丽丝似乎也多次要求教皇使节为自己伸张正义。但是，1140 年左右，教皇首次坚决地宣布现在时的同意具有法律约束力。威廉与奥布里交换的是现在时的同意，当时就产生效力，因此这次婚姻才是合法有效的。威廉与艾丽丝的婚姻是无效婚姻，他们所生子女是私生子。威廉临终前还是希望安顿好她的女儿和继承人梅布尔。因此，梅布尔继承了父亲的财产，平安无事地过了几年又结婚生子。亨利二世即位后，理查德（威廉的侄子）开始要求攫取梅布尔所继承的财产，因为他认为她是私生女。此时，威廉及其两位妻子都已不在人世，教皇的判决不会危及任何现存的婚姻。但教皇最后还是宣布梅布尔不是合法子嗣，理查德得到了威廉的遗产。[1] 尽管判决的结果可能令人不悦，但是它显示了教会对同意原则的维护。

牛津的首任伯爵奥布里•德•维瑞先后娶的两任妻子都没有生育。他直到 40 多岁仍然膝下无子。艾塞克斯的约翰是亨利二世时期的朝廷大员和大领主，他将自己年仅 3 岁的女儿艾格尼丝许给伯爵的弟弟杰弗里，并且把艾格尼丝送到伯爵家中作为履行婚约的保证。艾格尼丝在 6 岁的时候又被送到杰弗里家中，以未来女主人的身份受到礼遇。1162 年或 1163 年的时候，她有 11、12 岁，差不多到了法定的结婚年龄，奥布里伯爵自己却与艾格尼丝定了婚，显然使用的是现在时的同意。1163 年，艾格尼丝的父亲失宠，地产被没收。艾格尼丝在婚姻交易中的价值由此荡然无存，维瑞家当然想甩掉她。而婚姻的司法权在教会，婚姻也要服从于教会的教义。而且，艾格尼丝这个小女孩也不是那么容易就可以摆脱掉的，她有着超凡的勇气与意志，为了拯救自己以及家庭的名声，她可以忍受一切，因此她一直拒绝任何妥协，而且不畏艰难地与维瑞家族做斗争。1166 年，教会法庭开始认真对待艾格尼丝的讼案。同时，艾格尼丝向罗马教廷申诉。在以后五六年的时间里，没有任何进展。伯爵囚禁了她，期望她能就此屈服。最后，教皇终于被她的困境深深打动，于 1172 年给伦敦主教发布了一

[1] Brooke, Christopher N.L. *The Medieval Idea of Marriage*, p148.

个警告性的训令，宣称：在接到训令后的20天内，伯爵应将她接回做自己的妻子，给予她应得的尊重，以夫妻之礼待之，否则主教就应该对伯爵的土地采取强制令，并且对伯爵本人处以绝罚。主教服从了这一命令。伯爵也妥协了，他与艾格尼丝的婚姻也最终修成正果。无从得知他们的婚姻是否幸福，但1194年伯爵去世的时候，他们已经在一起生活了20年，并且至少养育了5个子女。[1]

以上两个案例一个是废除婚姻，一个是维护婚姻，共同点是现在时的同意都是问题的核心，并且成为最后判决的标准。如果说前者的结果捍卫的是贵族的财产利益，那么后者显然是与此相反的，它挽救了一名弱女子，挽救了一个没落的家庭。由此可见，教会的婚姻法则不管是与贵族利益一致还是相违背，最后都取得了胜利。当然，不能武断地说教会在所有情况下都能占上风，但至少可以说教会的婚姻规范不仅在社会上牢固地树立起来，而且得到了普遍的认可与比较有效的实施。

（三）婚姻的解除

在盎格鲁—撒克逊时代的英国，男女双方都可以单方面遗弃自己的配偶，而遭遗弃的妻子可以拥有子女的监护权和夫妻共同财产的一半。[2] 教会的婚姻规范在英国确立并开始贯彻后，这种局面就改变了。在英国教会法庭中，要求解除婚姻的诉讼很少，更多的是要维护婚姻。一方面这是因为教会在离婚上的严正立场，另一方面也说明人们对教会婚姻法规的认可程度。不过，维护婚姻的要求也说明了解除婚姻要求的存在。因为婚姻是男女双方的事，如果大家都同意维持婚姻或都不同意维持婚姻，都不会上法庭。只有一方想摆脱婚姻，而另一方不同意时，双方在冲突之下才会对簿公堂。

人们要求解除婚姻大致出于以下六种理由：未达到法定年龄、遭胁迫后才同意结婚、有禁止结婚的血亲关系、有禁止结婚的姻亲关系、重婚和有婚约在先。由于同意原则很容易造成混乱和争端，后两者是要求解除婚姻的最常见的理由。

---

[1] Brooke, Christopher N.L. *The Medieval Idea of Marriage*, pp152-156.

[2] W. Glenn Olsen Marriage in Barbarian Kingdom and Christian Court : fifth through eleventh centuries, in Olsen, Glenn W.(ed). *Christian Marriage : a historical study*, p175.

比如在伊利主教管区就有这样的案例：一个小教堂公布了当地人约翰•丹尼和艾丽丝•兰顿的结婚预告，一名叫琼•吉布的女子反对，并提出自己的婚姻主张。1377 年 1 月 5 日，琼被传唤到主教法庭，申诉自己的理由。她说自己与约翰先前已有婚约，因此要求法庭判决约翰是自己的丈夫。[1]

1380 年 7 月，教会法庭质询斯蒂芬•戈巴："既然已经宣誓服从主教的判决，同意娶朱莉安娜•比戈为妻，为什么没有付诸行动？"斯蒂芬回答说，朱莉安娜曾与威廉•阿特默发生过性关系，而自己与威廉是近亲，因此与朱莉安娜之间存在禁止结婚的姻亲关系，所以不能娶她。1381 年 3 月，案件出现了新的转机。斯蒂芬•珀特弗宣称自己已经与朱莉安娜交换了现在时的同意，要求法庭判决她是自己的妻子。4 月，斯蒂芬•戈巴反悔了，他在法庭上撤消了自己与威廉•阿特默是近亲的声明，声称自己与朱莉安娜的婚姻优先。5 月，斯蒂芬•戈巴与朱莉安娜去了另一教区，在有见证人在场的情况下举行了婚礼。三周后，他们在法庭承认了事实真相，因此被开除教籍。最后，在 11 月 12 日，二者的姻亲关系得到了证实，法庭判决斯蒂芬•珀特弗与朱莉安娜婚姻有效。[2]

这两个案件说明人们对教会在婚姻上的规定是比较清楚的，能够运用法律维护自己的权益或者利用法律达到自己的目的。从第二个案件中也可以看出教会对乱伦问题的重视。只要存在结婚禁忌，不管是否同意，是否有合乎规定的程序和仪式，都不能使婚姻获得承认。这个事例可以和以下谈到的一个案件形成有趣的对比。

约翰•波伊南特和琼•斯旺结婚一段时间后，由于约翰没有生育能力，他们的婚姻被当做无效婚姻废除。此后，琼再婚了。而约翰也与伊莎贝拉•派伯有了亲密交往，而且使其怀孕。正当约翰与伊莎贝拉准备结婚的时候，法庭开始调查，认为既然约翰有生育能力，那么他应该恢复与琼的夫妻关系。约翰提出反对意见，他说琼与伊莎贝拉是亲戚，因此他与琼之间存在禁止结婚的姻亲

[1] Michael M. Sheehan. The Formation and Stability of Marriage in Fourteenth-Century England: evidence of an Ely register, in Farge, James K.(ed). *Marriage, Family, and Law in Medieval Europe: collected studies*, p46.

[2] Ibid, p54.

关系。两年后，法庭对约翰的生育能力甚感满意，同时又没有证据证明所谓的亲属关系，所以法庭改正了以前所犯错误，判决约翰与琼恢复夫妻关系。[1]

这个事例体现了教会在处理婚姻问题上的一个很有意思的特征，那就是完全遵循先后原则，而不顾及既成事实。教会为了维护先前所存在的有效婚姻，不管当事人现在是否再婚、是否生子，不惜以解除现在的婚姻、使该婚姻所生子女变成私生子为代价，更不会管到底哪一桩婚姻更让人幸福。教会强调同意原则也就是承认个人在婚姻上的主观意愿的地位，但是在这种情况下却不容人有任何的选择，可怜的约翰利用教会的规定做了最后努力也无补于事。可以这样说，教会给人的机会只有一次，如果你今生已经做了一次有效的婚姻承诺，那么就别无选择余地，只有死亡才能将你从这种束缚中解脱出来。不过，这一事件也从另一侧面说明了教会在捍卫婚姻的不可解除性上的决心，只要不存在使婚姻无效的条件，婚姻就应该受到保护，而不管夫妻关系发生了什么样的变故。

尽管教会决意要维护婚姻的圣事地位，但也意识到通奸、暴力和异端会使夫妻双方或其中一方对婚姻无法忍受，这不仅危害到家庭内部的稳定与和谐，而且也会对社会产生不良影响，因此有必要使其分开。在这种事情上，教士与法官更像一个和事佬，总是力图使双方和解，因此教会法庭判决的分居并不多。1390 年，罗伯特・翰登拜的妻子玛格丽特来到约克的教会法庭，因为家庭暴力要求与丈夫分居。法庭的处理却是要他们和解，如果罗伯特以后仍然不能善待玛格丽特，并且这种情况得到两个可靠证人的证实，那么可以判决二人分居。法庭为了使丈夫信守誓言，往往会要求他们发誓或交纳财物作为保证金。并非所有的纠纷都得到了和解。约翰・科威尔和他的妻子要求法庭允许他们分居，因为他们时刻都要担心自己的生命安全，他们宁愿进监狱也不愿意生活在一起

[1] Michael M. Sheehan. The Formation and Stability of Marriage in Fourteenth-Century England :evidence of an Ely register, in Farge, James K.(ed). *Marriage, Family, and Law in Medieval Europe: collected studies*, p74.

最后，法庭允许他们分居，并为他们分割财产和划定抚养子女的义务。[1]

一般而言，教会的规范在英国社会中得到了有效的实施和较大的认同。比如，在伦敦主教区法庭有这样一个诉讼，约翰已经11年没有见到自己的妻子了，认为她已经死了，所以再婚。有一天有人告诉他看到了他的发妻，而且活得好好的。没有办法，约翰只有离开现在的妻子。结果导致现在的妻子提出诉讼。由于缺乏有力证据证明约翰的前妻还活着，教会判决他维持现在的婚姻。约翰似乎还是确信前妻还在人世，并且认为自己出于良心也必须要与现在的妻子断绝关系。[2] 当然，也不是完全没有例外的情况。比如，谢林顿一个富有的农家女子哈维西，她的父亲把她嫁给另一个村庄的男人，并给了财产做嫁妆。而她却抛弃了自己的丈夫，与一个叫托马斯的人生活在一起，并生下一个私生子理查德，然后他们才结婚，又生下一个儿子和两个女儿。严格地说，他们的婚姻是不合法的，因为他们两个都属于通奸者，但他们全然不顾教会的谴责。世俗官员也没有理会他们的婚姻的法律问题，允许她的儿子作为合法继承人继承她的财产。[3]

四、教会婚姻规范实践过程中的困境

的确，基督教的婚姻观念能够为社会所接受，一个重要的原因就是其婚姻伦理的某些方面有利于维持婚姻稳定。[4] 正如前文提到的，教会的婚姻规范具有很强的理论色彩和神学色彩，它的每一项规定必须要经得起神学上的推敲。一旦这种过于理想主义的社会规范付诸实践，就不可避免地会出现矛盾与问题。

中世纪教会婚姻规范主要存在以下几个两难处境。

第一，独身之福与婚姻之神圣。独身与婚姻本身是对立，而教会非要努力

[1] Hanawalt, Barbara A. *The Ties That Bound : peasant families in medieval England*, Oxford: Oxford University Press, 1986. pp211-212.

[2] Fleming, Peter. *Family and Household in Medieval England*, p13.

[3] Hanawalt, Barbara A. *The Ties That Bound : peasant families in medieval England*, p212.

[4] 参见刘新成：《西欧中世纪基督教婚姻观》，载《首都师范大学学报》（社会科学版）1995年第3期。

将二者调和起来。不仅如此，教会还主张独身是最高理想，婚姻是首个圣事。所谓一山难容二虎，在把两个对立的事物推崇到同样高度的同时，还要论证一个是最好，另一个是次好，这怎么不会引起观念上的冲突？教会在赞美独身的同时也要不遗余力地打击那些完全否认婚姻的异端思想。承认婚姻是理性行为，而维护独身则是宗教理想，理性与理想并不容易合二为一。尽管教会力图通过将教士独身制度化来解决其在理论上和实践上的两难，不过教会推崇的是独身，独身的教士是社会的精英，占据了最好的社会资源，这即使不能导致人们对独身趋之若鹜，至少也会让结婚的人感到低人一等。而且，独身的理想无论何其高尚，人的天性是难以泯灭的。一旦本该守身如玉的教士修女无法坚守自己的使命与理想，其结果对于教俗两界都将是灾难性的。

第二，婚姻构成中的同意与性关系的作用问题。教会承认同意是构成婚姻的首要条件，但是教会为了按照自己的理想规范社会生活，有时候又不得不以性关系作为唯一标准，强制性地要求当事人缔结婚姻，而不考虑其是否愿意。教会规定如果某信徒与一女子公开姘居，那么他必须与她定婚，或定下有附加条件的婚约，即只要再发生性关系，就构成夫妻关系。教会这么做显然初衷是好的，有的男女双方关系亲密，长期你来我往，但就是不结婚。为了杜绝这种在当时看来是不正当的男女关系、纯净社会道德，教会采取了这样的措施，却在理论上否认了自己的原则。因此可见，在判定婚姻是否已经形成上，无论是同意还是性关系都有缺陷。

第三，有效婚姻与非法婚姻。婚姻可以是有效的对夫妻双方都具有终身约束力的，但同时却是非法的，这种奇特规定在今天看来真是令人匪夷所思。教会规定的有效婚姻是只由现在时的同意或未来时的同意加性关系构成的，如果要使婚姻合法则需在此基础上附加两个条件，即按照规定公布结婚预告或取得结婚许可证，并且在教堂举行公开的婚礼。但是，不合法婚姻在被禁止的同时却能获得法律的承认，这就是教会婚姻规范的悖论所在。直到宗教改革前，教会一直为这一问题困扰，不遗余力地与之做斗争也无法从根本上解决问题。这就是为什么 13 世纪中期以后，教会婚姻规范已经定型，英国的婚姻立法也不再有什么新内容，但就是一而再再而三地发布法令反对秘密婚姻、要求婚姻程序公开化的原因。

第四，婚姻的不可解除与婚姻的失败。教会顽强地坚持只要是有效婚姻就终身有效，直到死亡将其结束。的确，根据基督教神学，婚姻是神圣的，因此也应该是美好的。但这毕竟只是理想，现实中的食色男女毕竟还生活在红尘中，不是生活在天堂，他们自有自己的欢喜忧愁。婚姻破裂、婚姻不幸这是不可能避免的。教会也知道尽管人们在结婚的时候满心愿意并许下承诺，结婚后还是可能出现变故。对于那些在教会看来确实比较严重的问题，教会也采取了一定的弥补措施，即前文所说的“不完全离婚”。但是，夫妻分居只能解决双方在共同生活上的困难，从此剥夺另择良偶的权利，这显然不可能真正解决问题。个人的婚姻感受被湮没在教会的神学需要中，在选择伴侣上一旦有错误，就永无改正之机会，真是“嫁鸡随鸡，娶狗随狗”。

教会在实践自己的规范中也意识到了以上这些问题，并且力图通过各种途径予以解决。不过教会不仅不能从根本上解决这些问题，它自身也无法真正贯彻教士的独身制度。到宗教改革前夕，教会内部的腐败堕落行为已经臭名昭著。教士蓄养情妇，嫖娼，甚至奸淫人妻。修女忘记了自己是基督的新娘，与人偷情，甚至成了教士的情妇或玩物。教皇亚历山大六世还公然宣布自己有八个孩子。教会的这些劣迹进一步暴露了教会婚姻规范的伪善性。所以，问题是内在于教会的婚姻规范之中的，要想解决问题，必须从根本上改变其婚姻规范。而这也正是引发近代早期西方婚姻观念和规范变革的内在原因。

第二章　婚姻观念变迁的社会背景和原因

第一节　社会思潮对婚姻观念的影响

14、15 世纪，随着西欧封建制度的逐渐崩溃和资本主义商品经济的兴起，西欧的社会结构开始发生变化。政治上，西欧的民族意识开始增强，民族国家开始形成。新的经济、政治和社会格局需要新的意识形态和制度。与此同时，罗马天主教教会却日益腐败、戒律废弛，这导致其在社会上的威信一落千丈，人们的信仰也遭到动摇。

在这场社会变动中，西欧相继发生了文艺复兴和宗教改革运动。它们对西欧社会的影响是全方位的，引发了经济、政治、文化、意识形态和社会生活等各个层面的变革。其中，罗马天主教教会一系列的婚姻规范和思想都受到了前所未有的冲击，并且发生了不可逆转的变化。人文主义强调现世生活，主张追求物质幸福和肉欲的满足，反对宗教禁欲主义，反对基督教对人性的禁锢。这些思想是冲破天主教婚姻规范的先声。宗教改革中，新教强调的是个人信仰对灵魂得救的重要性，并且抨击天主教教会的权威，呼吁改革教会法，其中一个很重要的方面就是要求改革教会的婚姻制度，并由此产生了许多新的婚姻观念。教会桎梏的被毁也给以后的观念革新打开了方便之门。

一、人文主义的影响

文艺复兴发源于14世纪的意大利，在15世纪后期传播到其他西欧国家，由此揭开了西欧近代转型的序幕。在这场伟大的思想文化运动中所兴起的人文主义对西欧社会产生了深远的影响。人文主义者打着复兴古典学术的旗帜，一方面抨击教会虚假的仁义道德，揭露教会内部种种腐败行为，另一方面倡导一种新的世界观和价值观。这些都对近代早期英国的婚姻观念产生了影响。

亚里士多德认为男女的结合是合乎自然的事，家庭是城邦的基础。人文主义者继承并发扬了这种古典的家庭观，认为家庭是构成教会和国家的基本单元。既然家庭是如此重要，那么婚姻作为唯一可以合法组成家庭的途径，其地位和价值显然就要重新评判。人文主义者通过研读古典著作和《圣经》发现教会的独身制度并没有依据，而且还违背了自然和人性。

天主教教会宣扬禁欲主义，鼓吹独身的尊贵性，而实际上内部却充满了无耻的淫乱行为。普通教士公然地与情妇姘居，修女沦为玩物，甚至有的教皇儿女满堂。出于对这种伪善的厌恶，人文主义者颂扬人的尊严，张扬人性与人欲的合理性，认为人的幸福存在于尘世之中而非虚无缥缈的彼岸世界，因此人应该追求物质幸福甚至是肉欲上的满足。

人文主义者发现了人的主体价值，确立了以人为中心的人神关系。这种对人的观点的变化，以及对教育的重视，导致了他们在妇女观上的变化。人文主义者认为妇女在精神上和德行上与男人并无本质区别，她们也应该有受教育的权利和能力。当然，人文主义者的这种看法并不代表他们在鼓吹男女平等。相反，他们这些观点都是在男权至上的前提下提出的。不过，这种妇女观给当时的婚姻观带来了一定的积极影响。人文主义者之所以会有这种妇女观，是因为他们认识到家庭的重要性。他们认为一个受过良好教育的女子更加能够承担起一个贤妻良母的职责，她们能够与丈夫有一定程度的思想上的交流，成为丈夫精神上和情感上的伴侣。由此，妇女不仅只是传宗接代的工具和合法的性伴侣，也是男人可以与之交流、倾诉的朋友。婚姻也不仅只是出于功利的需求，还出于男人情感上的需要。这样，婚姻的地位被抬高，婚姻中夫妻的情谊得到重视。

在以上这些因素的作用下，人文主义者反对禁欲主义，反对教士独身制度，否认婚姻的地位次于独身。他们认为婚姻是神所创立的，是神圣、合乎自然与人性的，其地位要高于违背自然、违背《圣经》的独身。此外，他们还强调婚姻中夫妻的情感与友谊的重要性。下面就列举几位意大利人文主义者对婚姻的看法以说明这一点。

科卢乔·萨卢塔蒂认为，热爱尘世的生活是人的天性。他在一封信中说："上帝不是喜欢有十二个儿子，两个妻子和很多羊群的雅各更甚于喜欢特奥菲洛和伊拉里奥内吗？……关心、爱护你的家庭、孩子、亲戚、朋友，以及包容一切的祖国，并为他们效劳吧！这样做，你的心就不可能不升入天堂，并为上帝所喜爱。"[1] 列奥纳尔多·布鲁尼称赞婚姻的积极意义，认为结婚与学习并不矛盾。他说："人是文明的动物，第一个结合——丈夫和妻子的结合——产生了城市。凡是没有这种结合的地方都是不完善的。"[2] 甚至信奉柏拉图禁欲主义的菲奇诺也称赞婚姻，认为那些鄙视婚姻的教士都必然会丧失人性。他说："人是真正天才的雕塑家，他按照自己的形象塑造了子女……此外他还建立了一个家庭的共和国，他倾注了自己智慧和品德的力量来管理这个家庭……最后，他还可以从妻子和家庭中得到甜蜜的安慰以减轻日常的劳累之苦。"[3]

当然，直接影响英国社会的主要还是以伊拉斯谟等人为代表的基督教人文主义者。由于伊拉斯谟曾经游历英国，其著作也被翻译成英文在英国传播，而且有的宗教改革者在自己的著作中往往还会引用到伊拉斯谟的观点，所以笔者将其作为在英国社会流传的观点运用在后文的具体阐述中。

二、新教思想的影响

基督教人文主义者的思想在欧洲广为传播，直接影响了宗教改革运动。人

[1] [意]加林著：《意大利人文主义》，李玉成译，北京：生活·读书·新知三联书店1998年版，第27页。

[2] 同上，第38页。

[3] 同上，第39页。

文主义者只是吹响了思想解放的号角，而把变革社会风尚的历史任务留给了宗教改革者。

1517年马丁·路德在维登堡的卡斯尔教堂大门上张贴了《九十五条论纲》，公开否认教皇的神权，点燃了欧洲宗教改革的熊熊烈火。之后，在瑞士也先后发生了以茨温利和加尔文为领袖的宗教改革运动。在此基础上，欧洲的宗教改革运动逐渐向其他地区传播和蔓延，并且还触动了罗马天主教教会内部的改革。

英国的宗教改革受到了欧洲大陆宗教改革的很大影响。德国宗教改革后不久，路德的教义就渗透到英国。早在1521年，剑桥大学就成立了一个秘密团体，专门研究路德的学说，其成员后来成为英国宗教改革的中坚力量。大陆新教思想对英国社会的影响和冲击引起了统治者的恐慌，亨利八世下令焚烧“异端”书籍，禁止其在英国流传，并且还亲自撰文讨伐路德的改革主张。20年代后期，由于亨利在婚姻事务上与罗马教廷的冲突，对大陆新教书籍的禁令开始松弛。到30年代，随着大陆新教书籍大量涌入英国，大陆的各种改革思想和主张也流入英国。爱德华六世时期，许多大陆新教改革家来到英国，指导英国的改革运动，甚至直接参与政策的制订。玛丽女王对新教徒的打击和迫害，导致大量改革派的成员流亡国外，这在客观上也加强了大陆和英国改革者之间的交流和联系。在欧洲宗教改革运动中，英国作为一个后起的国家，受到了多宗派改革思想和主张的影响。多种学说的传播和流行也使英国这一时期传统的婚姻观念受到了多方的冲击。

新教内部虽然有各种宗派，其学说和主张各异，但它们共同的对手都是罗马天主教，都要求改革天主教的教义、礼仪和制度，并否定罗马教皇和教会的权威，而强调《圣经》的权威。天主教的教义、制度和礼仪都涉及婚姻问题。罗马天主教教会对婚姻的地位与目的、婚姻的缔结和解除不仅形成了系统的思想，而且还将这些思想制定成规范、形成制度以在社会上贯彻执行，此外还将结婚的整个过程仪式化，把婚礼纳入七大圣礼之中。所以，婚姻问题本身是宗教改革无法回避的问题，对婚姻的改革也成为宣扬改革思想和主张的一种手段和途径。

新教改革者依据《圣经》来清算罗马教会在婚姻上的种种思想和规范，将所有不符合《圣经》规定的地方都列入需要改革的范畴，并著书立说对之展开讨论，提出各自的观点和构想。实际上，罗马教会虽然也将《圣经》作为其信仰的源泉，但它在婚姻方面的思想和规定更多的是在改造中世纪社会和扩展自身权威的过程中形成的，自然在很多方面都与《圣经》相去甚远。因此，天主教的婚姻思想和规范遭到新教的冲击是在所难免的事。

变革婚姻也是一个很好的传播新教思想的途径。婚姻是所有人都会经历和目睹的人生经验，与信仰和救赎等其他教义相比较，婚姻方面的教义更加容易让社会大众理解和接受，也更加容易让社会大众切身感受到其中的变化。婚礼仪式的变化让所有的新婚者以及参加婚礼的人都能够感受到过去与现在之间的不同。改革者们也很重视在这方面的宣传和实践。曾经高高在上的主宰着人们灵魂命运的教士现在也和所有凡夫俗子一样娶妻生子，这不能不让人们体会到他们所信仰的东西正在或即将发生变化。大量反映新教婚姻观念的文献都是来自于这一时期的小册子，这些印刷品往往都是在一些颇有影响的布道文的基础上形成的。

尤其重要的是，新教改革者并没有把他们的事业局限在批评罗马教会和提出新主张的层次上，而是身体力行把这场宗教上的改革推进到了社会生活领域，将他们的主张付诸实践，制定法律以规范社会的婚姻行为，同时也使自己的思想得到进一步的传播，进而也影响了大众的社会观念。在奥格斯堡和苏黎世等新教区域，改革者以《圣经》为出发点制定了新的婚姻法。他们不仅在立法过程中考虑和迎合了世俗的愿望，而且俗界人士也进入了婚姻法的司法领域。在改造社会、纯洁社会风气方面，加尔文宗显现的社会功能尤为突出，英国受该宗派的影响最大。所以，在英国漫长的宗教改革过程中，确立新的婚姻规范也一直都是改革者讨论的重要内容之一。

英国宗教改革受到了大陆宗教改革的很大影响，同时也有自己的不同之处。英国的宗教改革具有浓厚的政治色彩。尽管有一批又一批的新教思想家在推动这场改革，改革的主导者始终是以君主为中心的政府。作为务实的统治者，君主们最首要的任务就是要保证自己的统治能够长治久安。对这类政治家而言，任何一厢情愿的理想主义的轻举妄动都意味着某种潜在的危险。这一点在伊丽莎白女王身上体现得尤其明显，她所确立的英国国教既保留了天主教的传统成分，又融合了新教各宗派的思想，并对这些复杂的甚至是矛盾的思想进行调和。所以，经过宗教改革，英国的婚姻制度和规范仍然存在许多保守和回归传统的方面，但是人们对独身与婚姻的传统观点还是被极大地改变了。而且，正是由于英国国教对新旧思想的这种折中性，英国出现了清教运动。清教徒的思想对婚姻观念产生了很大影响。而且，随着清教在政治上的得势，清教对婚姻改革的主张还曾短暂地得以实现。

三、清教的影响

英国国教的保守和审慎引起了改革者中激进分子的不满，在大陆宗教改革尤其是加尔文宗新教的影响下，他们主张彻底的改革。这些人就是所谓的清教徒，他们要求清除国教中的天主教成分。在英国，清教与国教相伴而生，二者的发展也是息息相关。随着伊丽莎白时期国教的最终成型，英国的清教也日益成熟，其改革理论开始系统化，其成员也开始大众化。这一时期的清教徒不仅关注神学上的礼仪和制度改革，而且也注重整饬社会风尚、构建纯洁的社会道德。尤其是当国教和世俗政权对清教的遏制强化的时候，对社会大众进行道德说教的布道就成为了清教徒主要的活动方式。所以，清教对社会的影响超越了宗教领域，渗透到大众生活的层面。

在16世纪晚期和17世纪早期，大多数的行为守则（conduct book）都是源于清教徒所做的婚礼布道文。这些清教布道者往往都非常有名气，他们的布道也能吸引很多听众。他们将广受群众欢迎的布道文修改成当时流行的一种书籍即行为守则出版，进一步扩大了自己的观点和思想的影响范围。通过口头的布道和印刷的行为守则，清教徒在社会上广泛宣传清教在家庭、婚姻和性等方面的道德规范和行为准则，造成一定的社会声势和影响。后文将提到的一些清教思想家都是这种情况。

亨利·史密斯（约 1560—1595）是名温和的清教徒，他主要在伦敦布道，他的布道吸引了大量听众，他因此而被誉为“金嗓子布道者”。1591 年，亨利·史密斯出版了《婚前准备》，这实际上是在他的一篇婚礼布道文的基础上修改增补而成的。甚至在他去世一个世纪之后，他的布道文还在出版。《虔诚之家政》的作者约翰·多德（John Dod，1549—1645）也是著名的清教徒之一，该书的合著者罗伯特·克利弗（Robert Cleaver）是多德的助手。该书最早在 1598 年出版，并多次再版，在 30 年内至少出了 9 个版本，非常有影响力，是英国本土首部论述家庭责任的原创作品。威廉·惠特利（William Whately，1583—1639）是牛津郡班伯里一名的清教布道者。他具有演说的天赋，以“班伯里的咆哮小子”的昵称而著名。他的布道虽然很激进，但很受欢迎，因而远近闻名。惠特利还出版了很多著作。后文引用的 1619 年版的《婚姻丛林——夫妇指南》是他最有名的一本书。该书的节略版早在 1617 年就出版了，据称其是在惠特利 10 年前所做的一篇婚礼布道文的基础上形成的。该书不仅在当时产生了很大影响，而且对后世也有很大影响。在 18 世纪卫理公会派教徒用它作教科书，迟至 1834 年还在再版。著名的威廉·古奇（William Gouge，1578—1653）每周星期三定期所做的布道在长达 35 年的时间里都非常受欢迎。他的《论家庭责任》在 1622 年出版，1626 年和 1634 年又出了经过删减的版本。

由于清教并不是一个统一的教派，早在伊丽莎白时期，清教内部就分为温和的长老派和激进的独立派，之后仍然一直不断分裂。从 17 世纪起，激进派清教徒内部的分化加速。到 17 世纪中期，由于国教地位的被动摇、长老派的失势以及独立派在清教内部主张宗教宽容，这种分裂达到了登峰造极的地步。据估计此时伦敦不同的派别数量已超过 200 个。这些派别不仅在教义和礼仪上异议丛生，而且在性道德、婚姻和家庭等问题上都有各自的立场。并且，由于原有的教会司法体系被破坏以及书籍检查制度的松弛，他们还得以实践和宣扬自己的主张。因此，随着诸多极端派别的兴起，形形色色五花八门的婚姻观念也在英国社会出现了。

让清教能够在最大程度上影响社会婚姻观念的因素是英国的革命。在英国革命期间，清教是新兴的资产阶级和新贵族与王权做斗争的思想武器。随着长老派和独立派在革命阵营中相继得势和掌权，清教还一度成为了官方的意识形态，它所宣扬的主张也在革命派所制定的制度中得到体现，并且还通过法律得以在社会上贯彻实施。不论这些制度和法律最终的结果如何，这种制度化和法律化的过程在客观上可以推进婚姻观念的变迁。

自文艺复兴开始，英国社会在整个16、17世纪都处于一个不断受到新思想冲击的时期。在这一过程中，新的婚姻观念也不断出现。不过，婚姻观念变迁的动因除了源于这种新思潮的直接作用外，还来自于英国社会内部的发展变化。

第二节　婚姻观念变迁的社会经济因素

无论是文艺复兴还是宗教改革，无论是清教运动还是政治局势的变动，它们对婚姻的影响都是外在的，其所能影响的范围在一定程度上来说也是有限的。英国社会本身在16、17世纪所发生的一系列变化使人们的很多传统观念都发生了变化，也强化了婚姻观念变迁的广度和深度。

一、人口增长与社会变动

近代早期社会经济的变动加剧了社会中上层与社会下层的两极分化，促进了二者在行为和观念上的分野与隔阂。出于趋利避害的目的，社会中上层更愿意为了提高社会的道德水准而实施更加严厉的社会规范。因而，在社会压力加剧的情况下，社会容忍度降低，一些原先得到容忍的行为遭到反对和禁止。

从16世纪到17世纪，英国的人口翻了一番。在1525年的时候，英国人口还不到226万，在此之后直到1541年英国人口进入一个快速增长的时期。1541年英国人口达到277万，之后仍然不断增长，到1601年时人口已达410万。

直到17世纪的20年代和30年代，人口增长速度趋缓，到17世纪中期英国人口数量才稳定下来，不过到1680年时英国人口已经达到500万。[1]

人口增长带来了一系列的问题。首当其冲的就是物价上涨。在英国南部，食品价格在15世纪晚期一直是平稳的，到16世纪70年代翻了三番，到17世纪早期翻了六番，到1630年之后才停止增长，并有所回落。如果以1451至1475年的物价作为基数100，那么，到1520年时物价指数已经上升到160，1555年时上升到170。在这个世纪的中叶有两个异常的年份，即1556年物价指数上升到370，1557年上升到一个高峰点409。物价指数在1594年降到281，在两年以后上升到505，1597年时又上升到685。从此以后，波动的低谷再也没有降到过400以下，在1650年甚至达到了839。[2] 与此同时，实际工资持续下跌，到17世纪初降到了最低点。

人口增长导致资源紧张，从而使人们的生存压力增大。这场危机对社会的中上层而言却充满了无限的商机，他们利用危机为自己牟利的种种手段进一步恶化了社会下层的处境。人口增长使土地的供求关系发生了有利于土地所有者的变化，因此他们开始抬高地租和缩短租期。在艾塞克斯的一处地产，1572年的地租收入是1 400英镑，到1595年是2 450英镑，到了1640年则是4 200英镑。增长了将近三倍，有的甚至增长更多。[3] 同时，实际工资下跌和物价的上涨使领主自营土地更加有利可图。这些都迫使更多的人依靠工资生活，去面对物价上涨所带来的生存风险。对于已经身陷困境的下层民众而言，16世纪晚期和17世纪早期经常出现的农业歉收无异于雪上加霜。1595年到1610年间，英国私生子的出生比例达到前所未有的高度，这显然与穷人在经济不景气的情况下无法正常成家有关。

在这种情况下，贫困被当时的人视为严重的社会问题。由于社会中上层与

[1] Guy, John. *Tudor England*, Oxford: Oxford University Press, 1988, p32; Wrightson, Keith. *English Society 1580-1680*, New York: Routledge, 1993, p122.

[2] [英]勃里格斯著：《英国社会史》，陈叔平等译，北京：中国人民大学出版社1991年版，第145页。

[3] Wrightson, Keith. *English Society 1580-1680*, p131.

社会下层的两极分化，二者社会差异与隔阂加剧。在经济形势恶劣的时候，社会的既得利益者对于潜在的济贫负担尤其敏感，也尤其热衷于抵制任何可能产生济贫负担的事情。体现在婚姻问题上，就是抬高婚姻的门槛，要求结婚需要经过父母同意，需要具备独立的经济能力。社会越来越不能容忍某些越轨行为，对私生子的社会容忍度降低。教会法庭特别积极地惩罚未婚妈妈，寻找私生子的生父，对未婚先孕也不能容忍，对于那些在婚后8个月内就生育者也要给予一定的惩罚。社会甚至还妨碍穷人结婚。这些措施上的变动可以说与当时人们观念上的变化是互为表里的。

在社会分化的过程中，境况恶化的不仅只是社会的下层，一些贵族也因各种原因没落了。其中，不少贵族家庭绝迹是由于没有男性子嗣而后继无人。1558年到1642年间，在约克郡已知的贵族家庭有963户，其中有181户可以确定是因绝嗣而消失了。在1600年，兰开夏郡有763户贵族家庭，到1642年消失了278户，其中有20户是因为绝嗣。[1] 在剧烈的社会变动面前，贵族也与其他社会阶层一样面临着生存风险。虽然他们的抗风险能力一般相对较强，但是他们除了要在经济上保住自己的地位和身份，还需要在世系上维系家族。在一个不允许离婚的社会里，一旦贵族的婚姻无法为其带来合法的男性继承人，他们的上述需求就会与现存的社会制度产生冲突。

人口的迅速增长也引发了大规模的人口流动，因此，在那些能够提供更多就业机会和生存空间的地方，人口增长越发加剧。同时，人口的地域流动也使许多传统的道德规范难以继续维持，这使政府以及社会的中上层都对社会的秩序充满了忧虑。在新的社会形势下，维护社会的秩序需要有新的社会规范。比如，在流动人口的婚姻问题上，由于通信手段的局限性和确定流动人口的身份所存在的困难，人们很难对结婚双方原来的婚姻状况有准确的了解。那些一无所有、四处寻找工作的人完全可以做到在人间蒸发，抛弃自己的妻子儿女，到一个新的地方，隐瞒自己的过去，重新娶妻生子。那些被抛弃的妻儿往往都是需要救济的对象。要避免这种重婚行为及其所造成的经济负担，就需要加强对

---

[1] Wrightson, Keith. *English Society 1580-1680*, pp26-27.

婚姻管理，进一步规范结婚的程序。

人口的流动性也使强化性道德规范，尤其是制止婚前性行为更加必要。由于缺乏有效的避孕和流产措施，婚前性行为很容易导致怀孕，而且难以人为地终止妊娠。对当时社会而言，挽救的措施无非就是找到孩子的父亲，让其承担抚养的责任，而人口的流动无疑会使这变得极为困难。为了应对这一难题，就需要从源头制止这种问题的发生。事实上，婚前性行为一方面与社会道德有关，另一方面也与人们对确立夫妻关系的条件的认识有关。根据中世纪教会的规定，男女双方只要用现在时的语气口头承认对方是自己的妻子或丈夫，那么他们的夫妻关系就形成了，即使还没有举行正式的婚礼，他们也有了夫妻的名分。但这种口头允婚往往无凭无据，它比重婚更难控制，也很难将之作为承担婚姻责任与义务的依据。以此作为男女双方能否行夫妻之实的条件显然会使私生子的问题难以解决，所以有必要对构成婚姻的条件形成更加明确和规范的界定。

二、教育发展与文化传播的进步

教育的发展与文化传播的进步在提高社会文化水平、促进知识普及的同时，也促进了新规范和新思想的传播，进而也促进了社会婚姻观念的变迁。

在这一时期，英国的教育设施和教育需求都有很大发展，而且这种发展体现在从基础教育直到高等教育的各个教育层次中。在伊丽莎白一世统治时期和斯图亚特王朝早期，牛津大学、剑桥大学和律师协会的学生人数急剧增长。尽管建立了许多新的学院和校舍，这些大学依旧人满为患。除了入学人数增多以外，学生的社会成分也发生了变化。在 16 世纪 70 年代和 17 世纪 30 年代间，牛津大学有一半以上的在校生出生于平民家庭，许多学生家长的社会地位相对较低，如农夫、织布工、手套商等生意人或工匠。[1]

在城镇和乡村教区也建立了许多私立的文法学校。此外还有大量简易的小学校，其中只有一名教师给当地儿童教授一些基本的读写知识。在伊丽莎白一

---

[1]　Sharpe, J. A. *Early Modern England : a social history 1550-1760*, London : Edward Arnold, 1987. p258.

世时期建立的文法学校有136所，詹姆斯一世时期建了83所，查理一世时期建了59所，查理二世时期建了80所。在1673年仍然存在的文法学校有704所。投入到这些私立文法学校的资金也是很可观的。在1603年后的40年有383 594英镑的慈善款资助教育，其中220 600英镑用于资助文法学校。[1]至少在16世纪晚期和17世纪早期，剑桥郡南部的学校数量一直在增加，从教人员的素质也提高了，给剑桥郡村民提供了充足的受教育的机会，如果经济条件许可，他们的文化水平应该会有很大提高。[2]

随着教育的发展，文化普及率也开始有所提高。在16世纪中期，英国约有20%的男子和5%的女子能够签署自己的名字，到17世纪中期，这个比例分别提高为30%和10%。[3]

教育的发展使越来越多的人获得了读写能力，整个社会接受和传播新知识、新观点的能力也提高了。根据当时历书销售情况，可以了解人们对阅读的兴趣以及对信息的渴望。历书上所包含的信息非常丰富，除了日历外，还有有关当地情况的一些信息，以及时事新闻和大量的社会、政治与宗教的评论。到17世纪60年代，历书每年的销售额达40万册，足以让五分之二的家庭拥有一本，其售价一般在2便士到6便士之间，因此其消费群体主要是中等阶层。[4]阅读可以大大地开阔人们的视野，使人们更加能够了解当时的一些社会、政治和宗教上的新观念。

教育的发展和文化水平的提高强化了政府在法律和道德两个方面所做宣传工作的效果。1584年，萨默塞特约有54%的法官受过高等教育，在北安普敦郡这个比例是50%，到1636年该比例分别提高到86%和82%。[5]在16世纪晚期和17世纪早期，政府为了维护社会秩序，预防潜在的社会不稳，发布了大量的王室文告，制定了许多法律法案，并且大力宣扬政府的立场和举措。新立

[1] Sharpe, J. A. *Early Modern England : a social history 1550-1760*, p264.

[2] Spufford, Margaret. *Contrasting Communities: English villagers in the sixteenth and seventeenth centuries*, Gloucestershire : Sutton Publishing Limited, 2000. p191.

[3] Sharpe, J.A. *Early Modern England : a social history 1550-1760*, p270.

[4] Wrightson, Keith. *English Society 1580-1680*, p197.

[5] Ibid, p192.

法接连出台，以致为了使地方官员能够有效地执法，用于指导他们工作的法律手册需要不断地更新。1577 年托马斯・普尔顿的《刑法概要》出版，到 1603 年时再版了 8 次。迈克尔・道尔顿的《乡村司法》是 17 世纪早期一本非常流行的司法教材，在 1618 年到 1635 年间就出了 7 个新版本。[1] 执法者素质的提高无疑会对理解和贯彻政府的规定会有很大帮助。对于一些重要的法律，政府还要求在当地教堂张贴出来，以便于人们了解。显然只有具备了阅读能力，人们才能够看懂其中的法律要求。

在道德方面，政府做了大量的教化工作。这主要表现在发布布道文集，并且规定教区牧师定期向教民宣讲其中的内容。这项工作要取得实效也有赖于牧师和教民文化水平的提高。在英国完成宗教改革后，英国的教士队伍存在严重问题，其人员不仅数量很有限，而且素质也有很大欠缺。1576 年，在林肯和斯托主教区，对教士的《圣经》经文知识的测验显示，396 名教士中只有 123 名有能力履行其职责，而在莱斯特主教区 93 名教士中只有 12 名有足够的《圣经》知识。1585 年，奇切斯特主教区的 120 名教士中只有 35 名能够布道。[2] 不过这种状况很快就得到了改善。从 1580 年到 1630 年，在林肯郡、沃里克郡、威尔特郡和苏塞克斯，教士不仅在数量上明显增加了，而且他们的文化素质以及布道的能力和意愿都有显著提高。在伍斯特教区，在 1580 年只有 23% 的教士取得过学位，到 1620 年上升为 52%，到 1640 年达到 84%。[3] 到 17 世纪 30 年代，英国已经有一只良好的教士队伍，虽然他们彼此的文化水平可能会有很大差异，但大部分人都能够了解当时社会上有关宗教问题的争论，并且愿意为提高当地社会的道德水平和普及宗教知识而努力。由于他们自身文化水平的提高，他们也具备了做好这一工作的能力。

当然，教育的发展和经济的发展一样，受益者主要只是社会的中上层。不过，其影响不可能只局限在社会的中上层。文化的普及使印刷材料成为一种非常有影响力的宣传手段，同时口头信息的传播也是一种非常有用的补充。随着越来

[1] Wrightson, Keith. *English Society 1580-1680*, p151.

[2] Ibid, p206.

[3] Ibid, p209.

越多的人掌握知识，知识传播的范围也会越来越广，下层民众也会在耳濡目染中受到影响。比如，讲道就会使知识的影响力超越社会等级的界限，上面所说的讲道者都有良好的教育背景。威廉·古奇曾在剑桥的伊顿和国王学院受教育，威廉·惠特利在剑桥和牛津两所大学都受过教育，并且取得了学位。从书本等印刷品所获得的知识也可以通过日常的谈话、讨论等交流方式进一步扩散。对共和国时期剑桥郡异议观点的发展的研究表明，17 世纪 50、60 年代在乡村各种宗教观点的游说非常之活跃而且热烈，甚至社会的最下层以及妇女都参与到讨论中来。[1]

在这种背景下，新教思想家和改革者这些社会精英所宣扬的新婚姻观念以及政府在此基础上的制度调整都势必会对民众的婚姻观念和行为产生影响。

[1] Spufford, Margaret. *Contrasting Communities*, p213.

第三章　近代早期英国新兴的婚姻地位与目的观

中世纪末期，因教会的婚姻规范造成的社会问题在整个西欧都引起普遍的关注，不仅是人文主义者、新教思想家，就连天主教内部具有批判精神的人士也都开始批评教会的婚姻规范。其中，一个最重要的方面就是反思和批判天主教教会对婚姻地位的界定，揭露独身的危害，要求打破宗教独身制度，同时也赞扬婚姻的益处，并反对天主教的婚姻圣事论。对婚姻益处的讨论不可避免地要涉及婚姻为什么有益，这就要谈到婚姻所能实现的目的，因此本章将婚姻的地位与目的合在一起。下面就针对英国的情况，论述近代早期英国在文艺复兴和宗教改革背景下所出现的新的婚姻地位观以及与之有密切联系的婚姻目的观。

第一节　婚姻与独身孰优与孰劣

婚姻与独身本身是完全不同的甚至是相对立的两种生活状态，对于天主教教会及其批评者而言，它们却成为了一个问题的两个方面，即抬高其中一个就意味着要贬低另一个。天主教教会一方面认为独身要比婚姻优越，另一方面又将婚姻列为圣事之一。改革者反其道而行之，他们一方面认为婚姻要比独身优越，另一方面又要废除婚姻的圣事地位。对于中世纪教会，问题在于如何既要贬抑婚姻，又要说明婚姻为何还是圣事；而对于宗教改革者，问题在于怎样才能做到既论证婚姻的神圣性，同时又解释好为什么婚姻不是圣事。这就是双方在论证自己观点时面临的两难境地，这也说明新教也只是在天主教的框架内修正婚姻的地位观，这也正是其局限性所在。虽然新教相关的思想与实践都具有革命性，但还是无法根本解决婚姻到底是圣事还是民事这种难题。

一、独身之祸

反独身主义并不是新教的发明，它是从基督教人文主义者一脉相承下来的。伊拉斯谟的反独身主义不仅是其中的重要代表，而且对英国也有重大影响。因此，首先来了解一下他是如何批评独身制度的。伊拉斯谟认为守独身誓是由于对人类本性缺乏认识而产生的一种盲目的迷信。他嘲笑教会禁止教士结婚却容忍他们纳妾并从中渔利。他还忧虑独身会阻碍西方人口增长，认为独身不仅违背了上帝要求人们生养众多的命令，而且，如果社会上大量的人乐意独身，人类会有自我毁灭的危险。依据基督参加迦拿的婚礼这一记载，伊拉斯谟批评宗教的独身是一种无益的反自然的生活方式。他说圣母玛利亚、使徒和圣保罗都结婚了，婚姻是《圣经》所赞许的，婚姻不仅存在各个社会中而且存在自然界中。他甚至将独身与溺婴等同起来，认为一个杀害婴儿的人和一个不生育的人之间没有什么区别。[1] 在他所著的对话录《求婚》中，求婚的男子为了说服自己的心上人，极力主张婚姻要优于独身，并且说发毒誓不结婚的男人就是在自阉。[2]

反对独身制度几乎是新教改革者的一致立场。艾伯林·冯·冈兹伯格原本是位方济各修士，后来他投身宗教改革阵营，成为继路德后著作最多的新教小册子作者。他记录了一场虚构的集会，非常形象地描述了独身教士的尴尬处境，并深刻揭露了天主教独身制度给人带来的痛苦。参加这场集会的是七个虔诚的

[1] Todd, Marry. *Christian Humanism and the Puritan Order*, Cambridge : Cambridge University Press, 1987. p98.

[2] Erasmus. *Courtship,1523*. in Englander, David(ed). *Culture and Belief in Europe 1450-1600 : an anthology of sources*, Oxford : Basil Blackwell, 1990. pp55-56.

忧郁的教士。他们秘密集会讨论什么是他们的使命中最难于负担的事情。第一个发言者宣称毫无疑问独身是最沉重的负担，他详细生动地叙述了他如何试图保持独身却还是失败的事情，讲述了他的春梦、遗精、手淫和纵欲等行为。他说，他曾与一名有夫之妇发生了性关系，而那个被戴了绿帽子的丈夫还是他的朋友，这使他的良心陷入双重的痛苦之中。因为深深的罪恶感，他结束了这种关系，并蓄养了一个姘妇。即使这样他还是良心不安，不仅因为这种关系是非法的，而且因为他强迫自己的情妇采取措施避孕。在她死后，他又找了一个情妇，并与她生养了十七个小孩。他相信他自己的行为向其教民昭示了淫乱是没有罪的，他悲叹他的儿女因为私生子的身份而会遭受磨难。他确实陷入进退两难的境地。他说："我真是难以自拔，一方面没有女人我无法生活下去，而另一方面我却被禁止娶妻。"因此，他被迫公开过着可耻的生活。他为此又每天都心灵不安，良心受到折磨。他说："当我的姘妇进出教堂和街道，我的私生子坐在我面前，我如何去宣扬贞洁、谴责乱交和通奸等不正当行为？"[1]

托马斯·培根在为布林格的《基督徒婚姻守则》（1542年版）一书所做的序言中使用了大量的排比句式对比婚姻之利与独身之弊。他说："让别人去颂扬独身吧，说它是上帝所愿，而我要赞美婚姻，惟有婚姻会让天堂与尘世繁荣昌盛；让别人去颂扬独身吧，说它能使人免除俗世纷扰；而我要赞美光荣的婚姻，惟有婚姻才是有益于基督教世界的……"归纳起来，培根认为独身有如下害处：独身会导致人类衰落并最终灭亡，令国家一片荒芜没有人烟，独身者不愿服从神意生养众多，而要干着通奸、嫖娼、私通等肮脏勾当，危害基督的信仰，临死也只是孑然一身。因此，没有神赐予的独身资质的人，就不要选择独身。[2]

无论是社会现实还是宗教信仰都使新教徒坚定不移地反对独身。对他们而言，独身不仅违背《圣经》教义与人性，而且它给个人与社会造成的问题远甚于它所解决的问题。修道院也被认为是不人道的、反社会的。巴塞洛缪·巴蒂

[1] Ozment, Steven E. *When Fathers Ruled: family life in Reformation Europe*, Cambridge : Harvard University Press, 1983. pp5-7.

[2] Clair, William St & Maassen, Irmgard(eds). *Conduct Literature for Women 1500-1640,* v2, London : Pickering & Chatto, 2000, pp8-9.

对当时盛行的观点如"死老婆要比娶老婆好"、"如果我们可以不要老婆，那我们就远离了烦恼"感到非常愤怒，他说："这些说法往往都是在恶毒地或轻率地谴责女人，完全违背了上帝的意旨，因为神造女人是为了帮助男人，而不是成为男人的绊脚石。"[1]

在反独身主义者看来，教士独身制度还会威胁普通人的婚姻与家庭，危害社会道德，使社会的道德水准下降。天主教内部的有识之士也意识到了这一点。1545年一位具有自我批评精神的天主教神甫写了一本匿名小册子，他强烈呼吁刚刚召集正准备召开的特兰特会议允许教士结婚，并批评天主教教士伪善的性生活和告解活动破坏了婚姻和家庭生活。他还指出，教士公开地与人偷情，公开地蓄养姘妇，而独身教士宿娼或有其他不轨性行为，只会受到小额罚款，还能继续保留教士的职位，这只会促使软弱的缺乏道德的俗人对通奸等恶行不以为然。[2]

独身制度背离了《圣经》对婚姻的赞美，在实践的过程中引发了各种问题，不仅危害教士的心理和生理健康，对社会的发展也有不利影响，甚至还毒化了社会道德风尚。独身制度实施的结果与教会确立这一制度时的初衷完全背道而驰，更使教会成为了众矢之的。

二、婚姻之福

中世纪的神学家和布道者为了反对极端的禁欲主义教派如清洁派，也曾捍卫过婚姻，但是只有宗教改革者毫不含糊地将婚姻置于独身之上，赞扬丈夫妻子要优于修士修女。改革者对独身制度的抨击也反映了他们自己对婚姻之福的赞赏。在16世纪晚期和17世纪早期新教的布道书和神学著作都强调婚姻的神圣。这一时期出版的大量关于婚姻与家庭的论文也是如此。在这些作品中，人们经常可以看到这样的言论：上帝对婚姻与独身同样尊重；不幸的婚姻要好过不幸的独身；只是极少数有天资的人才可以做到独身。

[1] Carlson, Eric Josef. *Marriage and the English Reformation*, Oxford : Blackwell, 1994. p114.

[2] Ozment, Steven E. *When Fathers Ruled : family life in Reformation Europe*, p5.

维护和赞扬婚姻神圣地位的人无一例外地运用婚姻的创立者、创立时间和地点、基督的出身及其出席迦拿婚宴并行神迹的事件作为例证。

维乌斯的《女基督徒守则》的第二卷主要论述的是已婚妇女的情况，在该卷第一章的末尾，他说："没有人可以否认婚姻是最神圣的这一事实，因为婚姻是神在伊甸园里创立的，此时人类还是完全纯洁清白的，没有任何污点。基督是婚生之子，他自己也认可婚姻，因为他不仅出席婚礼而且还在婚礼上行使了他的第一个神迹。"[1]

托马斯·培根在为《基督徒婚姻守则》所做的序言中既对婚姻与独身的优劣进行了对比，也从正面论证了婚姻的神圣地位。他之所以这么认为有四点理由：（1）婚姻是神于原罪产生前在伊甸园里创立的。它给人带来了极大的快乐、幸福与安宁，自此以后，婚姻就非常受尊重。（2）《圣经》中有大量的结婚事例。《旧约》中人类的祖先、上帝的先知都结婚。上帝不仅允许祭司结婚，还告诫他们应娶什么样的女子为妻。传福音者腓力结婚了，还生育了四个精通经典的女儿。使徒时代以来还有许多主教和祭司结婚。（3）基督是婚生之子，基督的使徒都是已婚者，基督还在迦拿的婚礼上行神迹。（4）圣保罗认为禁止结婚是魔鬼的教义。[2]

约翰·多德和罗伯特·克利弗合著的《虔诚之家政》也认为婚姻是可敬的，因为婚姻是由上帝在伊甸园里创立的，而且救世主基督也是婚生之子，基督还在婚礼上行使第一个神迹。基督使婚宴上的水变美酒这件事说明主会让婚姻的痛苦化作甘甜、贫困化作富足。[3]

1634年，马修·格里菲思在其论述婚姻与家庭的手册《圣殿：家庭的形成》中宣称所有的家庭规范都来源于《圣经》。他还非常强调地指出，婚姻这种生活状况远比独身生活要卓越，这是因为婚姻是在亚当还没有犯下原罪时在伊甸

[1] Vives. Instruction of a Christen Woman, R1, R2, in Clair, William St & Maassen, Irmgard(eds). *Conduct Literature for Women 1500-1640*, v1, p159, p162.

[2] Thomas Becon. the preface to <the Christen state of matrimony>(1543), A4, in Clair, William St & Maassen, Irmagrd(eds). *Conduct Literature for Women 1500-1640*, v2, p11.

[3] John Dod & Robert Cleaver, a godly form of household government(1612), G, in Clair, William & Maassen, Irmagrd(eds). *Conduct Literature for Women 1500-1640*, v3, p126.

园里产生的。他还暗示说不结婚的人不是完全的人。[1]

除此之外，人们还从个人、家庭和社会的角度出发来论证婚姻的益处。他们认为婚姻对三者都是非常有利的。婚姻让个人得到安宁，从而使社会安定。通过婚姻组成家庭，进而形成社会，这使陌生人变成亲戚和朋友，减少了敌意、战争和仇恨，成为维护国内和平的手段。婚姻是家之基础，家又是向下一代传输价值观念的基地，而下一代又是国家与社会的未来。

培根说，婚姻是光荣的、卓越的，应该得到高度的赞扬，这是毋庸置疑的。人们也应该热情地接受婚姻，因为婚姻可以给我们带来如此多美好的东西。婚姻可以维护美德、杜绝伤风败俗之恶行，可以令家宅人丁兴旺、城镇有人居住，可以使土地有人耕种、科学有人研究，使国家繁荣、睦邻友好，使公共福利有保障、继嗣有保证，使好的技艺有人传授、公正的秩序得以保留，使基督教王国得以壮大、上帝的福音得以发扬。[2] 惠特利认为《圣经》中已有大量证据表明婚姻是好的，不需要额外再做什么证明，一个虔诚的人不仅应该结婚，而且应该坚定地相信婚姻是好的。在某种程度上个人的福祉和公共的福利都有赖于婚姻生活的成功，人类的繁衍、老年的倚靠、孱弱者的照顾、家系的维持以及教会与国家的繁荣昌盛都仰赖于婚姻。[3]1623 年托马斯·嘉泰克在《贤妻：上帝的赠礼》一文这样称赞婚姻对男人的好处：富贵时有最好的伴侣；劳动中有最合适的最心甘情愿的助手；遭遇挫折与痛苦时有最大的慰藉；得到子嗣的唯一可靠的良好的途径；避免不洁的独特手段；觅得良妻是男人所能得到的最大恩惠与荣誉。[4]

经过宗教改革，人们普遍承认婚姻是上帝规定的虔诚的生活方式，它给男

[1] Guerra, Anthony J. *Family Matters : the role of Christianity in the formation of the western family*, New York : Paragon House, 2002. p36.

[2] Thomas Becon. the preface to <the Christen state of matrimony>(1543), A4, in Clair, William & Maassen, Irmagrd(eds). *Conduct Literature for Women 1500-1640*, v2, p12.

[3] William Whatley, a bride-bush, D, Thompson, Torri L.(ed). *Marriage and its Dissolution in Early Modern England*, London : Pickering & Chatto, 2005. v4, pp344-345.

[4] Bridenbaugh, Carl. *Vexed and Troubled Englishmen, 1590-1642*, New York : Oxford University Press, 1968. p30.

女带来情谊，给社会带来好的市民与基督徒，它绝不劣于独身。由于新教改革者一方面提高婚姻的地位，认为婚姻即使不优于独身，也至少是与独身同等尊贵的，绝不会劣于独身；另一方面，新教改革者反对天主教的婚姻圣事论。所以在婚姻的地位得到认可和提高的同时，开始兴起婚姻的非圣事论，甚至出现婚姻是个人事物和世俗事务的观点。

三、婚姻的非圣事论与民事论

同样值得注意的是，新教思想家在抬高婚姻地位的同时，也极力反对婚姻圣事论。在《教会的巴比伦之囚》（1520年）中，马丁·路德强烈驳斥教会视婚姻为圣事的观点。他说："将婚姻作为圣事不仅毫无《圣经》上的依据，而且正是这种赞扬婚姻的教义把婚姻变成了一场闹剧。"[1] 不过，值得注意的是，反对将婚姻作为圣事，实际上只是反对教会的权威，并非贬低婚姻的地位，这与教会将婚姻列为圣事的目的是相辅相成的。相反，强调婚姻的世俗性强化了其在世俗生活中的作用与地位，婚姻不仅仅是教会与基督的神秘象征，不只具有神学上的意义，婚姻还是尘世生活的一部分，它与个人、家庭与社会的利益有密切关系。

在英国，关于婚姻圣事论的争论开始于对路德作品的抨击。其实路德的原著起初并没有在英国得到广泛流传，由于亨利八世和托马斯·莫尔猛烈抨击路德的学说，结果反而使更多的人了解了路德的思想。亨利八世和托马斯·莫尔相信如果人们知道路德所说的，就会明白路德是个蠢货。因此，他们并没有反驳路德的神学观点，而是高兴地告知全国说路德居然不相信婚姻是圣事，结果任何想了解婚姻非圣事论的人都知道了这一观点。威廉·廷代尔（William Tyndale，1494?—1536）的《一个基督徒的服从》）（1527年）是首部英国原创的否认婚姻圣事论的作品。他说："如果他们因为《圣经》中将婚姻类比为

[1] Martin Luther. The Babylonian Captivity of the Church. http://www.ctsfw.edu/etext/luther/babylonian/babylonian.htm#6.

我们与基督的结合，因而称婚姻是圣事，那么我可以列举出上千个圣事。”[1]改革者认为既然婚姻与救赎无关，在《新约》中也没有确切证据表明基督将婚姻作为圣事，那么就不应该将婚姻作为圣事。婚姻是在基督到来之前由上帝在伊甸园里创立的，而且古往今来各民族各宗教信仰的人都结婚，所以更不能将婚姻当作圣事。

1536年7月的《十条法案》悄悄地取消了婚姻的圣事地位，只提到了洗礼、忏悔和圣餐三个圣事，没有涉及其他四个。这在当时还是一个比较激进的变化，引起了一些人认识上的混乱，也引发了很多对坚信礼、圣职授任、婚姻和临终涂油礼的争论。甚至还有人据此认为婚姻被废除了。有鉴于此，托马斯·克伦威尔发布了一些训谕，对婚姻的神圣和尊贵做了说明。1537年9月的《主教书》体现了克伦威尔的思想，重申婚姻是神出于一些善的目的而创立的，其中也指出婚姻、授职、坚信和临终涂油这四项虽然长久以来被天主教教会赋予圣事的名誉与尊严，但它们与洗礼、忏悔和圣餐在地位与必要性上是有区别的，后三者是基督亲自创立的，是灵魂得救的必要途径和办法，而前四者不是的。亨利八世还是认为婚姻应该位列主要圣事之一。但克兰麦反对进行修正，他说婚姻显然并不像其他三个是基督创立的，而且也不是得救所必须的，结婚并不能赦免人的罪。奇切斯特主教理查德·萨姆森也指出，虽然婚姻是神创立的，也有很高的地位，但还是不便与洗礼、忏悔和圣餐等同。在1540年后，英国的宗教改革趋向保守，但在婚姻上，主教们是谨慎的改革者而不是保守者。他们承认依据《圣经》婚姻是神圣的，但《圣经》无助于确定圣事的名称和数目。一般认为1543年的《国王书》是保守的，但“论婚姻”一章却不是这样的，它几乎完全重复了《主教书》中的相关内容，指出婚姻不管多么重要、多么令人渴求，但它与得救无关，不具备内在的神恩特性。由于亨利八世的保守立场，直到他去世时，英国也没有像德国那样确定无疑地将婚姻从圣事中剔除。但是，无论如何，婚姻的圣事地位已经被动摇，甚至可以说婚姻实际上已经丧失了其圣事的地位，只是由于保守势力的影响，改革者出于审慎才不得已

[1] Carlson, Eric Josef. *Marriage and the English Reformation*, Oxford : Blackwell, 1994. p40.

在文字上含糊其辞。

随着婚姻圣事地位的丧失，甚至有人认为婚姻不是宗教事务而是世俗事务，持这种观点的主要是独立派。该教派在婚姻问题上的观点比其他改革者更加激进，他们的观点源于罗伯特·布朗。他的观点在1582年出版的《论真正基督徒的生活与行为》中首次得到阐述。1584年他和助手理查德·哈丁回国后开始宣讲其中的思想。谈到婚姻时，布朗根本就没有谈及教堂，他认为与婚姻联系最密切的是订婚与同居。他说，婚姻是夫妇之间合法的结合与伙伴关系，两人结为一体，共享爱、身体和礼物，分担责任，尤其是养育子女的责任。婚姻契约的前提是同意或分享，保持交流，直到死亡或合法的分居与离婚终结彼此的关系。

这里布朗只是全然不顾教会在婚姻上的作用，没有公开指出婚姻不是宗教事务。但在1587年，约翰·格林伍德在法院公开宣称婚姻是世俗事务。以下是格林伍德案审判上的问与答：

问：你对婚姻是怎么看的？难道你没有在弗利特为人主持婚礼吗？

格：没有。婚姻根本就不属于牧师的职责范围。

问：谁祈祷呢？

格：我。

问：谁将他们的手合在一起？

格：我根本就不知道这事。他们在会众面前公开承认同意结为夫妇。

温彻斯特主教：那他们是秘密结婚。婚姻应该由牧师主持缔结，这是早就公认的命令。

格：他们有很多可靠的证人，如果他们的婚姻是不合法的，那么依据你们的判断，很多古代的教父都错了。[1]

1590年，罗伯特·巴罗出版《假教会揭密》一书，该书非常有代表性地表

---

[1] Powell, Chilton Latham. *English Domestic Relations, 1487-1653 : a study of matrimony and family life in theory and practice as revealed by the literature, law, and history of the period*, New York: Russell & Russell, 1972. p46.

明了独立派的婚姻原则。他认为，为子女缔结婚姻是父母的职责，男女双方怀着对上帝的敬畏，在有合适证人在场的情况下，在父母家中或其他私人场所定婚，不需要去教堂，正如他们不需要到教堂去处理其他民事一样。独立派的婚姻观在《向詹姆斯陛下的第三次请愿书》中再次得到了清楚的体现，其中他们说牧师应该继续履行上帝赋予他们的职责，但不应该再承当世俗职能，不应再费神处理民事事务，如婚礼、葬礼等，结婚与死亡这类事情也同样发生在异教社会。1642 年罗杰斯的《论婚姻之荣耀》指出，在《圣经》中婚姻的缔结是世俗的，现在一些新教教会中也是这样的，官员写下结婚双方的名字做记录，然后再做一个很简短的仪式就了事了。[1]

约翰・弥尔顿也赞同婚姻是民事行为。1644 年他翻译出版了《马丁・布塞尔论离婚》，该书节选自马丁・布塞尔写给爱德华六世的《基督的王国》。其中就清楚指出婚姻是世俗事务，应该由世俗官员进行管理。罗马教会通过威逼利诱才得到了婚姻管理权。[2]

1653 年，克伦威尔在法律上确立了婚姻的民事地位，该法规定只有在治安法官主持下缔结的婚姻才是合法婚姻。独立派的婚姻民事论终于得以在法律上得到确认，不过这又引起了新的混乱。人们还是无法确定婚姻到底是民事还是宗教事务，因此为了不违背法律而举行世俗婚礼，为了保险起见，同时又私下再举行教堂婚礼。克伦威尔自己的两个女儿结婚时也举行了这种复合婚礼。约翰・多恩说："因为婚姻是民事契约，因此应该当着公众缔结，这样就有见证人；由于婚姻是宗教誓约，因此应该在教堂举行，这样就可以得到牧师的祝福。没有见证人的婚姻不能依法获得任何权益，没有牧师祝福的婚姻不能获得任何宗教的利益。"[3] 这表达了当时社会对婚姻的圣事性与民事性的一种犹疑立场。

经历了宗教改革时期的诸多争论和变动，婚姻在世俗生活中的地位得到提高，婚姻圣事论也遭到了一定的冲击。由于教会以及教会法庭权威的式微，以

---

[1] Powell, Chilton Latham. *English Domestic Relations, 1487-1653*, pp47-49.

[2] Martin Bucer. The Judgement of Martin Bucer, John Milton(trans),1644. C. in Thompson, Torri L. (ed). *Marriage and Its Dissolution in Early Modern England*, v4, pp379-380.

[3] Powell, Chilton Latham. *English Domestic Relations, 1487-1653*, p57.

及由于解决现实婚姻问题的需要，人们也逐渐开始质疑教会对婚姻的管理权，并且开始强化婚姻的民事性。当然，这一时期对于婚姻到底是民事还是宗教事务，还没有一个清楚的结论。不仅在婚姻观念上，而且在婚姻行为上，都表现出民事性与宗教性的复杂交错。

四、婚姻地位提高之原因

在宗教改革期间，否认婚姻要劣于独身、否认婚姻的圣事地位已经成为新教思想家的一致看法。人们之所以要极力赞扬婚姻、提高婚姻的地位，主要是由于当时的历史背景和社会需求使然，其目的主要是为了解决当时的一系列的社会问题。

首先，对婚姻的大力颂扬是由于当时人们认为社会上出现了大量的道德败坏，尤其是性道德败坏的现象。出于维系社会秩序，净化社会风尚的需要，有必要重新确立婚姻的崇高地位，以规范人们的性行为。

在这方面托马斯·培根的观点尤其有代表性。他对婚姻大加赞扬之后，立刻笔锋一转，无情地抨击了社会上各种亵渎婚姻的丑恶现象。他说："现如今，婚姻的光辉非常地黯淡，几乎被完全湮没了，而世上却充斥着可怕的卖淫嫖娼、通奸、私通及其他种种龌龊行为，这些事在我们生活中大肆泛滥，却不受任何惩罚……人们变得就像发春的野马追逐母马一样，对其邻居之妻也心怀不轨。婚姻为人不齿，淫乱却风光无限。真正的妻子和忠实的伴侣被弃之不顾，而娼妓却享尽尊荣。正直的妻子独守空房、忍饥挨饿，而娼妓却享尽锦衣玉食。婚姻被斥之为笼头缰索，而淫乱却成了人生快事。结婚就是与痛苦、烦恼、悲伤、贫困、悲惨和赤贫为伍……在家与妻呆一天，如同地狱两三天，宁可成天与娼妓调情，不分昼夜，乐似神仙。"[1] 培根认为英国的治安法官等一般官员以及贵族应该召开会议以处理这一社会问题，一劳永逸地消灭淫乱行为，使纯洁的

[1] Thomas Becon, the preface to <the Christen state of matrimony>(1543), A4, in Clair, William St & Maassen, Irmgard(eds). *Conduct Literature for Women 1500-1640*, v2, pp12-15.

婚姻得到真正的奉行、忠实的维护和应有的尊重。[1] 他理想的社会秩序是：惟愿每个人都过着正直、纯洁和虔诚的生活，不为淫乱之罪所玷污；已婚者勿与陌生人为伴，丈夫应满意自己的妻子，妻子满意自己的丈夫；未婚者如果需要有女人的生活，就为自己娶一个妻子，然后一起过着虔诚的生活，因为“与其欲火攻心，不如嫁娶为妙”；有志于独身的人应竭尽所能贯彻自己的誓愿。为了实现这一理想，“布道者应向其听众宣扬纯洁的生活，父母、主人及各类管理者应确保没有不洁之事发生。总之，所有的人都应该尽一切可能，维护婚姻的荣誉，斥责淫乱、私通、通奸、乱伦以及所有其他的堕落恶行。”[2]

其次，维护婚姻就是要强调社会责任感。人们应该为了社会和国家的利益结婚生子，而独身则被认为是一种自私自利的行为，这在整个宗教改革的国家和地区都成为一种共同的呼声。维护婚姻其实就是要鼓励人们结婚，承担社会责任。谴责独身实际上就是在谴责不负责任的行为。一名新教牧师在 1534 年出版的一篇布道文中这样评论当时的人：看到婚姻需要付出那么多的努力、操心、痛苦、忧虑和劳动，这些人甚至认为连狗都不应该结婚。为了使自己的儿女免受婚姻之苦，父母迫使他们进入修道院，将他们交给魔鬼。由此，他们让儿女在尘世过着安逸的生活，却使他们的灵魂堕入地狱。他还说，因为人们愿意过淫乱的生活，所以许多人都想逃避神圣的婚姻。这些人不结婚的借口是自己无法维持生计。自己一无所有，如果娶妻，日子就会更加艰难。婚姻会带来许多新的忧愁与烦恼，婚姻需要更多的努力与劳动。妻子会抱怨，会生病，儿女会哭闹，会尖叫，一会这个要吃，一会那个要喝。其实，这些婚姻所要承担的责任才是人们结婚的最大障碍。新教思想家对此谴责说，人们批评婚姻完全是因为贪恋独身所带来的人身自由与性自由，完全是为了逃避一夫一妻制婚姻所要求的责任和自律。[3]

---

[1] Thomas Becon, the preface, B1, in Clair, William St & Maassen, Irmgard(eds). *Conduct Literature for Women 1500-1640*, v2, p20.

[2] Thomas Becon, the preface to <the Christen state of matrimony> (1543), B4, in Clair, William St & Maassen, Irmgard (eds). *Conduct Literature for Women 1500-1640*, v2, pp34-35.

[3] Ozment, Steven E. *When Fathers Ruled : family life in Reformation Europe*, pp3-5.

再次，提高婚姻的地位是为了加强家庭的职能，维护儿童的福利，保证社会的正常运转。近代早期的思想家都支持婚姻，反对私通等不正当男女关系，有一个原因就是他们认为子女的抚养和教育需要父亲的帮助，妇女无法独立承担抚养和教育子女的重担，同时他们也认为除非自己的亲骨肉，没有哪个男人愿意付出这种努力与代价。这种观点的产生与私生子问题有密切联系。在当时的社会和技术发展水平下，婚外性行为所生育的孩子难以确定其生父，因而也难以确定谁应该负担抚养的职责。这样，受害的不仅是个人，还可能危害社会。因此，私通是不合理、不道德的，而只有婚姻才是自然的合乎道德的。[1] 他们强调父亲养育子女的义务，实际上是在强化家庭维持生计的职能，如果每个孩子都有自己的父亲养活自己，那么显然社会和国家在济贫上的负担就会大大减轻。人们认为，私生子得不到良好的教育和父亲的照顾。一旦有私生子出生，乞讨就会增加。道德家们经常哀叹为了掩盖母亲的羞耻，多少私生子早早地就夭折了。而且还描述一个私生子如何成长为小偷和乞丐，如果是女孩还可能会步母亲后尘成为娼妇。当时还有一个小册子指出，养活被弃的私生子已经成为教区的负担，没有什么比非法生育的野种更令社会充斥着贫穷的了。近代早期的社会观察家认为经验证实父亲一般都不愿意养育私生子，而后者也不大可能成长为负责任的正直的公民。支付济贫税养活私生子的人都非常清楚普通公民在为某些人的私通付出代价，因此私生子问题既是个道德问题也是个经济问题。要求人们各有其家、各养其子显然不愧是解决这个问题的良方。

最后，提高婚姻的地位是解决还俗修士修女生活问题的有效手段。在宗教改革时期，大量的修道院和修女院被关闭，大批原本以独身为人生追求的男男女女自愿或被迫步入俗世的社会生活。1350 年，英国修女院的修女有 3 500 名，到 1534 年议会准备逐步关闭所有男女修道院的时候，统计的修女有 1 900 名。这些人如何转变自己的角色，适应新的社会环境，走上新的人生道路是当时社会所不得不正视的问题。只有让他们都能安居乐业才能有效保护社会的利益。

[1]　Sommerville, Margaret R. *Sex and Subjection : attitudes to women in early modern society*, London : Arnold, 1995. p118.

在传统社会中，妇女在自谋生路上面临的困难尤其严重，所以，大多数妇女的选择与归宿往往都是婚姻，通过与丈夫结成“男主外，女主内”家庭经济模式而解决自己的生存问题。没有家庭经济保护的妇女本身在社会立足就比较艰难，而且在当时人看来，单身未婚女子难免会有不轨行为的嫌疑。因此，对于还俗修女，婚姻尤为重要。破除独身至上的神话、赞扬婚姻的神圣地位可以帮助他们解除心理的障碍，安心地过上凡夫俗子的生活。使这些独身男女建立自己的家庭，生儿育女，养家糊口，有利于社会的稳定和发展。既然旧的理想与旧的秩序已经被打破，那就有必要确立新的理想和秩序。否则，这些还俗的修士修女将会陷入极大的混乱之中，找不到生活的方向与目标，对社会也会产生诸多不良影响。比如，1524年在欧洲大陆流行一本匿名的《致修女院院长》的小册子。其中，作者谈到那些还俗嫁人的修女，警告她们可能会因此受到良心的谴责，突然摆脱原来的生活，会给她们带来个人和社会的双重压力，为了做好适应这种剧烈转变的准备，她们首先应该学习《圣经》中所有推举和赞扬婚姻的篇章。[1]可见，多接受一些正面评价婚姻的观点有助于还俗修士修女消除心理障碍，在俗世中开始新的生活。

另外，由于古典文明的影响，尤其是受到亚里士多德的家庭思想影响，在近代早期人们形成一种普遍的观点，即认为家庭是文明的根本基础，是国家与教会的缩影，如果对家庭的混乱视而不见，那么就不要指望社会有秩序。组成城市与国家的基础是家庭而不是个人，因为是家庭使孩子社会化并形成负责任的行为方式。家庭形成人际纽带，从而使协作的社交成为可能。家庭是发源于婚姻的，婚姻是家庭存在之关键，而家庭是国家存在之关键。没有婚姻就没有家庭，没有家庭社会就碎化为一个个以自我为中心的个体。近代早期的思想家认为夫妇是社会秩序的基石，因为世上所有的亲属关系都发源于此。巴塞洛缪·巴蒂说婚姻是所有私人和公共统治的源泉。丹尼尔·罗杰斯相信婚姻是社会的发源地，是教会的温床，是世界的栋梁，是法律、国家、秩序等一切的支撑，是国家、城市、大学的基石，是家庭、王位和王国继嗣的基础。古奇也持

[1] Ozment, Steven E. *When Fathers Ruled : family life in Reformation Europe*, p18.

相同观点，他认为家庭先于任何其他社会体制，因此是更必要的，好的家庭成员才能是教会与社会的好成员。伊丽莎白时代的人文主义者埃德蒙·蒂尔尼也认为婚姻是与公民责任类似的事，是维持国家的必要条件。[1]1690年有本叫《婚姻倡议》的小册子指出没有婚姻就不会有人性的真正发扬，如果没有清楚的家庭关系，社会就不能安宁。[2]

出于以上原因，婚姻的社会意义得到重视，婚姻的地位得到提高，而独身制度遭到了谴责。宗教改革期间所出现的教士结婚则在行为层面打破了独身制度。

第二节　英国的教士结婚

新教改革者不仅在理论上攻击天主教的宗教独身制度，赞扬婚姻，而且身体力行，将理论贯彻到具体的实践之中，大量新教教士和修女结婚、建立家庭，真正从自己做起体现和维护婚姻的尊严。教士结婚是婚姻地位变化的一个重要表现，也是观念影响行为的有力说明。同时，准许或禁止教士结婚是新教与天主教之间一个明显的分野，这个问题本身也是宗教改革中不应该忽视的问题。因此，本书将英国宗教改革期间的教士结婚单列一节专门加以论述。

一、英国教士结婚的合法化过程

在欧洲大陆，宗教改革开始后教士结婚就获得了制度上的认可。在英国，由于英国宗教改革本身的复杂性和曲折性，教士结婚最终得到法律的承认也经历了一个漫长的过程。在宗教改革初期，虽然英国新教改革者极力主张应该允许教士结婚，由于亨利八世的保守，英国成为唯一一个禁止教士结婚的新教国家。经过爱德华六世激进的新教改革和玛丽女王时期天主教的复辟，教士结婚

[1]　Todd, Marry. *Christian Humanism and the Puritan Social Order,* p101.

[2]　Sommerville, Margaret R. *Sex and Subjection : attitudes to women in early modern society,* pp122-123.

的合法化问题才最终在伊丽莎白时期得以解决。

1520年马丁·路德开始抨击罗马教会的教士独身制度，1525年6月13日他与凯瑟琳·冯·博拉结婚。在这期间大陆主要的宗教改革者都纷纷娶妻。1520年梅兰克森（Melanchthon，1497—1560）结婚。1522年贾斯特斯·乔纳结婚。1523年马丁·布塞尔等人结婚。1524年茨温利结婚。[1]在英国，以托马斯·莫尔为首的保守派立刻对大陆改革者的结婚行为与主张予以激烈的攻击。为了驳斥路德的宗教思想，托马斯·莫尔甚至对他进行人身攻击。但也有人同情和支持教士结婚。威廉·廷代尔对莫尔进行反击，他说禁止教士结婚说明罗马教会并不是真正的基督教会。由此，英国关于教士的独身与结婚问题的论战就开始了，宗教改革者们也开始为争取英国教士结婚的自由与权利而奋斗。

英国宗教改革者为教士结婚积极辩护主要有以下三种形式：撰写论述教士结婚问题的原创性专题论文；翻译路德等大陆改革者的有关婚姻和独身问题的著作；在综合性著作中讨论教士结婚问题。[2]改革者对教士独身制度的批判和对教士结婚的鼓吹可以说是一个事情的两个方面，他们主张教士结婚的理由主要体现在以下两点：（1）罗马教会要求教士独身，这在《圣经》根本就找不到依据，而且，在早期教会中，教士是可以结婚的，教士独身并不是神的律法，而是教会强加于人的，它违背了神的旨意，也违反了人性，却助长了教会内部的腐败与淫乱，教会容忍教士蓄养姘妇，却禁止神所创立的神圣的婚姻，实在是荒谬。（2）婚姻有很多益处，婚姻并不比独身低劣，婚姻不仅仅只是人类的一种选择而是人类所必需的，独身是神赐予极少数人的恩惠，而不是教会要求教士普遍履行的职责。

1529年威廉·罗伊翻译了马丁·路德的《〈哥林多前书〉第七章注》，这是讨论教士结婚问题的一篇相当重要的文章。1530年罗伯特·巴恩斯出版了支持教士结婚的著作，他根据《圣经》的、使徒时代的和历史的证据，证

[1] Fudge, Thomas A. "Incest and Lust in Luther's Marriage : Theology and Morality in Reformation Polemics.", *Sixteenth Century Journal*, XXXIV/2(2003). p324.

[2] Yost, John K. "The Reformation Defense of Clerical Marriage in the Reigns of Henry VIII and Edward VI.", *Church History*, 50(1981). pp153-154.

明教士应该可以结婚，他的观点对以后英国有关教士结婚的争论影响很大。1534 年，约翰·拉斯戴尔恳求克伦威尔取消对教士结婚的禁令。之后此类请求越来越强烈。

但是尽管此时英国已经与罗马教廷决裂，改革者的这些努力一无所获，教士独身制度在英国仍然被保留下来。亨利八世在教士结婚问题上的保守立场也非常坚定。1535 年一份王室公告威胁要剥夺已婚者的圣俸，随后对教士结婚给予了更多的谴责。1536 年各教区主教受命调查辖区内教士结婚的情况，亨利谴责那些结婚的教士违法了教会的规定。主教们要进行明查暗访，对已婚教士要予以逮捕，或送交枢密院。1538 年 11 月又一份王室公告宣布禁止教士结婚，并威胁要剥夺已婚者的圣俸，而且要监禁那些 1538 年以后结婚的教士。[1]1539 年 6 月，《六条法案》（亦称《取消意见分歧法案》）通过，其中第三条规定：根据神的律法，教士不得结婚；第四条规定：如果经过考虑发誓独身或守寡，那么就应该遵守誓言。对于违法者，该法案规定了如下处罚措施：1539 年 7 月 12 日以后，任何违反规定结婚的教士都犯有重罪，而且不能享有神职人员不受普通法院审判的特权；这些结婚教士被视同死亡，其职位由有圣职授予权的人接管；已婚教士的婚姻无效，教区主教应该迫使其离婚；继续与妻子生活在一起将被判处重罪。至于那些持反对意见的人，如果是初犯则被罚没财产，如果再犯则是重罪。[2] 该法案使亨利八世长期以来对教士结婚的敌视和反对最终明确化，并以法律的形式确定下来，其影响一直持续到亨利去世。

1538 年和 1539 年英国在教士结婚问题上的保守政策再次激发了国内外改革者对该问题的讨论以及对英国政府的批评，他们为了争取教士结婚自由和废除教士独身制度而不懈努力。1539 年温彻斯特的一名已婚教士多次请求托马斯·克伦威尔的帮助和支持。1541 年乔治·乔伊翻译出版了梅兰克森论教士结婚的文章《为教士结婚而辩》。该文是 1539 年《六条法案》通过后，梅兰

---

[1]　Parish, Helen L. *Clerical Marriage and the English Reformation : precedent policy and practice*, London : Ashgate, 2000. pp29-30.

[2]　An Act Abolishing Diversity in Opinions, 1539. St.31 Hen.VIII, C.14, in Douglas, David C.(ed). *English Historical Documents* v5, London & New York : Routledge, 1996. pp815-817.

克森写给亨利八世的。威廉·泰勒在流亡期间对英国保留教士独身制度进行猛烈抨击，此前他还翻译了很多大陆改革者的著作。约翰·巴尔也在流亡国外时批评英国只是在名义上消除了教皇，而保留了教皇的教义和仪式，他认为教士独身制不仅是反基督的，不仅导致了教士的腐败，而且它还表明英国的教会并非真正的教会。

1547 年 1 月亨利八世去世，未满 10 岁的爱德华六世继位。这终于给主张教士结婚的人带来了新的生机。1547 年 11 月召开的教士会议开始讨论教士结婚合法化问题，并且在首届议会中得到讨论，但提出的议案没有被通过。这次会议的成果就是废除了 1539 年的《六条法案》。在第二届议会时，下院讨论了另一个允许教士结婚的提案，要求废除所有教士结婚的法律障碍，12 月 20 日在议会获得通过。该议案最后在 1549 年 2 月被制定为法律。那些在三四十年代抨击教士独身制度的人现在总算达到目的。1552 年议会又修订了这项立法，强烈谴责那些针对教士婚姻的不恰当的咒骂和诽谤性的责备，而且明确表示教士的子女是合法的。1552 年 11 月克兰麦最终拟定《四十二条信纲》，1553 年 6 月 12 日得到爱德华六世的正式签署，其中第三十一条宣布独身并不是神的旨意，规定允许教士结婚。尽管教士结婚已经获得法律的许可和承认，这一时期仍然有对教士结婚的宣扬与辩护。约翰·波涅特在 1549 年写了《为教士婚姻辩护》；主教胡珀谴责了人们对教士结婚的偏见，告诫人们教士的婚姻是可以接受的，它也是神圣的、符合神的旨意的。这说明新教改革者除了要争取教士结婚合法化，还要努力使人们在心理上能够接受它。

但是《四十二条信纲》签署不到一个月，爱德华六世就去世了。按照亨利八世的安排，应该由他与凯瑟琳的女儿玛丽继承王位。新教改革者的最后努力也没有能够阻止这位虔诚的天主教徒成为新教英国的女王。1553 年 8 月 3 日玛丽正式继位，这也预示了教士结婚和已婚教士惨淡处境的到来。1553 年 10 月，议会通过了第一个取消法案，废除爱德华六世时期制定的所有法案，宣布从 1553 年 12 月 20 日起所有的宗教仪式要恢复到亨利八世统治末期的状况。从此，教士结婚被禁止。1554 年 3 月 4 日，玛丽向伦敦主教邦纳及其他主教下达谕旨，命令各教区主教和教会法官以最快的速度剥夺或宣布剥夺那些已婚教士的圣俸。修道教士如果已经结婚则应该无条件离婚，其圣俸也应该被无条件地剥夺。1554 年 3 月 8 日教皇批准开除已婚教士的教籍、剥夺他们的教职并且强令他们与妻子离婚。1555 年红衣主教玻尔宣布教士的婚姻无效，对那些冥顽不化分子或仍然主张教士结婚的人要根据古代的教会法进行惩罚。这一年，玛丽对新教徒的迫害也大规模地开始，其中大部分都是已婚者，而且很多人就是因为他们的婚姻而付出了惨重的代价。教士结婚的合法化过程陷入最低谷。

1558 年 11 月玛丽和红衣主教玻尔几乎同时去世，伊丽莎白登上女王的宝座，天主教在英国的复辟结束。在 1559 年的议会中，英国新教徒显然想要使教会恢复到爱德华六世临死时的状况，这将意味着教士结婚会重新获得合法地位。1559 年王室巡视的第 29 号训谕明确申明教士结婚的合法性，并要求恢复那些在玛丽时期被剥夺教职的已婚教士的职位。但是由于有些牧师在择偶和婚姻生活中的行为不检点、不审慎，导致教会中出现了违法乱纪情况和丑闻，因此该训谕还要求教士娶妻要有主教和两名治安法官的同意以及该女子的父母或两名亲属或她所侍奉的主人的同意，违反这种规定的人要受到惩罚。1563 年颁布《三十九条信纲》，其中第三十二条是关于教士结婚问题的。它规定：神的律法并没有要求主教、教士和执事发誓守独身，也没有禁止他们结婚；因此只要他们认为结婚能让他们更好地服务于自己的信仰，他们和所有其他的基督徒一样能够自行决断合法结婚。到了 1563 年，持续了 30 多年的有关教士结婚的舆论争论终于平息下来，教士婚姻在伊丽莎白教会中的合法地位已经非常牢固。1566 年下院通过了批准该条款的议案，由于主教的积极努力，议案也在上院被通过。1571 年，女王总算接受了该立法议案，教士结婚终于又再次获得了法律依据，至此教士结婚的合法化过程才最终完成。[1]

---

[1] Carlson, Eric Josef. *Marriage and the English Reformation*, p64.

二、教士结婚的状况

尽管亨利反对教士结婚的政策强硬而且坚定，但是无论是1538年的王室公告还是1539年《六条法案》的严惩措施都没有能够阻止一些教士对结婚权利与自由的争取。一部分人早已不顾禁令偷偷结婚。在玛丽统治时期，一位教区牧师被剥夺圣俸，他因异端罪名而受审时承认他已经结婚29年。1528年一名教士承认他曾经宣扬所有教士都应该结婚，而且还说服一名修士结婚。[1] 托马斯·克兰麦早年在剑桥大学的时候就有过短暂婚史，1532年夏天他再次结婚。马修·帕克在1538年前正打算娶玛格丽特为妻（她的哥哥西蒙也是一名已婚教士），但是亨利1538年的王室公告和1539年的《六条法案》破坏了他的结婚计划，他既不想悔婚，又不想冒生命危险，所以他和玛格丽特在1539年悄悄地同居了。

这一时期结婚的教士除了要受到国家法律的惩罚，而且还要面对周围人的排斥与敌视。1536年威尔士的教士向克伦威尔申诉，说他们很难找到地方投宿，因为在有教士结婚后，人们开始担心他们的妻子和女儿的安全。《六条法案》通过后，1540年年底，威廉·泰勒还是一名教区执事，他秘密结婚了。当教区当局发现此事后作了离婚审判，泰勒被迫离开英国，直到亨利八世去世。至于那些无法逃到国外的人，他们就只有听从政府的裁决。大主教克兰麦也在1539年夏天把妻子送到国外，直到1543年她才回国，因为此时他确定亨利不会对他的婚姻采取行动。约翰·福斯特娶了一名还俗的修女为妻。后来他告诉克伦威尔说，国王反对教士结婚的意图一明确，他就把妻子送到60英里远的娘家，再没有与她共同生活。1546年，尼古拉斯·夏克斯顿因异端罪名遭控诉时，他放弃了自己的新教信仰，并与妻子断绝关系。

爱德华六世的上台标志着新教在英国的胜利，这使想结婚的教士终于有机会达成自己的心愿。政府的干预与镇压不复存在，结婚有了法律依据，结婚后的权利也有了法律保障，更多的教士选择结婚，而且现在结婚无疑是自己信奉

[1] Parish, Helen L. *Clerical Marriage and the English Reformation : precedent policy and practice*, p28.

新教的最好说明。学者们研究这一时期结婚教士的人数往往依据玛丽时期剥夺已婚教士圣俸的情况，这显然会大大减少实际数量，因为有很多教士可能放弃信仰，与妻子离婚，以求宽恕，还有很多人会搬迁到异地，隐瞒自己结婚实情以逃避惩罚，甚至还有人因为个人的关系或家庭的势力保留了自己的职位。比如，切斯特的法官乔治·威尔米斯利就避免了被免职的厄运，因为他在柴郡有强大的家庭背景，而且和主教邦纳是兄弟。大体而言，全英国有五分之一的教士结婚，有的地方甚至更多。诺福克、萨福克结婚的教士占全体教士人数的四分之一，埃塞克斯因为结婚而被剥夺圣俸的教士就超过四分之一。[1] 这一比例本身就不小，而且实际的结婚人数肯定会远远超过这个数量。

当然，现在即使有了法律的保护，教士仍然有足够的理由对结婚三思而后行。年幼的爱德华体弱多病，按照亨利八世所规定的王位继承顺序，如果爱德华去世，则将由凯瑟琳的女儿、虔诚的天主教徒玛丽继承王位，她与新教的宿怨不能不让已经结婚或打算结婚的教士对前途充满惶恐。如果玛丽上台，他们很可能就会被剥夺圣俸。有些人甚至开始未雨绸缪，为自己以后的生计做打算。马修·帕克任兰德比奇的教长时就安排其同母异父的兄弟约翰·贝克租下估价很低的农场，再把租佃权低价卖给自己的妻子。[2] 而且，合法化并不意味着教士结婚的所有障碍都被清除了。法律上的许可和政策上的保护都不能很快消除民众对教士结婚的疑虑与抵制。贵族阶层不愿意将女儿嫁给教士。很多教士的妻子都来自已婚教士的家庭或亲属，还有一些教士与自己以前的姘妇结婚。天主教徒借此抨击新教徒，说他们的妻子都是品行有问题的女子，而且认为也只有这样的女子才会嫁给新教教士。产婆拒绝给教士的妻子接生。[3] 教士的妻子在民谣中是被嘲笑的对象，支持教士结婚的人被认为与罗拉德派有染。还有人拒绝接受已婚教士所主持的圣事。

---

[1] Haigh, Christopher. *Reformation and Resistance in Tudor Lancashire*, London : Cambridge University Press, 1975. p179, p181.

[2] Bjorklund, Nancy Basler. "A Godly Wyfe Is an Helper : Matthew Parker and the Defense of Clerical Marriage", *Sixteenth Century Journal*, XXXIV/2(2003). p354.

[3] Prior, Mary. Reviled and Crucified marriages : the position of tudor bishop's wives, in Prior, Mary (ed). *Women in English Society 1500-1800*, London & New York : Routledge, 1985. p125.

玛丽即位后，已婚教士可以说是厄运连连。一部分人已经下狱。另一些人流亡国外，投亲靠友，其中有的是夫妻一起流亡，有的是夫妻中的一方流亡。还有人在等待审讯，要么抵抗，要么服从。如果服从，就要被剥夺教职，与妻子离婚，并为自己的罪行赎罪，之后还可以获得新的教职。1554 年在诺里奇，几乎所有被免职的教士很快就得到了新的任命。1553 年 10 月 3 日霍尔盖特、布什和博德已经被关进了伦敦塔。科弗代尔等人携妻子逃亡。胡珀和克兰麦早在玛丽上台初期就把妻子送出国外。对坚持原来信仰的已婚教士，处罚措施则要严厉得多。1555 年 3 月罗伯特・费拉在卡马森被烧死，成为第一个殉教者，不过他的两个孩子后来都长大成人。马修・帕克及其家人在国内隐姓埋名，逃过了牢狱之灾，虽然事先做了一些准备，最后还是丧失生活来源，只有依靠朋友的接济度日。

在大规模的镇压与迫害中，各地情况也有所不同。受牵连的教士在伦敦占总数大约三分之一，而在约克这一比例还不到十分之一。但是其导致的结果却都很严重。据 1554 年初的报道，桑威治所有的教区牧师和助理牧师都已经结婚，最后使得没有牧师可以主持宗教仪式。尽管这种极端的事例并不多见，但剥夺教职、对教士进行审讯以及让教士在自己的教民面前公开忏悔，这些都会给民众带来心理上的混乱和伤害。[1]

在兰开夏郡，已婚的切斯特主教伯德起初试图保住自己主教的职位，他得到了女王的谅解，并准备主动与妻子断绝关系。但是，后来女王任命了六位保守的主教来处理主教的婚姻问题，结果 1554 年 3 月 16 日伯德受到审判，并且被免职。玛丽的血腥镇压政策对一些低级教士却不是很有效。沃灵顿的一个助理牧师罗伯特・瑞特在 1555 年被迫与珍妮特・卡特赖特分开。4 个月后，他又被起诉，因为他还经常与她来往，这次他被警告如果继续这样就会被没收财产。两年后，仍然发现他们有来往，罗伯特・瑞特被开除教籍、停职。迫于生计，他暂时服从了规定并且得到赦免，但是不到 5 个月又发现他事实上与其妻子生

[1] Parish, Helen L. *Clerical Marriage and the English Reformation : precedent policy and practice*, p189.

活在一起，这时教会忍无可忍，命令他不得生活在离珍妮特20英里以内的地方，作为赎罪他只能吃面包喝水，还要在当地的三个教堂公开认错。[1]

1558年11月伊丽莎白一世即位后，新教又恢复了其在英国的统治。在短期内玛丽任命的主教都被免职，只有两名例外，新任主教中有19人已经结婚，这其中又有12人曾流亡国外。伊丽莎白在其统治时期在英格兰和威尔士总共任命了76个主教，其中至少有58位结婚，占76.3%。已婚者中有14人再婚，占丧偶教士的61%。[2]1559年，在奇切斯特，至少有13名教士被除职，由已婚的教士取代他们。有的已婚教士得到新的任命。在全国范围内，被玛丽开除教籍的已婚教士都发起诉讼，要求恢复自己的教职。1559年女王巡视北部地区时，21名在职牧师没有犯任何过错就被剥夺了圣俸，只是为了给那些在爱德华时期结婚的教士空出职位。

随着新教的得势和教士结婚的合法化，大批流亡国外的已婚教士的回国和任职，国内教士结婚比率急剧上升。在温切斯特主教区，1561年副主教辖区萨里的教士结婚人数占三分之一。怀特岛大部分教士结婚。在罗彻斯特和坎特伯雷，有一半的教士结婚。1571年，温切斯特的教士都打算结婚，结婚被认为是承认新教教会的标志。有的教士就是为了避免自己被认为是天主教徒而选择结婚。到1576年，在林肯和斯托有229名教士结婚，占57.25%。到1598年，副主教辖区斯托的80名教士中有四分之三的教士，即60名结婚。伊丽莎白的登基使英国的教士重新唤起结婚的热情，玛丽时期的迫害与艰辛并没有给这种热情抹上太多阴影。在林肯主教区，1559年到1561年间（这时伊丽莎白允许教士结婚的法律还没有最后确定）结婚的教士就超过了1549年到1553年（这时在爱德华统治下教士结婚是完全合法的）结婚的人数。[3]特派使节团在保守的北部地区所处理的42件案件中只有四例涉及反对教士结婚，此外的相关案件就更少了。英国民众不仅开始接受教士结婚，而且在有的教区，人们认为独

---

[1] Haigh, Christopher. *Reformation and Resistance in Tudor Lancashire*, p178, p181.

[2] Carlson, Eric Josef. *Marriage and the English Reformation*, p60.

[3] Parish, Helen L. *Clerical Marriage and the English Reformation : precedent policy and practice*, pp232-233.

身才是异端。[1]

三、英国教士结婚合法化进程复杂的原因

综观上文，我们不难发现英国教士结婚的合法化进程非常复杂曲折，英国已婚教士的命运也随之起伏跌宕。他们一度受罚，又一度得宠，曾经遭迫害，又再度得势。笔者认为，这种状况的产生有如下几个方面的原因。

第一，亨利八世之后都铎王朝的政治局势复杂，不同的宗教派别代表不同的政治势力，并且与历届君主的个人信仰和利益纠缠在一起，导致在教士结婚问题上政府的政策一波三折，缺乏延续性。英国宗教改革的命运可以说早在亨利八世时代就埋下了伏笔。在英国宗教改革的产生原因中，不管偶然因素和必然因素所起的作用如何，就亨利八世而言，他发起这场运动的动因主要是出于对自身利益的考虑，而不是他自己信仰的转变。他的前三次婚姻为他留下了三个子女，即发妻凯瑟琳所生的玛丽、安·博林所生的伊丽莎白和简·西摩所生的爱德华。亨利历经艰辛才终于得到一个男性继承人，他在1546年12月确定了从爱德华到玛丽再到伊丽莎白的继承顺序。爱德华未满10岁就登基，由新教主义者萨默塞特公爵摄政。爱德华自己也是位激进的新教徒，他的统治让英国具有明显的新教色彩，教士结婚也获得了空前的宽松环境，但不幸的是他过早夭折。爱德华作为唯一的男孩成为第一继承人这是理所当然的。不管亨利依据什么来决定玛丽与伊丽莎白的继承顺序，他的这种安排直接影响了英国宗教改革的历史，也影响了教士结婚的合法化进程。玛丽与伊丽莎白的母亲代表两个针锋相对的阵营，即天主教阵营和新教阵营，幼年的不幸与彼此的对立使玛丽与伊丽莎继续也代表了天主教和新教两种不同的势力。在继承顺序中将玛丽放在支持新教的爱德华和伊丽莎白之间，这就注定英国宗教改革的发展会出现断层。

第二，民众的心理障碍导致了社会对教士结婚的排斥和敌视。这直接产生

[1] Carlson, Eric Josef. *Marriage and the English Reformation*, p63.

了两个后果：打算结婚或渴望结婚的教士不得不慎重行事，甚至迫于压力而放弃计划；政府在推进教士结婚合法化进程时也不得不考虑可能会导致的社会后果，因此立法措施的出台总是比较缓慢。中世天主教会长期以来提倡教士独身制度，鼓吹教士作为神人交流中介的重要性。由此俗人形成一种心理定势，认为教士独身是理所当然的，而且认为教士是否贞洁关乎圣礼的有效性，进而会影响到自己能否得到救赎。俗人对教士结婚充满恐惧，害怕已婚教士主持圣事不合适，甚至会玷污圣事，最终导致自己的灵魂无法得救，所以，他们排斥甚至敌视教士结婚以及已婚教士。1549 年 7 月，切斯特的一位受俸牧师证实，一个名叫休・邦伯瑞的教士与安妮・安德鲁已经定下婚约，但是安妮要求休等待，直到其他的教士结婚后他们再结婚。她大概是担忧邻居们的反应，她肯定发现前景十分不妙，因为最终他们还是没有举行婚礼。[1]

第三，这也是最根本的一点，就是教士婚姻本身所存在的问题，即理想与现实的严重落差。为了捍卫教士婚姻，新教改革者鼓吹教士婚姻是婚姻的典范，教士家庭是秩序与虔诚的源头，它承担着教育和传播基督教价值观、道德和规范的职责，承担着接待、照顾旅客、鳏寡和穷人的责任，已婚教士有了妻子的帮助能够更好地完成这些任务，这对于教会、国家和社会都是非常重要的。诚然，教士不能仅仅生活在天国的理想中，他们和其他人一样也应该结婚生子。但是教士在争取结婚的自由与权利的同时，却使自己陷于两难的境地。他们现实中的婚姻很难像他们所宣传的那样完满，他们也和其他人一样会被卷入婚姻纠纷，甚至婚姻丑闻。拥有家室的教士也和俗人一样要经受贫困的煎熬，要为生计发愁。这些都是他们以前所没有想到的。这种理想与现实的脱节对教士婚姻产生了三个消极后果，即俗人对教士婚姻和已婚教士的失望、教士自己的犹豫以及政府必要的遏制措施。

在爱德华时期，温彻斯特主教波涅特就卷入了婚姻的法律纠纷。波涅特试图娶一位已婚妇女，她的前夫是诺丁汉的一名屠夫。屠夫对波涅特提出指控，并且胜诉。堂堂主教竟然需向一名屠夫支付终生年金。在 1551 年 7 月波涅特

[1]　Haigh, Christopher. *Reformation and Resistance in Tudor Lancashire*, p182.

与该妇女离婚，同年10月他又再婚。教士结婚的合法化也并不意味着教士性丑闻的终结。在兰开夏，从1571年到1601年间就有8名教士在主教视察期间被控犯有通奸或私通罪。[1]而实际发生的类似情况远不止这些。1551年，马修·帕克的第二个儿子出世后，四口之家挤在原本为单身教士准备的住所内。马修·帕克对自己的房屋进行改造后才解决了住房问题。显然，随着越来越多的教士娶妻生子，教士原来的生活环境受到了严重的影响，以致政府在1561年8月9日颁布《住宅法》，禁止已婚教士和他们的妻子一起住在大学和大教堂里，因为这些地方是用来独处、学习和祈祷的。由此，大学和大教堂教士可以结婚，但是要么放弃自己的住所，要么就要与自己的妻子儿女分居，否则就会失去任何晋升的机会。[2]1573年，38岁的理查德·格林翰姆与一个寡妇结婚，但他的婚姻并不美满。格林翰姆非常乐善好施，经常弄得自己囊中羞涩，以致他的妻子要找人借贷才能收获他的圣职领地生产的谷物。当有人问格林翰姆关婚姻的建议时，他总是说不要草率定结婚。[3]

不管英国教士结婚合法化的进程如何复杂与曲折，英国教士终于还是和大陆新教国家一样争取到了结婚的自由和权利，其根本原因应该在于它是对人性和理性的回归。这是自文艺复兴以来，人文主义历史发展的一种必然趋势。人本身就有七情六欲，也应该拥有自己决定个人性取向的自由和权利，而强制性的教士独身制度既违反了人的这种本性，也蔑视个人的主体自由与权利。宗教改革继承了人文主义对人性和个人意志的张扬，因此教士独身制度注定会被打破。中世纪天主教会要求所有教士必须独身也是一种非理性的行为，因为表面上的独身并不代表实质上的禁欲与贞洁，而维持这种形式上的纯洁所付出的代价就是教会内部暗藏的淫乱与肮脏，这也确实荒唐。今天频频被揭露出来的天主教教士的性丑闻说明对天国理想的追求并不能完全战胜人的内在欲望。

直到今天，结婚与否都是天主教和新教的根本区别之一。教士结婚作为宗

[1] Haigh, Christopher. *Reformation and Resistance in Tudor Lancashire*, p240.

[2] Bjorklund, Nancy Basler. "A Godly Wyfe Is an Helper : Matthew Parker and the Defense of Clerical Marriage.", *Sixteenth Century Journal*, XXXIV/2(2003). p352, p358.

[3] Carlson, Eric Josef. *Marriage and the English Reformation*, p65.

教改革的一个非常重大的成果，它所产生的结果绝不仅仅只是出现了一种新型的家庭和一个新的群体，即教士的家庭和教士的妻儿，它实际上代表了旧秩序的终结，它对俗人的影响远远超出其他神学命题的争论。婚姻既是一个宗教问题，也是一个道德问题，而且也很容易为俗人所理解。教士结婚作为俗人看得见摸得着的一种现象，是对新教教义最有成效的宣传。天主教利用独身使教士高高凌驾于俗人之上，而宗教改革后新教教士也和其他人一样娶妻生子，一样要为养家糊口而操劳，这对于改变教士作为神人交流中介的传统地位，改变人们对教士的传统看法起到了非常重要的作用。所以，教士结婚有利于摧毁天主教教会的权威，有利于打破教俗分隔的二元社会格局。

第三节　婚姻的最高目的是夫妻情感

中世纪所形成的婚姻的三大目的依然得到承认，这一时期的变化主要表现在对夫妻感情的重视。婚姻的三个目的在排列顺序上的差异体现了人们对其中每一个的重视程度的不同。不过，在16世纪，只是出现了对夫妻情感重视的倾向，人们观念上的差异还很大，甚至同一个人的观点都会有前后不一致的地方。布道书和有关婚姻的论文都承认婚姻的目的是性与生育，也强调夫妻间的和谐与宽容。大多数牧师认为理想的婚姻是一种高尚的、神圣的、受到祝福的、相互理解的、有伴侣之谊的生活。到了17世纪，由于对社会道德和社会责任的重视，由于受到契约思想的影响，清教徒普遍都认为夫妻情感是婚姻的首要目的，夫妻关系也是人伦之首。

一、夫妻情感的重要性增强

爱德华六世时期的两本祈祷书都将夫妻情感列于生育和防恶之后。比如，《祈祷书II》这样规定婚姻的目的：一是生育后代，怀着对上帝的敬畏将子女抚养成人；二是避免罪恶，防止私通之行为；三是夫妻互相的陪伴、帮助与安慰，不论是贫穷还是富贵，双方都要相依相伴。[1] 而在1563年，经伊丽莎白一世授权发布的一篇婚姻讲道文指出：婚姻是神创立的，为了男人和女人能够合法地永久地生活在情谊之中，为了生育后代，为了避免私通。[2] 托马斯·莫尔非常强调情谊作为婚姻目的的重要性，以致在他设想的乌托邦中，允许因难以忍受的坏脾气经双方同意的离婚，或夫妻双方因性情不和而导致的离婚。他说："除非发生死亡，不致婚姻关系中断。但发生通奸行为或脾气坏到不能相处，议事会就准许其另行择配……然而有时夫妇性情不十分融洽，双方又都有可望共同愉快生活的意中人，就可以在互愿的情况下离异并另行婚嫁。"[3]

布林格的观点更加鲜明地体现了这种婚姻的新旧目的观的交错。在《基督徒婚姻守则》一书的第一章，他指出除了对上帝的爱，夫妻之爱超越所有其他的爱。[4] 但他在第二章对婚姻下了这样的定义：婚姻是一种合法结合，是上帝许可的经过双方同意的一男一女的结合，其目的是为了友爱真诚的共同生活，互相帮助和安慰，是为了避免不洁之行为，为了生育子女。或者说，婚姻是一男一女的结合，是他们同意结合之后，上帝依据自己的意旨结合在一起的，从此，夫妻双方共同生活，分享上帝所赐予的一切东西，目的是为了生育子女、避免淫乱和互相帮助与安慰。[5] 可见，布林格在同一个地方对婚姻做了两种类似的界定，其中婚姻三个目的排序完全相反。虽然无法推测为什么会有这种变化，笔者认为可以从中知道，在婚姻的目的上开始出现不同的考虑，而且这种先后排列的不同也不会完全是无意识的、随意的。

婚姻中生育子女和夫妻情感的两个目的来源依据都是《旧约·创世纪》，对不同篇章的强调直接导致了对不同目的的强调。当然不能武断地认为只有清

[1] Johnson, James T. "The Covenant Idea and the Puritan View of Marriage.", *Journal of the History Ideas*, Vol.32, No.1, (1971). p108, n6.

[2] An homily of the state of matrimony, in Clair, William St & Maassen, Irmgard(eds). *Conduct Literature for Women*, v2, p348.

[3] [英] 托马斯·莫尔著《乌托邦》，戴镏龄译，北京：商务印书馆1982年版，第89页。

[4] Heinrich Bullinger. The Christen state of matrimony, A4, in Clair, William St & Maassen, Irmgard(eds). *Conduct Literature for Women*, v2, p44.

[5] Ibid, p46.

教徒才重视夫妻情感，他们的观点确实与国教徒以及更早的人文主义者都有比较明显的区别。这种区别主要在于清教徒对于“那人独居不好，我要为他造一个配偶帮助他。（《创世记》2：18）”的强调。所以，清教徒认为神创立婚姻是为了消除人的孤独，婚姻的首要目的应该是夫妻互相的帮助，婚姻是夫妻共同生活以获得尘世的幸福并为得救做准备的约定。下面就具体阐述一些有代表性的观点。

威廉·帕金斯虽然没有明确表明婚姻的首要目的是夫妻情感，但在《基督徒家政学》中论述婚姻时显示了他对此的注意。他说，婚姻是上帝在伊甸园里创立的，它先于任何其他的生活方式，也是原罪之前就有了的。神创立婚姻是因为神说那人独居不好，要为他造一合适的伴侣帮助他。上帝在造出夏娃之后立刻就让她与亚当结合在一起，这种结合方式是好的。上帝对婚姻祝福要生养众多。神创立婚姻以使其成为社会与教会的源泉。[1] 由此可以得知，在帕金斯看来，婚姻的优越在于婚姻出现在原罪诞生之前，可以消除人的孤独，婚姻是神按照自己的意愿创立的，是受到神祝福的生养众多的方式，是构成基本社会单元的途径。

亚历山大·尼古拉斯在《论婚姻与娶妻》（1615 年）中说，既然夏娃是亚当的肋骨所造，那么女人就应该是男人的贴心伴侣，婚姻（marriage）一词就意味着愉快的岁月（merry age），因为娶妻不仅可以让你得到一个朋友，一个带来安慰的伴侣，而且她还可以分享你的快乐，对你有所裨益。[2]

与这些较为含蓄的观点相比，托马斯·嘉太克的观点更加旗帜鲜明，甚至让现代人都感到吃惊。他认为婚姻中夫妻互相的友好的相伴要比生育更重要。在《论婚姻的责任》一文中，他认为只有成为丈夫的帮助者和安慰者才是好妻子，不能给予丈夫安慰和帮助的人不是真正的妻子。嘉太克非常强调婚姻中的夫妻情谊。在他看来，生育是第二位的，是由夫妻情感派生出来的目的。他认

[1] Johnson, James T. "English Puritan Thought on the Ends of Marriage.", *Church History*, Vol.38, No.4(1969). pp429-430.

[2] Johnson, James T. "The Covenant Idea and the Puritan View of Marriage.", *Journal of the History Ideas*, Vol.32, No.1 (1971). p110.

为，上帝赐给亚当的第一个也是最重要的礼物就是贤妻。上帝为了消除亚当的孤独而赐予他一个合适的伴侣，所以婚姻的首要目的是为了消除情感上的孤独。贤妻才是上帝给人的最重要的赐福，其次才是子女。对于女人，贤夫也是如此。因此婚姻的最高目的在于夫妻互相友爱的情谊。嘉太克出版的婚姻布道文都有相同的观点。在《真正的婚姻》一文中，他说婚姻的目的是陪伴、帮助、舒适与安慰、子女以及防止淫乱。[1] 可见，由于对夫妻情感的重视，以致他将之一分为三，列于首位。

在强调夫妻情感这一点上，约翰·弥尔顿与嘉太克相比可以说有过之而无不及。弥尔顿非常推崇马丁·布塞尔，而且也受到了其很大影响。所以，在此先阐述在弥尔顿翻译出版的《马丁·布塞尔论离婚》中布塞尔的观点。布塞尔认为，婚姻真正的终极目的不是性，也不是生育，否则圣母玛丽亚与约瑟的婚姻以及其他一些圣洁者的婚姻就不是真正的婚姻了。婚姻的最大目的在于夫妻二人以最深厚的仁慈与爱分担所有的责任。[2] 约翰·弥尔顿认为婚姻是一种情感关系而非性关系，婚姻的目的是能消除孤独的交谈和友谊。他在《论离婚的教义与原则》中指出，亚当与夏娃的婚姻是人类婚姻的原型，而他们的婚姻不是为了防止淫乱，因为淫欲是原罪之后才有的，也不是为了生育，因为生育是在他们结合后上帝所吩咐的，而是为了消除情感上的孤独。在《圣经四论》（*Tetrachordon*）中，他直接说婚姻的首要目的是互相的安慰与帮助。[3]

除了婚姻目的在排列顺序上的这种变化，对夫妻情感的重视还体现在对夫妻关系的重视。嘉太克说："夫妻关系是世界上最早的人际关系，是所有其他人伦关系的发源地。"[4] 多德和克利弗的《虔诚之家政》和威廉·古奇的《论家庭责任》都是首先谈婚姻中夫妻之间互相的责任与义务，然后再谈其他家庭

[1] Johnson, James T. "English Puritan Thought on the Ends of Marriage.", *Church History*, Vol.38, No.4(1969). pp430-432.

[2] Martin Bucer. the judgement of Martin Bucer, John Milton(trans), E, in Thompson, Torri L.(ed). *Marriage and Its Dissolution*, v4, p395.

[3] Johnson, James T. "English Puritan Thought on the Ends of Marriage.", *Church History*, Vol.38, No.4(1969). p432.

[4] Ibid, p430.

关系。

强调夫妻的情感这在当时既是婚姻观念上的一个显著变化，也是一个很重要的变化。这种变化在塑造现代西方婚姻和夫妻关系上的特征是有重要作用的，不过这种夫妻情感不同于现代所说的彼此倾慕欢喜的爱情，它有着更深刻的内涵。

二、夫妻情感的新内涵

简而言之，近代早期人们所强调的夫妻情感其实更像是指一种夫妻情分，它最重要的内涵是指夫妻要共同承担一系列相互的义务与责任，首先是互惠，然后惠及家庭、国家与教会。

布塞尔认为婚姻的终极目的不是性，也不是子女，而是以最大仁爱来互相承担责任。真正虔诚的婚姻应该包含以下四个要素，即共同生活（除非依据神意暂时的分离），给予对方最深厚的爱，丈夫领导和保护妻子、妻子帮助丈夫，互不亏欠、履行婚债。如果不能满足这些要求，那么就不是真正的婚姻，双方也不存在真正的夫妻关系。他说，同意、尊重与情谊是婚姻的黏合剂。[1]

可见，这种夫妻情感不同于一般的男女性爱，而是指一种互相的有利于双方、有利于家庭和社会的责任。在这一时期英国的一些思想家尤其是清教徒对夫妻责任与义务的论述颇丰，下面就来看在他们眼中夫妻到底需要共同履行哪些义务与责任。

托马斯·培根认为一个称职的丈夫应该履行四个职责。首先，他要像爱自己一样爱自己的妻子，爱她甚于爱任何其他人。其次，他要对妻子忠诚，不能与任何其他女人有染，也不要垂涎其他女人，而且连看都不要看，想都不要想。第三，他要供养家庭。第四，他要宽容妻子的过错。妻子应该服从丈夫，承认丈夫的权威，爱丈夫，这种爱不是出于肉欲之欢、外貌、财富、力量、出身等外在因素，而是出于对上帝旨意的服从，因为上帝命令妻子要爱丈夫，要勤勉

[1]　Martin Bucer. The Judgement of Martin Bucer, John Milton(trans), E, in Thompson，Torri L.(ed). *Marriage and Its Dissolution*, v4, p395.

理家，要耐心地默默地忍受丈夫一些不好的地方，对他的错误加以掩饰，而不能到处嚼舌。[1]

多德和克利弗的《虔诚之家政》一书认为丈夫的职责有三个，即与妻子生活在一起；善待妻子；像对待自己的身体一样，像基督爱教会一样，爱妻子，珍惜她，滋养她。作为妻子则应该尊重和服从丈夫，并且服饰要得体。[2]

惠特利在其《婚姻丛林》中将婚姻的职责分为根本职责和非根本职责，违背前者则解除了婚姻纽带，违背后者虽不能导致离婚，但会给婚姻带来不幸。他所说的根本职责是指，首先，夫妻在身体上的忠诚，任何一方都不能与第三者发生性关系，其次，就是要以合宜之份对待对方，即履行婚债。非根本职责中首当其冲的就是爱，彼此要忠诚与互助，其次是供养和管理家庭。[3]

威廉·古奇的《论家庭责任》一书分三个部分论述了夫妻的责任。首先是夫妻共同的责任，然后分别论述为人夫者和为人妻者各自的责任。在他看来，夫妻共同的责任有：贞洁、爱、和平相处、共同生活、祈祷，关心对方的得救、关心对方的身体，在对方需要时给予帮助，互相尊重对方的名声，节俭，关心家庭的管理，在款待他人方面互相帮助。[4]

从以上阐述中，我们可以得知这一时期所强调的夫妻情感不同于现在我们一般所认识的夫妻之情。首先，这种夫妻之爱不是一般所说的夫妻性爱，在情感上更强调其精神含义。在当时人看来，性与爱是割裂的，爱是指精神之爱，而性则是一种需要偿还的债务。性与爱分别是两种需要履行的婚姻职责。在这一点上，惠特利的观点非常鲜明。他说，爱是婚姻的灵魂，是婚姻的生命，没有了爱婚姻就不再是婚姻，如同尸体不再是人一样。没有爱的生活是不幸的，

---

[1] Thomas Becon. catechism, in Clair, William St & Maassen, Irmgard(eds). *Conduct Literature for Women*, v2, pp269-281.

[2] John Dod & Robert Cleaver, a godly form of household government(1612), G, O4, in Clair, William St & Maassen, Irmgard(eds). *Conduct Literature for Women*, v3, p124,p243.

[3] William Whately, a bride-bush(1623),B, in Thompson，Torri L.(ed). *Marriage and Its Dissolution*, v4, p330.

[4] William Gouge, of domestical duties, A4, in Clair, William St & Maassen, Irmgard(eds). *Conduct Literature for Women*, v5, p91.

无异于行尸走肉。婚姻之爱首先是精神上的爱，这种爱应该建立在服从上帝的戒律的基础上，而不是出于美貌、好感、嫁妆、出身等原因。建立在这些不稳固的基础上的爱很容易坍塌，而精神上的爱是不会改变的，因为它建立在敬畏神、服从神意、遵守神的戒律的基础上的，这些基础是不变的，所以这种爱也是不变的。[1]

其次，在实际生活中，这种夫妻情感不是一种对等的情感。这种不对等体现在两点上：第一，所有的论述无一例外地强调丈夫的权威与妻子的服从；第二，丈夫的重要职责是供养妻子，而妻子则应该爱丈夫。这种不对等一方面体现了男女社会经济地位上的不同，更重要的原因应该是在现存的社会经济条件下，人们对家庭秩序的寻求。

当然无法得知道德家的劝戒在多大程度上付诸了实践。但在一个对婚姻情谊大书特书大谈特谈的社会中，人们完全没有这样的实践也是不可能的。新教要求夫妻双方的性忠诚，不能不反对双重性道德标准。妻子应该对丈夫忠诚，同时丈夫也应该对妻子忠诚。新教反对盲目的狂热的两性之爱，提倡理智的有利于家庭与社会的、建立在互相履行责任与义务基础上的夫妻情分，它不是双方身体上的互相吸引，也不是感情用事的爱，而是互相为对方牺牲。在16世纪，建立在爱与情谊基础上而不是单纯为了传宗接代和家庭利益的婚姻可以防止通奸和离婚，这已经是一种共识。虽然一般而言反对纯粹的感情婚姻，但也不主张冷淡的无爱情的婚姻。不管怎么说，一个社会总会有恩爱夫妻，也会有不幸的婚姻。确定一个社会中的夫妻是否友爱几乎是不可能的，也是没有多大必要的。但是，了解和认识这个社会对夫妻情感的理解和要求无疑应该是有益的。因为，道德家的说教总是会与一定的社会实际有关。正确的生活方式与现实的生活方式之间，理想与现实之间必定存在着互动关系。生活既是创造性的也是适应性的，源于经验的理想，以寓言、规劝和法律的形式表现出来，反过来又可以塑造生活。

[1] William Whately. a bride-bush(1617), B2, in Thompson. Torri L.(ed). *Marriage and Its Dissolution*, v4, p317.

第四章　近代早期英国婚姻缔结的新观念

在婚姻缔结方面，近代早期英国社会对结婚的禁忌、婚姻的构成条件以及结婚的仪式和程序都有不同于中世纪教会婚姻规范的看法。在宗教改革初期，教会所规定的18种婚姻禁忌中有些就被废除了，其中最明显的变化体现在禁婚亲等和禁婚日期的松动，而禁婚亲等问题引起的讨论和争议尤其多。中世纪教会认为婚姻构成的最基本要素是当事人双方自己的同意，而此时英国社会开始强调父母同意在儿女婚姻中的重要地位，并且要求结婚首先要具备一定的经济基础，结婚双方要在生理上和心理上成熟，因而也反对过早的婚姻，甚至还干涉穷人结婚。中世纪的婚礼仪式作为天主教仪式的一部分，一直遭到来自改革者的批评，但最终只是对它做了些微调整，不过婚礼仪式在革命期间曾短暂地发生过很大变化。在结婚的程序中，订婚的重要性下降，教堂婚礼的重要性增强。社会更加强调整个结婚程序的公开性，对秘密婚姻的整饬也更加严厉。

第一节　结婚禁忌的变动

中世纪罗马教会的婚姻法一方面承认秘密婚姻，鼓励了不成熟的意气用事的婚姻，另一方面却又给婚姻的缔结确立了诸多的禁忌，这又给成熟的合理的婚姻造成了许多的法律障碍。终结秘密婚姻和更现实地界定结婚障碍成为16世纪新教和世俗法规的重要目标。

罗马教会设置的多种婚姻障碍，在1553年的《教会法改革草案》（*Reformatio Legum Ecclesiasticarum*）中开始出现变化。如果结婚时一方已经知道对方没有生育能力，那么该婚姻就不能被宣告无效。聋哑人也可以结婚，因为他们可以用手势等其他方式表达自己同意与某人结婚。定立婚约的法定年龄提高了，男子年龄从14岁上升到17岁，女子年龄从12岁上升到14岁。在结婚的禁忌上，英国这一时期比较的明显的变化主要体现在禁婚亲等和禁婚时间两个方面的变化。

禁婚亲等之所以会受到诸多的关注，并且首先发生较大的变化，主要与以下几个方面的因素有关，而且具体的变化也主要体现在三个方面：一是亨利八世个人的需要；二是新教徒否认教会的权威而强调《圣经》的权威；三是在现实生活中，娶亡妻姐妹为妻所引起的争议。

首先，禁婚亲等在英国的变化是由亨利八世的第一次、第二次和第五次婚姻所引发的。因此有必要先了解他与这三任妻子的关系。

亨利八世的发妻阿拉贡的凯瑟琳是他的寡嫂。第二任妻子安·博林是他的一名情妇的妹妹，安·博林还曾与亨利·珀西（沃尔西的一名扈从）定下婚约。第五任妻子凯瑟琳·霍华德与安·博林是表亲关系。这些关系按道理都属于天主教教会所规定的禁婚亲等的范畴，但是无论是亨利八世自己还是罗马教会都有自己的一套解释理论。亨利与寡嫂的婚姻得到了教皇的特许，即教会豁免了他与凯瑟琳之间的结婚禁忌。后来，亨利八世为了废除这桩婚姻而要论证这种禁忌是无法被豁免的。与此相反，为了维护自己与安·博林以及凯瑟琳·霍华德的婚姻的合法性，他又要论证自己与她们的关系不在神法所规定的禁婚范围内，而教会的规定是无效的。

亨利与凯瑟琳的“离婚案”激起了对血亲与姻亲禁忌大规模的广泛的讨论，人们在到底应该禁止什么等级内的亲属结婚上各持己见。对于亨利及其支持者而言，关键是要调和《利未记》和《申命记》的矛盾。前者规定人不能娶亡兄之妻，而后者规定如果兄亡无子，那么弟有义务娶寡嫂以帮助哥哥传宗接代。调和的办法就是认为《申命记》的规定只适用于犹太人，这产生一个直接影响禁婚亲等变化的结果，即强调《利未记》的权威，认为《利未记》的规定才是上帝的规定，而神所禁止的，人无权予以特赦。

1534年的《嗣位法》规定与凯瑟琳的婚姻无效，与安·博林的婚姻才是合法有效的。除此之外，还对禁婚亲等做了特别规定。该法规定男人不能娶以下女子为妻：母亲或继母、姐妹、（外）孙女、同父（母）异母（父）的姐妹、姑妈、姨妈、婶婶、儿媳妇、兄嫂或弟媳、妻子的女儿以及（外）孙女、妻子的姐妹。这是上帝的律法所规定的，任何人都没有权利对上帝的律法进行豁免。任何违反这些规定的婚姻都是无效的，这种婚姻所生的子女也是非法的，没有合法的法律地位，任何的特赦也是站不住脚的。至于那些已经违反规定结婚而还没有解除该非法婚姻的夫妻，大主教、主教和其他牧师都可以判决他们分开。[1]显然这些规定与《利未记》的规定非常接近，而其中的禁婚范围要远远小于罗马教会的规定。它不仅明确指出不能娶兄嫂为妻，而且规定任何牧师都对非法婚姻有判决权。这种禁婚亲等上的变化也显然是为了帮助亨利八世达成自己的目的。

与安·博林的婚姻同样令亨利失望，因此他也要解除该婚姻以娶简·西蒙。1536年的法律再次重申1534年法律对亨利与凯瑟琳的婚姻的观点，同时也规定与安·博林的婚姻无效，而与简·西蒙的婚姻才是有效的。由于亨利与安·博林的特殊关系，该法律规定的禁婚亲等与1534年的法律基本一致，但是特别强调性关系在构成姻亲关系上的作用，而且还依此扩大了禁婚范围。比如，儿子不能娶母亲和与父亲圆房的继母，不能娶与叔伯圆房的婶婶，父亲不能娶与儿子圆房的儿媳妇，任何人不能娶兄弟已经圆房的妻子，任何已婚者和与妻子已经圆房的人都不能娶妻子的女儿、（外）孙女和姐妹。该法还规定，如果某人碰巧与一女子发生了性关系，那么双方所有上述的血亲和姻亲都属于禁婚之

[1] 25 Hen.VIII.C.22. *Statutes of the Realm*, v3, p472.

列。[1] 虽然亨利已经将安·博林以通奸罪论处，但该法显然是为了将她列入亨利的禁婚范围之内，因为亨利与她的姐姐发生过性关系。这样就使亨利与安·博林的婚姻成为确定无疑的无效婚姻，以免危及到他与简·西蒙的婚姻的合法性。

1540 年，为了使自己与凯瑟琳·霍华德的婚姻合法，亨利又对禁婚亲等做了新的规定。1540 年法律抨击了罗马教会的两种篡权行为：一是以婚前先约[2]的名义解除婚姻；二是特许堂（表）亲婚。该法指出罗马教会禁止堂（表）亲婚完全是为了图名谋利，而且依据神法这种婚姻完全是合法的。这就使所有的堂（表）亲婚合法化，显然这消除了亨利与凯瑟琳·霍华德之间的结婚障碍。同时，该法律也否认了婚前先约的效力，规定它不能作为无效婚姻的条件，这主要是为了保证安·博林所生之女伊丽莎白的合法地位。最后，该法还特别指出所有在《利未记》禁婚范围之外的婚姻都是无可指责的。[3]

可见，亨利的改革措施具有很强的功利性，完全是为了达到某一时的目的而调整政策。但是不管怎么样，规定一旦有了法律的权威，不可能不产生一定的社会影响。托马斯·富勒这样评价亨利与凯瑟琳·霍华德的婚姻："这一婚姻给这个国家带来的最大的好处就是使堂（表）亲之间获得了结婚自由，此前这是被教会法所禁止的，之后，这得到了普通法的允许；上帝在《圣经》中开启了自由之门，而教皇为了私利将其关闭，现在国王又将它打开了，起初只是为了自己的婚姻得到承认，但也便利了那些步他后尘的人。"[4]

姑且不论这种自由是好是坏，在罗马教会的规定被否定之后，亨利的法律由于过于功利性而没有能够真正确立新的禁婚亲等，因此这一问题仍然尚待解决。而且，王位的继承问题也使这一问题更加复杂。因为废除无效婚姻的一个结果就是会使婚生子女丧失法律身份，成为私生子。亨利前两次婚姻的法律地位关系到玛丽与伊丽莎白的法律身份，因而也关系到王统继承的合法性。亨利既要使婚姻被废除，以使之后的婚姻以及所生子女的合法性毋庸置疑，最后又

[1]　28 Hen.VIII.C.7. *Statutes of the Realm*, v3, p658.

[2]　Precontract, 即在结婚之前已经与他人定下有效的现在时的婚约。

[3]　32 Hen.VIII.C.38. *Statutes of the Realm*, v3, p792.

[4]　Goody, Jack. *The Development of the Family and Marriage in Europe*, p173.

还是要让所有婚生子女都获得合法身份，这就不能不费一翻周折。在这种反复变化中禁婚亲等的界定只会更加复杂。而都铎王朝以后的历史发展，尤其是玛丽与伊丽莎白依次继承王位，又进一步使问题复杂化。

其次，禁婚亲等的变化也受到了新教思想的影响。

新教思想家一般都强调《利未记》的权威，认为除此之外的规定都是罗马教会居心不良地杜撰出来的。欧洲大陆改革者对《利未记》有两种不同看法：一种是认为《利未记》囊括了所有的禁婚对象，除此再没有其他禁婚对象；另一种认为《利未记》的规定只是例证性的，可以依此类推，也就是说只要亲等关系与《利未记》中所提到的一致，那么就在禁婚之列，而具体的禁婚对象并不一定要在《利未记》中明确指出。前者以马丁·路德为代表，而后者的代表人物是加尔文。上述亨利八世的律法显然体现了路德的观点，因为在当时它更加实用，并不是说这派观点在英国很流行。实际上，英国之后的发展是倾向于加尔文的观点。不过，这两种不同观点之间的争议在英国也存在。

布林格的《基督徒婚姻守则》专门有一章论述这个问题，他认为男人不能娶以下妇女为妻：母亲、女儿、继母、继女、同父（母）异母（父）姐妹、亲姐妹、（外）孙女、祖母、姑妈、姨妈、侄女、婶婶、舅母、妻子的侄女、儿媳妇、岳母、兄弟的妻子、妻子的姐妹、妻子的（外）孙女、祖父的妻子。[1]虽然这对《利未记》的规定做了一点扩充，也比亨利八世的规定要宽泛一点，与罗马教会比较，布林格的禁婚范围显然已经大大缩小。多德和克利弗也特别指出在《利未记》中所禁止的血亲和姻亲范围内的人不能通婚，否则婚姻无效，而且还要遭到惩罚。[2]

1553年的《教会法改革草案》也在《利未记》的基础上重新规定禁婚的亲等，并同时指出《利未记》没有将所有禁婚对象一一列出，因为圣灵所指明的禁婚对象是可以类推的。比如，既然母亲不能与儿子结婚，那么同样，女儿也不能

[1] Henry Bullinger. Christen state of matrimony, C2, in Clair, William St & Maassen, Irmgard(eds). *Conduct Literature for women, 1500 to 1640*, v2, p70.

[2] Dod & Cleaver. a godly form of household, I2, in Clair, William St& Maassen, Irmgard(eds). *Conduct Literature for women, 1500 to 1640*, v3,p158.

与父亲结婚；娶伯叔之妻是非法的，那么同样也不能娶舅舅之妻。该草案在确立禁婚亲等时有两个原则：一是男人受禁的亲等，反之也适用于女人；二是既然夫妻一体，那么男人因血亲而受禁的亲等，则是女人因姻亲而受禁的亲等。它在重申了《利未记》中所规定的男子不能娶的对象后，还补充了其中所忽略的对象：岳母、祖母和曾祖母，因为她们都被称为“母亲”；重孙女之女及其以后的女儿，因为她们都是“女儿”；兄弟的女儿，姐妹的女儿以及她们的女性直系后代；兄弟的儿媳妇，姐妹的儿媳妇；妻子姐妹的女儿；舅舅的妻子；岳父母的姐妹。该草案废除了宗教亲属之间的结婚禁忌，指出既然宗教亲属在《圣经》中并没有提及，而且也没有任何合理可靠的原则作为支撑，那么它无论如何都不能成为阻碍婚姻的理由。[1] 可见，该草案的规定受到了布林格的很大影响。它禁止了所有的直系亲属之间的婚姻，对旁系的禁止只在二代以内，同时这也是首次明确地废止宗教亲属之间的通婚障碍。

不过，随着《教会法改革草案》的流产，它所规定的禁婚范围没有能够真正形成制度得到贯彻。

再次，当时社会对娶亡妻姐妹为妻有很大争议。虽然《利未记》没有明确禁止这种婚姻，但是根据类推的原则，这种婚姻也属于禁止的范围。男人不能娶自己兄弟的妻子，那么同样女人也不能嫁给自己姐妹的丈夫。而且，既然前一情况不受兄弟在世或不在世的限制，那么后者也是如此。所以在 1561 年主教们就达成一致意见：《利未记》禁婚范围内的婚姻都应该被废除，与亡妻的姐妹的婚姻属于无效婚姻。实际上违反这种规定的事件不断发生，人们没有真正认可对与亡妻姐妹结婚的禁止。

威斯特摩兰伯爵娶了自己亡妻的妹妹，并且写信给威廉·塞西尔为自己的行为辩护。他说，既然《利未记》没有明确禁止与妻子的姐妹结婚[2]，那么他所做的完全是神法所允许的，教皇禁止这种婚姻完全是为了出售赎罪券，既然现在福音的自由已经恢复，那么他所做的没有违反任何法律。他的观点被认为

[1] Bray, Gerald. *Tudor Church Reform*, Woodbridge : Boydell Press, 2000. pp261-262.

[2] 《利未记》（18：18）规定的是：“你妻还在的时候，不能另娶她的姐妹”，而没有规定不能娶亡妻的姐妹。

是对主教权威的威胁，所以他和他的妻子在约克教会法庭受审。塞西尔秘密致信给大主教杨，指示决不能放任这类无视法纪之行为。杨其实并不愿意废除这桩婚姻，但最终还是依命行事了。接着威斯特摩兰伯爵上诉，女王任命一个由大主教帕克所领导的委员会听取上诉。[1]

还有两个与亡妻姐妹的婚姻案件也起了推动作用。1562 年 10 月发生了一个类似的婚姻诉讼案，关于该案件的争论一直延续了 10 年。期间当事人托马斯·斯坦迪什一再地不服判决，拒绝解除自己的婚姻，最后的结果是他被囚禁在了约克城堡。1563 年主教朱维尔判决一桩类似的婚姻无效，但当事人不服并坚持上诉。朱维尔为此烦恼不已，写信给帕克说："我真宁愿法庭判决娶两姐妹是合法的，这样世界就不会有争议了。"[2]

以上这些案件说明此前的法律并没有能够解决实际的问题，需要制定进一步的措施。因此出台了帕克的《告诫》即著名的《帕克禁婚列表》（Parker's Table of Degrees）。帕克着手此事主要与上述的威斯特摩兰伯爵的婚姻案件有关。自此，与亡妻姐妹的婚姻再次遭到制度上的禁止，直到 20 世纪这种婚姻才合法化。

1563 年帕克的文章经女王批准用大幅纸张出版，这显然是为了便于在所有教区的教堂张贴。以男子为例，根据《帕克禁婚列表》，他不能娶的对象有三十个：祖母、祖父的妻子（继祖母）、妻子的祖母、父亲的姐妹（姑妈）、母亲的姐妹（姨妈）、伯叔之妻（婶婶）、舅舅之妻（舅母）、岳父的姐妹、岳母的姐妹、母亲、继母、妻子的母亲（岳母）、女儿、妻子的女儿（继女）、儿媳妇、姐妹、儿子的女儿（孙女）、女儿的女儿（外孙女）、儿子的儿媳妇（孙媳妇）、女儿的儿媳妇（外孙媳妇）、妻子的孙女（继孙女）、妻子的外孙女（继外孙女）、兄弟的女儿（侄女）、姐妹的女儿（外甥女）、兄弟的儿媳妇（侄媳妇）、姐妹的儿媳妇（外甥媳妇）、妻子的姐妹、兄弟的妻子、妻子的兄弟的女儿（舅

[1] Carlson, Eric Josef. *Marriage and the English Reformation*, p90.

[2] Ibid, p93.

侄女）、妻子的姐妹的女儿（姨侄女）。[1] 由此可见，《帕克禁婚列表》与《教会法改革草案》的规定基本上是类似的，只不过前者将后者未能贯彻的东西付诸实践了。

重新厘定结婚禁忌的任务自亨利八世就开始了，直到伊丽莎白时期才有了一点结果。虽然《帕克禁婚列表》没有多少创新之处，但毕竟英国自此对结婚禁忌有了明确的制度规定。《帕克禁婚列表》出版后，每个教区都要求在教堂张贴一份。主教在巡查中经常注意到那些没有照办的人，并要求这些人保证弄一份贴在教堂里，甚至还试图要求牧师每年将其中的内容对民众宣读两次。1603 年的宗教法将《帕克禁婚列表》作为对神法的权威解释，1681 年被附在《祈祷书》后，其效力一直延续到 1940 年。就此看来，不管在具体实施过程中会遇到什么问题，不论社会上还会有什么样的乱伦婚姻，《帕克禁婚列表》至少解决了自亨利八世以来在禁婚范围方面制度上模糊不清的问题。

具体关于禁婚日期的讨论与争议的材料所见不多，不过在实际生活中相关的禁令确实不再很严格。下面就简要阐述一下结婚禁忌在禁婚日期方面所发生的变动。

根据罗马教会的三个禁婚时期，即降临节、四旬斋和祈祷日，12 月、2 月、3 月和 5 月基本上属于禁止结婚的月份，尤其是 12 月和 3 月。这些禁忌在宗教改革后，就逐渐废弛了。婚姻数量的季节性波动越来越受到经济活动的季节变化的影响，而不再受宗教禁忌的制约。

新教徒一般都不承认罗马教会对结婚日期的限定，而且教会法庭对违规行为也并不很在意。1553 年《教会法改革草案》规定人们可以在一年的任何时候结婚，只是地点必须是在其中一方所在的教区。取消禁止结婚季节（主要是降临节和大斋节）的议案在 1585 年被下院通过。1599 年在伊利主教区，只有三对夫妻因在受禁的日子结婚而遭控诉。其中有一对夫妇承认了对自己的指控，但是他们的婚姻除此之外无可指责，因此他们被无罪释放了，而主持婚礼的牧

[1]　Goody, Jack. *The Development of the Family and Marriage in Europe*, p179. 因为西方家庭和亲属称呼的特殊性，而且在不同的时期对类似的对象会有不同的称谓，所以翻译过程中首先采取了直译的方式，以便于了解某些细微差别，括号中的部分是作者为便于理解而根据中国的习惯的意译。

师宣称自己不知道那个时候不许结婚，因此他也被释放了。通过16、17世纪英国各月份结婚的数量对比，可以清楚了解英国宗教改革后的变化趋势。[1] 如本书第106页表4-1所示：

表 4-1

月份 年份	1	2	3	4	5	6	7	8	9	10	11	12
1540-1599	124	86	8	61	98	117	109	70	102	184	201	41
1650-1699	89	102	43	129	137	123	87	60	96	131	135	72

在3月和12月，结婚数量的增长最为明显可见，英国人很快就不再遵守降临节的结婚禁忌，而四旬斋的结婚禁忌也慢慢松弛了。

第二节　构成婚姻的条件

中世纪教会强调男女双方同意的决定性作用，这危及父母在儿女婚事上的权威，而且还成为滋生家庭不和与法律争端的温床。当然，中世纪教会也曾要求婚姻的公开性，但这么做的原因主要是为了避免乱伦、重婚，而不是为了维护父母的权威。到了16、17世纪，英国社会越来越要求子女结婚需要经过父母的同意，同时主张在婚姻上父母与子女的意愿的和谐。社会也越来越强调结婚要具备一定的社会经济条件，双方要在生理和心理上成年，甚至还对穷人的婚姻进行干涉。

一、父母同意的必要性

威廉·哈灵顿关于婚姻的观点非常传统，他写于1528年的《婚姻赞》甚至将婚姻列为圣事之一。他说，众所周知，人们确实可以通过表达自己的同意来缔结神圣的婚姻。[2] 在婚姻的构成条件中，哈灵顿完全没有提到父母同意的

[1] David, Cressy. "The Seasonality of Marriage in Old and New England.", *Journal of Interdisciplinary History*, Vol.16, No.1, 1985. p5.

[2] Powell, Chilton Latham. *English Domestic Relations, 1487-1653*, p40.

问题。他的观点应该代表了宗教改革前英国的主流观点。不过，这种观点很快就开始有所改变。

宗教改革时期，大多数新教牧师都认为没有经过父母同意的婚姻是无效的。但在英国宗教改革后的法律中，只有在女继承人的婚姻和教士的婚姻上，必须要有父母同意，而其他没有经过父母同意的婚姻还是有效的。大多数新教人士对此都感到不满，坚持不管是男孩还是女孩，结婚都应该经过父母同意。结果，对此展开了大量的讨论，政府也开始试图改变传统的政策。值得注意的是，新教思想家强调父母同意的重要性并不是意味着他们完全无视子女的个人意愿，他们在此问题上的立场是子女不能不经父母同意就与他人私定终身，同时父母也不能违背子女意愿强迫子女与某人结婚或不与某人结婚。

布林格非常重视婚姻中父母同意与子女同意的问题，在其《基督徒婚姻守则》一书中分两章论述了该问题，其中第五章专门论述子女缔结婚姻应该先经过父母的同意，第六章专门论述在儿女的婚姻上父母不能滥用自己的权威。[1]布塞尔在呈给爱德华六世的书中也力劝国王对教会婚姻法进行改革，规定没有经过父母同意的婚姻无效，同时父母也不能滥用权威。[2]托马斯•培根在他的《教义问答手册》中也非常详尽地阐述了他在这个问题上的观点。他认为为人子女者，尤其是为女儿者，在自己的终身大事上要听从父母的意见，同时为人父母者，也该体谅孩子的愿望和心思。[3]

一般而言，他们之所以要重视父母对儿女婚姻的权利是基于以下几点考虑。

首先是意识到不经过父母同意而缔结秘密婚姻的危害，认为这种轻率的结婚行为对家庭和社会都是不利的。布塞尔说，即使父母完全不知情或并不同意，即使婚姻完全是出于盲目的爱与肉欲，是由于引诱者的狡猾与被引诱者的轻浮，

[1]　Henry Bullinger. the Chriaten state of matrimony, B2-B4, in Clair, William St & Maassen, Irmgard (eds). *Conduct Literature for Women 1500-1640*, v2, pp53-60.

[2]　Martin Bucer. The Judgement of Martin Bucer, John Milton(trans), 1644.C. in Thompson, Torri L.(ed). *Marriage and Its Dissolution in Early Modern England*, v4, p381.

[3]　Thomas Becon, Catechism, in Clair, William St & Maassen, Irmgard(eds). *Conduct Literature for Women 1500-1640*, v2, pp297-280.

教会也承认它是有效的婚姻，这使子女对家庭和社会缺乏应有的责任感。[1]

其次是认为，子女不具备足够的判断力，没有缔结婚姻所需要的理解力，因此，父母的同意不仅是必要的而且是有益的。比如，托马斯·培根认为到达适婚年龄的孩子不能听凭自己盲目的判断、愚昧的幻想、情欲和肉体之欢的摆布，而是应该听从父母深思熟虑的、贤明的、审慎的、睿智的劝告。父母的智慧和经验都让他们在婚姻问题上比孩子更有高见。布林格甚至还说，给予子女自行结婚的自由无异于给疯子一把剑，给儿童一把刀，只会伤及自己和他人。

最后就是认为服从父母是儿女的职责，孝敬父母也是神的律法所要求的，而且这种服从也要体现在对自己的婚事的安排上。托马斯·培根认为，在婚姻事务上，孩子应该服从父母。那些没有父母的祝福、不经父母同意就试图自作主张的人是大逆不道之人，他们的婚姻也很少会有善果。这种人既不畏惧上帝，也不服从父母，只图自己的一时之快，他们的婚姻不可能成功。布林格指出忤逆父母者在各国都是要受到惩罚的，并且认为不经父母同意就将其子女借婚姻之名拐走与盗窃无异。

当然，如果全然不顾当事人自己在婚姻上的意愿，那么这所导致的结果会和无视父母的意见一样危害家庭和社会。婚姻虽然牵涉到家庭和社会的利益，但它毕竟还是个人事务，违背个人的意愿同样也很容易导致不幸的婚姻，所以为人父母者也不能强迫自己的子女结婚，不能在子女未达适婚年龄时就为其缔结婚姻，也不能因为自己的权力而对子女干涉过多，不能滥用自己的权力。这种观点也成为一种共识。布塞尔甚至指出如果父母不认可子女的正当要求，滥用自己对子女的权力，那么，他们的朋友应该劝告、恳求和说服他们；如果这样没有效果，就由教会长老来劝说；如果心肠硬的父母还是不听，治安法官就应该行使其权力，以免合适的婚姻遭到不合理的阻碍，以免子女被迫缔结不合适的婚姻。

因此一般都认为在婚姻问题上，子女的同意应该与父母的权威同等重要，都应该予以考虑。父母必须正当地行使自己的权力，不得滥用权力。父母应该

[1] Ozment, Stevent. *When Fathers Ruled*, p29.

为子女缔结婚姻，但须以子女的利益和幸福为出发点，不能无故阻碍子女的选择。婚姻大事毕竟主要与子女相关，父母的权威与子女的意愿最好是能够达成一致，一起缔结完美的神圣的受到赐福的婚姻。持这种折中观点的人往往会使用《圣经》中《创世记》第 24 章利百加的故事作为证据。亚伯拉罕的仆人提亲之后，应允婚事的是利百加的父亲和兄长。当仆人提出要利百加随他去与以撒成婚时，她的兄长和母亲说："我们把女子叫来问问她。"他们叫来利百加，问她："你愿意和这人同去吗？"她回答说："我愿意去。"人们因此认为在婚姻方面，子女应该服从父母的权威，同时子女的意愿也不应该被忽视。

在这种观点的影响下，英国终于开始在法律上规定没有经过父母同意的婚姻是无效婚姻。1553 年的《宗教法改革草案》规定："子女或孤儿在父母或监护人不知情和不同意的情况下缔结的婚姻是应该遭到谴责的，也是无效的，这符合《圣经》教义、虔诚和正义。既然如此，我们禁止子女或孤儿不经过其监护人同意就结婚。否则，我们规定他们的婚姻是无效的。但是，如果父母和监护人不能提供好的条件，或过于苛刻和严厉，子女可以向治安法官申诉，在其指导下解决问题，而且整个事件都应遵从治安法官的裁判。"[1] 尽管不断有人支持这种措施，1597 年的教士会议还是重申了传统的原则，指出在婚姻中当事人双方个人同意是最为重要的，家族、荣誉和财富等方面的声望和朋友的赞同都不是必要的。1604 年的教会法的规定显然较为杂乱，可能是在试图走中间路线。该法规定年龄不到 21 岁的人如果没有父母或监护人的同意则不能结婚，如果是特许证婚姻，不管双方的年龄有多大都需要有父母同意的证明。不过其中并没有明确宣布违反规定的婚姻是无效婚姻。

在 17 世纪，对于年龄未满 21 岁的人，社会强烈要求他们要先取得父母的同意然后再结婚。尽管并非所有的道德家都满意这种措施，但是他们都同意平衡个人与父母的利益。一般都认为子女应该经过父母或监护人的同意再结婚，这主要是针对年龄较小的人而言。但有些人在讨论该问题时并不顾及年龄问题，还有些人甚至认为再婚也要经过父母同意。另一方面，很多道德家也强调父母

[1] Bray, Gerald. *Tudor Church Reform*, p249.

强迫子女与自己讨厌的人结婚是错误的，他们谴责那些为了物质利益或家族利益而不顾个人幸福的包办婚姻。显然，理想的状态并不是父母的专断，而是在父母指导为原则下的多方利益的调和。[1]

多德和克利弗的《虔诚之家政》与古奇的《论家庭责任》是17世纪有代表性的论述家庭伦理的著作，二者的观点也有很多相近之处，对父母同意的强调也是一致的。《虔诚之家政》将结婚的步骤分为三个，即许婚、订婚和结婚。其中每个过程都要有父母同意，当然父母也不能强迫子女。一方面，许婚要完全出于双方的自愿，父母不能威逼利诱子女同意某一桩亲事，否则治安官应该废除这种婚约。另一方面，父母的同意与许可非常重要和必要，没有经过父母同意的许婚是无效的。订婚首先也要经过父母同意，然后才是当事人的同意。从该书中所规定的订婚用语中我们也可以得知父母同意的重要性。男方说“我，某某，愿意允诺与你，某某结为夫妻。若蒙上帝所愿，而我也有幸活着，不管我们的父母认为什么时候是好的合适的婚期，在此之前我都将你作为我唯一的订婚的妻，以圣父、圣子和圣灵的名义，我与你订婚。”女方也说类似的誓言。然后，父母确定婚期。如果没有什么问题，约定的婚期到了两人就可以完婚了。[2]《论家庭责任》也认为婚姻应该经过父母的同意后缔结，服从父母是为人子女的职责，没有父母同意就结婚是不合情理的。古奇还认为没有经过别人父母许可就与其子女结婚是将子女从父母身边盗走。牧师在没有父母同意的情况下为人主持婚礼也是不对的。为子女安排婚姻也是为人父母者的职责。[3]

《虔诚之家政》的这种审慎态度是很必要的。因为没有父母同意的婚姻不仅仅威胁到父母的权威，而且也会威胁到婚姻本身。如果从许婚开始就瞒着父母或违背父母的意愿，婚约会面临许多不稳定的因素，导致婚姻最终无法缔结，

[1] Ingram, Martin. *Church Courts,Sex and Marriage in England, 1570-1640*, Cambridge: Cambridge University Press, 1987. pp135-136.

[2] John Dod & Robert Cleaver, a godly form of household government, 1612, H4, I2-I4. in Clair, William St & Maassen, Irmgard (eds). *Conduct Literature for Women 1500-1640*, v3, p148, pp159-163, p166.

[3] William Gouge, of domestical duties, 1622, A4, in Clair, William St & Maassen, Irmgard(eds). *Conduct Literature for Women 1500-1640*, v5, p95, p97.

也容易因此发生纠纷和官司。

需要注意的是，为什么会这么强调父母同意的重要性，是不是因为在教会法的保护下社会上存在大量的子女忤逆父母、在婚姻上自作主张的事情？应该不是的。婚姻对于个人是个人私事，对于家庭是家庭事务。一般而言，理智的子女在与恋人定下终身之约前往往会考虑父母是否会同意这门亲事，自己的行为是否会对自己以及家庭造成伤害。桃乐茜·邓恩是肯特郡的一名女继承人，她在17世纪40年代给她的追求者威廉·泰勒写了很多情书，他们并没有结婚。从其中一封信中可以了解她在该问题上的看法。她说："上帝不是命令子女服从父母吗，忤逆我的父亲而与你私奔，这对于我难道不是罪孽吗？我这么做会得到上帝的祝福吗？因为我的父亲已经多次警告我离你远点，他还说如果我对你有什么承诺，他都会非常不满并且不会承认。"[1]

如果说上面的主人公作为女继承人的身份比较特殊还不足以具有代表性，那么下面的例子应该更能说明问题。1615年，赫特福德郡的一名寡妇艾格尼丝被她父亲以前的一名仆人亨利·里奇起诉，后者宣称她曾经答应与自己结婚。但艾格尼丝辩护说她确实与亨利有过一些交往，但迫于父亲的压力，她并没有答应他追求自己。艾格尼丝已经是再婚，而且经济上也有了一定的独立性，但她显然还是要服从父亲的意愿。[2] 或许，艾格尼丝可能只是借父亲之名作为自己悔婚的借口，但不管怎么样，这种借口能够在法庭陈述本身就说明它是得到认可的。

即使如此，与欧洲大陆国家比较，在英国这个问题还是比较突出。直到18世纪英国人的结婚自由远大于法国和德国等国的人。孟德斯鸠说，英国女孩经常根据自己的爱好结婚，根本不与父母商议，因为法律允许他们这么做，而在法国，法律规定子女要经过父亲同意后才能结婚。恩格斯也指出，在德国等大陆法系国家，子女结婚必须先要取得父母同意，而在普通法系国家，父母同意

[1]　Crawford, Patricia & Gowing, Laura(eds). *Women's Worlds in Seventeenth-Century England*, London and New York : Routedge, 2000. pp169-170.

[2]　Ibid, p181.

根本就不是婚姻的法律要求。[1]12 世纪教会的同意原则确立后，在大陆就受到复兴的罗马法的冲击，因为罗马法强调父母的权威，在罗马法中的同意主要是指父母的同意，而不是当事人自己的同意。但是，英国受罗马法影响较小，而盛行的普通法支持教会法的原则。

宗教改革之后，大陆新教国家都纷纷强调父母在子女婚姻上的权威，甚至制定了制度和法律贯彻这种思想。路德提倡将子女的婚姻自主权完全交给父母。在奥格斯堡，新教教会实际上已经将婚姻司法权交给世俗权力机构，后者规定父母同意是有效婚姻的前提。现存的婚姻诉讼程序记录表明，父母还极力地要解除那些没有事先经过自己同意的婚姻。[2] 在英国直到 1753 年哈德威克婚姻法才在制度上要求合法婚姻要有父母同意，因此加强父母在子女婚姻上的权威的要求比其他国家要更强烈。所以在英国这种观点的兴起并非一个孤立的现象。

尽管在英国存在这种立法上的滞后性，但合法有效的婚姻只需要当事人双方自己同意的观点已经一去不返。父母同意的重要性得到普遍的重视，此外，结婚双方真正成年和具备一定的经济基础也被认为是婚姻的构成条件。

二、 适婚年龄与经济基础

中世纪教会规定的法定结婚年龄是女子 12 岁和男子 14 岁。宗教改革后，这种法律规定仍然在实行。所以，在理论上，人们可以很早结婚。在实际上，在 16、17 世纪人们结婚年龄一般都比法律限定的适婚年龄要晚，当时的人也非常反对早婚。虽然教会将未达法定结婚年龄作为婚姻的禁忌之一。不过在 16、17 世纪人们并不是从宗教禁忌的角度讨论结婚年龄，而是认为结婚需要具备两个基础条件，即生理和心理上的成年以及养家糊口的能力。对于后者的强调以致人们还干涉穷人的婚姻。

布林格认为父母必须认真地考虑子女结婚的年龄，因为早婚是不正常的，

[1] Macfarlane, Alan. *Marriage and Love in England:modes of reproduction 1300-1840*, p125.

[2] Bonfield, Lloyd. Smith, R.M. & Wrightson, K.(eds). *The World We Have Gained : histories of population and social structure*, Oxford: Basil Blackwell, 1986. p93.

也是不正当的。他从身体发育的角度认为女子的适婚年龄是 17 岁，男子的是 19 岁或 20 岁，他说年幼的母亲会因为不够身强力壮而产生很多问题，有的还会死于生产，所生的子女容易体弱多病。[1] 在 16 世纪到 18 世纪的医学著作中都有一种普遍的观点认为早婚是危险的。男人早婚会阻碍身体发育，正如幼小的果苗过早结果会阻碍其生长一样。由于会过早地经受生育的折磨，所以早婚对于正在长身体的女孩则更危险。早婚对于后代也是不利，父母还未发育成熟，子女也很容易发育迟缓和多病。甚至极力主张提高生育率的威廉·配第也认为男子最低结婚年龄是 18 岁，女子是 16 岁。[2]

结婚除了在身体上的要求以外，还有对心理的要求，即要求人们在社会意义上成年。英国人认为这对婚姻是必要的，而且他们认可的这种成年的年龄相对较大。16 世纪的托马斯·科根按照加伦的方法将人的生命分成儿童期（0 到 15 岁）、少年期（15 到 25 岁）、壮年期（25 岁到 35 岁）、中年期（35 到 49 岁）和老年期（50 岁以后）5 个时期。一般认为男女的成年期分别是 25 岁和 21 岁。1616 年出版的一本匿名书指出孩童时期的最后一个阶段始于 12 岁（女）和 14 岁（男），直到 28 岁或结婚的时候才结束。还有人认为，在 24 岁之前，人还是混沌无知的，没有判断力和足够的经验以自制。菲利普·斯塔布斯非常夸张地抨击了人们的早婚行为："还裹着尿布的婴儿，在他们还不能分辨好与坏的时候就被他们野心勃勃的父母或朋友许配了人。这种行为是许多邪恶之渊薮。"[3] 托马斯·培根也反对过早的婚姻，认为为了防止婚姻不幸，父母不应该很早就将儿女许婚，尤其不能为了自己的利益而用儿女未来的幸福做赌注，而是应该等到儿女到了适当的年龄，有了自己的判断力以后，再来缔结令各方都满意的婚姻。[4]

当时确实有些人认为男子不到 20 岁就结婚太早了。当一名 20 岁的贵格会

---

[1] Henry Bullinger, the Chriaten state of matrimony, B4, in Clair, William St & Maassen, Irmgard(eds). *Conduct Literature for Women 1500-1640*, v2, p61.

[2] Macfarlane, Alan. *Marriage and Love in England : modes of reproduction 1300-1840*, p212.

[3] Ibid, p134.

[4] Tomas Becon, the preface to <the Christen state of matrimony>, in Clair, William St & Maassen, Irmgard(eds). *Conduct Literature for Women 1500-1640*, v2, p24.

教徒面临某种促使他结婚的压力时，他回答说：“我还只是个少年，我必须先获得智慧。”当一名女士询问托马斯是否已经结婚时，他回答说：“我必须先具有智慧。因为我认为我还太年轻，还没有足够的经验和财富结婚。”17世纪晚期，传记作者威廉·斯托特在描述一名19岁的男子与一同龄女子的婚姻时评论说：“他们两个的年龄真是太小了，我觉得他们不可能会幸福。”[1]

根据教会法庭的记录，那些十几岁就打算结婚的人往往遭到反对甚至是嘲笑。他们的朋友、亲戚、邻居都会质疑他们是否已经有了足够的知识和经验去选择一个伴侣。在威尔特郡，一个不满16岁的女孩打算结婚，去找牧师询问她的年龄，牧师对她感到很愤怒，质问她是不是急不可耐地要找一个丈夫。[2]

除了生理和心理方面的要求以外，反对早婚更主要的原因是早婚往往会意味着经济上的匮乏。在英国，年轻夫妇成家后一般都会另立门户，因此他们要有独立的经济能力，并且还要运用自己的技能和财力独立抚育子女。因此自立与有能力对于婚姻至关重要。17世纪英国甚至有句谚语说“早婚是制造嫖客与妓女的工厂”。[3]菲利普·斯塔布斯甚至认为贫困家庭主要是过早的婚姻所致，他还设想通过抬高法定结婚年龄来解决这一问题。

托马斯·培根也持相同观点。他认为供养妻子是丈夫的职责之一，任何打算结婚的男人，首先要考虑的是他是否已经具备养家糊口的能力。如果没有，他就应该放弃结婚，直到他有了某种正当职业，可以养活自己以及家人。否则，他的家庭会因贫困而乞讨，由乞讨而盗窃，由盗窃而被绞死。出于卑鄙的原因，他们让自己的妻子去干见不得人的勾当。缺衣少食又不知何以为生，她们可能去出卖自己的肉体。这种丈夫最好是被绑上一块石头，扔到大海里去，而不应该随随便便就结婚，造出如此多的罪孽。[4]威廉·惠特利也强调说准备结婚的人必须要有一个正当的职业，即使不富裕，也应该要有足够的能力养活妻子。

---

[1] Macfarlane, Alan. *Marriage and Love in England : modes of reproduction 1300-1840*, p214.

[2] Ingram. Martin, *Church Courts, Sex and Marriage in England, 1570-1640*, p130.

[3] Macfarlane, Alan. *Marriage and Love in England : modes of reproduction 1300-1840*, pp214-215.

[4] Thomas Becon, Catechism. in Clair, William St & Maassen, Irmgard (eds). *Conduct Literature for Woman 1500-1640*, v2, pp272-273.

这种观点得到了广泛的认可，甚至出身低微的人也认为应该这么做。1622 年，威尔特郡的一个叫约翰·格雷的农夫拒绝结婚，他认为自己还不能结婚因为他既没有房子也没有能力租房子供妻子居住。

当 16 世纪晚期和 17 世纪早期社会贫困加剧、人们越来越忧虑穷人的数量时，早婚问题更加引人争议。虽然社会可以要求人们直到可以养家糊口时再结婚，但是，惠特利和其他人都知道因为贫困而剥夺人们结婚的权利是违背基督教原则的，因为基督教主张所有人的婚姻都是合法的，不论其职业或地位。尽管如此，教区官员和当地牧师实际上更情愿采取直接的行动，并且越来越努力阻止非常贫穷的人结婚，不管他们有多大年龄，以免他们及其妻儿成为济贫的负担。因此，1628 年多塞特的一名牧师谈到一个叫安·罗斯德的女人时说，她没有自己的房子也没有自己的家，很可能会成为教区的负担，因此不能在本教区结婚。阻止穷人结婚与教会法背道而驰，但教会法庭对此无动于衷。到詹姆斯一世时期和 17 世纪中期时这种做法在英国各地已经非常普遍了，以致人们对此习以为常，不再有什么评论了。[1] 在穷人婚姻所面临的困难中，可以清楚地看到基督教关于婚姻的原则如何服从于现实的需要，英国教俗当局如何为了解决现存的社会问题而公然地违背所谓的同意原则。

在埃塞克斯的尤珀明斯特教区，一名叫罗伯特·约翰逊的雇工与伊丽莎白同居一年，并生有一子。结果他后来潜逃到伦敦，并辩解说如果教区居民允许，他就已经和伊丽莎白结婚了。1617 年在埃塞克斯的特岭，另一名雇工因为生活不检点而被起诉。在教会法庭上，他辩解说他与他的情人已经缔结了婚约，他们的结婚预告也已经公布了，如果教区居民允许他们结婚，他们早就已经结婚了。[2] 北布拉德利的理查德·盖伊在 1618 年宣称当地牧师拒绝为他公布结婚预告，因为教区居民不希望他这个 73 多岁的人娶一个很年轻的妻子。实际上经济原因才是问题的关键，盖伊不仅年迈而且很贫穷，教民当然会担心他要是

---

[1]　Ingram, Martin. *Church Courts,Sex and Marriage in England, 1570-1640*, p130.

[2]　Wrightson, Keith & Levine, David. *Poverty and Piety in an English Village : Terling, 1525-1700*, New York : Academic Press, 1979. p80, p135.

死了，他的妻子会成为教区的负担。[1]1654年1月，在林肯郡公布了爱德华·马丁与简·古德温的结婚预告，结果有三个人为了自己和其他居民的利益而反对该婚姻。他们这么做的理由：一是马丁的婚姻经历令人怀疑，尽管他在附近和本地都做过工，但不清楚在此之前他居住在什么地方，不知道他是谁，也不知道他是已婚还是未婚。他们主张在婚礼之前要先弄清事实真相；二是马丁目前的经济条件也有问题，据他们所知，马丁非常贫穷，甚至连栖身的房子都没有。他们希望马丁在结婚之前找个富有的人做担保，以免他以及他的家人成为济贫的负担。所以，马丁的结婚计划搁浅了，直到他能保证自己不会成为教区的负担。[2]

为了防止一些人违背教区的意愿，一意孤行地结婚，教区对这些人还有相应的处罚措施。1628年在埃塞克斯的芬青菲尔德，教区委员会决定 如果威廉·拜弗利特违背镇上居民的意思与苏珊·克罗斯雷结婚，那么他募捐来的东西将被扣押。此外，坎特伯雷的一名宣誓证人说，教区居民威胁爱丽丝说，如果她不服从他们对她婚姻的阻碍，他们就要把她逐出教区。[3]

复辟后，社会上又开始出现对限制穷人婚姻的评价。因为此时人口压力开始减小，《定居法》也开始理清教区各自的责任，控制穷人婚姻对社会不再那么有利。从这些评论中，可以反观17世纪中期以前，控制穷人婚姻的政策的实施情况。约翰·约翰逊注意到，一些教区官员擅自禁止公布结婚预告，理由是当事人很贫穷，而且也可能成为教区的负担，或者因为根据《定居法》男方还不是本地居住者。卡鲁·雷纳说："在许多乡村教区有这样一种风俗，人们尽可能地阻碍穷人结婚。"威廉·考文垂说，在允许穷人定居之前，针对茅舍农、寄宿者的法律确保穷人不给教区增添负担的方法，就是阻碍他们结婚。达德利·诺斯相信，官员们为了使自己的教区避免济贫负担，不仅阻止新的定居者进入，而且极力阻碍穷人的婚姻，甚至还妨碍那些有可能贫穷的年轻人结婚。

[1] Ingram, Martin. *Church Courts, Sex and Marriage in England, 1570-1640*, p41.

[2] Hindle, Steve. "The Problem of Pauper Marriage in Seventeenth-Century England.", *Transactions of the Royal Historical Society*, Vol.6. No.8, (1997). p77.

[3] Ibid, p79.

他认为这么做的原因可能是因为穷人会生育过多的子女，而自己无力抚养，因此会增加教区的济贫负担。[1]

因此，结婚的条件绝不仅只是双方的同意，也不只是要达到法定的年龄，而是还要符合社会本身的要求。人们要结婚则不仅要在身体上和心理上成熟，而且还要在经济上独立。其中后者尤为重要。除了上述的一些观点和实际的做法，英国对此还有一些特定的制度规定。1563年《学徒法》的部分意图是为了防止过早的婚姻。它规定男子最低出师年龄是24岁，女子是21岁，这也是为了推迟年轻人成为适婚人群。所以婚姻不仅要受到伦理的规范和法律的制约，还要受到社会经济条件的控制。

尽管英国没有一部法律规定穷人的婚姻是非法的，而且1553年的《教会法改革草案》还专门规定任何人都被准许结婚："既然婚姻是一个合法的虔诚的习俗，可以防止许多可耻之事的发生，这种做法得当，我们愿意婚姻不断地被缔结。我们并不因为社会地位、阶级和年龄而阻止任何人结婚"。[2]而且根据基督教的思想，在上帝面前人人平等。但是，阻碍穷人结婚、破坏穷人婚姻的现象不时发生。有时候为了减轻济贫负担，社会又强迫某些人结婚。教会强调婚姻需经当事人的同意，而强迫婚姻是无效婚姻。但是，如果某女子未婚先孕，治安法官会迫使孩子的父亲娶该女子，以免他们的私生子没有人抚养而需要救济。这说明在社会的贫困问题面前，穷人的婚姻完全受到经济需要的限制，而道德与法律的作用消弭在人们强烈的求生与自保的意识之中。

在这些因素的作用下，现实生活中人们结婚的年龄要远远大于法定的年龄，也大于道德家们所主张的年龄，一般都是25岁左右甚至更晚才结婚。根据1619年到1660年坎特伯雷主教区的结婚特许证，对初婚年龄的研究显示，女子13岁结婚的有一名，15岁的4名，16岁的12名，其余都超过了17岁，其中过19岁的有966名，这占总数的85%。女子一般的初婚年龄是22岁，平均年龄是24岁。男子的初婚年龄一般要更晚，只有10名未满20岁就结婚，

[1]　Hindle, Steve. "The Problem of Pauper Marriage in Seventeenth-Century England.", *Transactions of the Royal Historical Society*, Vol.6. No.8, (1997). p85.

[2]　Bray, Gerald. *Tudor Church Reform*, p253.

其中有 2 名 18 岁，最普通的年龄是 24，平均年龄是 27.75 岁。总体而言，伊丽莎白一世和詹姆斯一世时期的男女平均初婚年龄是 28 岁和 24 岁。而且，社会上层与普通老百姓的初婚年龄的差距也并不大。

如下表 4-2 所示平均初婚年龄[1]：

表 4-2

	新娘	新郎
全部对象（1619—1660 年） 女 1 082 名，男 1 070 名	23.95	26.87
乡绅 女 84 名，男 84 名	21.66	26.54
贵族（1600—1625 年） 女 325 名，男 313 名	19.39	24.28
贵族（1625—1650 年） 女 510 名，男 403 名	20.67	25.99

因此，主导人们结婚年龄的不只是法律而且还有社会习俗。当时人们一般都认为只有积累了足以维持家庭生活的技能和财产后才可以结婚。实际上，除了同意之外，一定的经济能力也是结婚的重要条件。

第三节　结婚的程序与仪式

总体而言，在 16 世纪和 17 世纪的英国，结婚的仪式本身并没有发生很大的变化，只是在宗教改革后稍微做了一些调整，然后是在英国革命期间一度出现了显著变化。在结婚的程序方面，随着社会强化对婚姻的规范，订婚的法律地位开始下降，教堂婚礼的重要性加强。同时，政府更加要求结婚的公开性，并开始严厉打击秘密婚姻。

一、结婚仪式上的调整与变化

在亨利八世时期，随着宗教改革的逐步开展，在大陆新教思潮的影响下，

[1] Laslett, Peter. *The World We Have Lost*, London : Methuen and Company Limited, 1965. p82.

英国出现了许多新的婚姻观念，但是婚姻法以及婚姻仪式本身实际没有发生明显变化。到爱德华六世时期，由于宗教改革的进一步推进这种局面才有所改观。

爱德华六世时期宗教改革的激进性主要体现在教义的改革上，而礼仪方面的改革相对保守，很多旧的仪式都保留下来了。1549 年，克兰麦规定了新的婚礼仪式，与以往相比有如下变化：婚礼本身以前是在教堂门廊进行的，在爱德华六世时期，婚礼首次在教堂中殿进行，即仪式完全在教堂内部举行；开始时由教士宣讲婚姻的神圣地位和婚姻的目的；保留了戒指，但不再祝福戒指；最后，诵读福音书、布道，以宣布新婚夫妇领受圣餐而结束。克兰麦的这种做法是要在改革和保守之间达成一种妥协，因为在理论上已经废除婚姻圣事论，为了不引起动荡和不安，实际的仪式却仍然强调婚姻的神圣性并且伴有圣餐。1552 年《公祷书》的规定只有非常细微的变化，废除了保佑新婚夫妇的双十字架符号，也不再使用金银信物，因此新郎也不再说“以这金银为证”。除此之外，整个仪式都与 1549 年的规定完全一样。至此之后，《公祷书》对婚礼仪式的规定就再也没有什么变化了。

制度上的保守立场并不能说明现实思想观念的保守，而且激进的改革者显然不可能满足于这种无关痛痒的变化。后来，尤其是在 1571 年之后，戒指和圣餐都受到抨击。婚礼中使用的“我用我的身体尊重你”这类话也受到批评。这些都被清教徒斥之为“天主教的”东西。詹姆斯一世到达伦敦时，清教徒呈给他“千人请愿书”，其中要求婚礼中不用戒指。[1]

在教堂仪式结束后，新婚队伍会来到新郎家中举行婚宴。对如何适当地用宴会与欢庆活动来庆祝婚姻也有一些争议。宗教改革者都反对喧闹的、大操大办的婚宴，似乎没有人主张取消婚宴，只是有人对此尚有疑虑。如威廉·帕金斯在 1590 年写道：现在有问题提出来，问结婚是否应该用欢笑与宴会来隆重地庆祝。[2] 对婚宴观点比较独特的是独立派。由于该派反对结婚有任何的宗教仪式，因此将婚宴作为结婚的核心部分。他们这么做的目的一是为了通过婚宴

[1] [美] 克莱登·罗柏兹、[美] 大卫·罗柏兹著：《英国史》，贾士蘅译，台北：五南图书出版社 1986 年版，第 434 页。

[2] Powell, Chilton Latham. *English Domestic Relations, 1487-1653*, p25.

使结婚公开化，二是为了以婚宴取代教堂婚礼。

在英国革命后，由于清教和独立派思想的影响，婚姻仪式与习俗都出现了一些变化。1642 年批评国教婚礼仪式的人登上政治舞台后，婚姻改革也接踵而至了。

1643 年 10 月长期国会的议员开始考虑改革婚姻法。1645 年 1 月威斯敏斯特会议在《公共礼拜指南》中规定了新的结婚仪式。其序言指出："尽管婚姻不是圣事，也不是教会专管的事，而是人类共有的事，在任何国家都是公众关心的日常事务。但是，因为婚姻应该在上帝面前缔结，在人们步入婚姻的殿堂时，他们尤其需要从上帝的道中得到指导、指引和劝诫，需要得到上帝的祝福，因此，我们认为由一名守上帝道的牧师主持婚礼是有益的，他可以恰当地劝告他们并为他们祈福。"[1] 婚礼本身包括简短的劝诫和指导，男女双方交换誓言，牧师宣布二人结为夫妇，最后以祈祷结束。摒弃了戒指，新郎也不再说他会用自己的身体来尊重自己的妻子这种话。这种长老会的婚礼仪式要比国教会《公祷书》所规定的简短得多。

到 1649 年 9 月长老会改革显然失败了。1651 年，激进的独立派牧师休·彼得建议婚姻应该成为世俗的仪式，由治安法官主持。真正以立法形式规定这种新婚礼仪式的是 1653 年的贝尔朋议会。

1653 年 8 月 24 日，在经过了长期讨论之后，议会通过了"婚姻及婚姻登记法"。该法废除了教堂婚礼，代之以治安法官主持的世俗婚礼。它规定，所有 1653 年 9 月 29 日以后结婚的人都必须至少在婚礼之前 20 天向教区书记官提供自己以及父母的姓名，以便公布结婚预告。之后，书记官给他们一份证书，如果有一方未满 21 岁，上面还要有父母同意的证明，他们将证书交给当地的治安法官。治安法官为他们主持简单的世俗婚礼，期间新郎发誓自己要成为"深情的忠实的丈夫"，新娘发誓自己要成为"深情的忠实的服从的妻子"。法定的结婚年龄提高了，男为 16 岁，女为 14 岁。此后，任何其他形式的婚姻都得不到共和国法律的认可。如果结婚预告公布后，有任何人反对该婚姻，那么书

[1] Powell, Chilton Latham. *English Domestic Relations, 1487-1653*, p56.

记官就要在证书上做记号，让治安法官去调查此事。[1]

这种改革举措体现了从强调婚姻的宗教性到强调婚姻的私人性的转变，它得到了独立派的支持。其中弥尔顿尤为突出，1659年他在一篇文章中声明了自己的支持。他说："就婚姻而言，牧师要插手其中，声称没有自己主持仪式，婚姻就得不到认可、不能获得合法地位。但我在《圣经》中根本就没有看到这样的先例。很可能，这些人希望在婚礼上使用烦琐的仪式，因为这是有利可图的，也可以增强自己的权威，而不是仅仅为了见证人们的终生大事。他们含沙射影地说没有他们的祝福婚姻就不是神圣的，而婚姻本身就是世俗的风俗习惯，是家庭契约，是全人类共有的事，不是宗教的，而是人类的。因此，没有牧师及其所谓的祝福，婚姻也完全是合法的、神圣的。我们的神职人员否定婚姻是圣事，但又保留了仪式。直到最近议会才使婚姻摆脱了他们的桎梏，恢复了婚姻的世俗自由，并且将批准和登记婚姻的权力从教会手中转交给了世俗官员手中。"[2]

改革者想要的是革除婚姻缔结中存在的种种弊端，并且制定出统一的婚姻规范。但是，他们的目的不仅没有达到，反而使事情更加复杂，不仅没有形成统一的婚礼仪式，反而制造出更多的婚礼仪式。在50年代中期，很多人根据贝尔朋婚姻法的规定缔结婚姻，但是还有很多人仍然举行教堂婚礼。在整个大空位时期，长老会教徒仍然依据《公共礼拜指南》缔结婚姻，而国教徒仍然按照《公祷书》行事。还有人甚至举行复合婚礼，即既举行世俗婚礼，也举行教堂婚礼。1655年，在艾塞克斯一对夫妇的婚礼上，参加者既有牧师也有治安法官。还一些激进派别根本就不顾官方的规定，只是在会众面前简单宣布一下就算结婚了。有的教派甚至有自己独立的婚姻登记系统。

早在1654年，议会中就有人担忧对合法婚姻的要求过于严格会引起很多关于合法性与继承的争议。1657年对贝尔朋婚姻法的讨论表明议员们对于是否该继续世俗婚礼存在极大的分歧。10月，该法实际上已经失效了。1658年1月议会开始考虑制定新的立法以取代贝尔朋婚姻法，但是还未来

[1]　Durston, Christopher. *The Family in the English Revolution*, Oxford : Basil Blackwell, 1989. pp69-70.

[2]　Powell, Chilton Latham. *English Domestic Relations, 1487-1653*. p60.

得及形成任何提议，议会就被解散了。所以这种混乱不清状态一直持续到复辟时期。贝尔朋婚姻法的失败说明传统文化的强大，因为即使法律也无法根除民间对教堂婚礼的坚持，但是它的产生以及它所导致的争论都说明英国已不再完全是传统的社会。

二、订婚与教堂婚礼二者重要性的变换

订婚在中世纪是一个非常重要的程序，它本身就可以构成婚姻，而之后的婚礼只是起到使婚姻完满的作用。斯温伯恩在其《论订婚》一书中甚至将现在时的订婚与婚姻等同。尽管在人们的观念中订婚还占据重要地位，随着后来婚姻规范的发展，它在实际生活中逐渐失去了构成婚姻的功能，而只是婚姻的前奏，真正确立婚姻的是公开的婚礼。订婚与教堂婚礼的这种地位转换说明了英国婚姻观念转变上的另一特征，观念没有变，而实际做法却不同了，然后再由社会实践自下而上地引发观念变革。这与前面所说的法律没有变而观念已经变化了的情况是不同的。

约翰·多德和罗伯特·克利弗认为订婚是一个庄严的值得称赞的习俗。它是准备结婚的双方在证人面前所做的约定，承诺他们要结婚，除非确有不能结婚的正当理由。人们应该遵守这一习俗，婚姻应该由两个庄严的程序构成，即公开的订婚和公开的婚礼。订婚的习俗由来已久，遵守者应得到高度赞扬，而疏忽者和滥用者要遭到严厉的谴责。订婚之所以重要，是因为上帝赋予它与婚姻同等的地位、历史上信奉上帝的人都保留了这一习俗、甚至圣母玛利亚与约瑟也是订了婚的。[1] 订婚的必要性体现在如下几个方面：一是可以有力地抑制肉体的、本能的、淫荡的欲望。如果人们虔诚地忠实地守住婚约，那么就不会有人像野兽一样，一时冲动就立刻享肉欲之欢，而是心甘情愿地谨慎地严肃地经过深思熟虑，然后订立必要的神圣的婚约。因此订婚可以让人有足够的时间思量婚姻生活中可能发生的所有幸与不幸，三思而后行。二是可以及早发现可

[1] John Dod & Robert Cleaver. a godly form of household government, G4, in Clair, William St & Maassen, Irmgard(eds). *Conduct Literature for women, 1500 to 1640*, v3, pp138-140.

能存在的乱伦禁忌。订婚后在三个不同的日子公布结婚预告，这一习俗由来已久而且是非常重要的，如果有任何障碍就可以及时发现和补救，一旦结婚了就于事无补了。三是利于保持贞洁。因为通过订婚，不仅先前的婚约，而且通奸私通行为都可以被发现。四是利于杜绝私定终身，保证婚姻受到尊敬。[1]

经历了宗教改革的冲击，罗马天主教教会也开始了自身的改革与调整。1563年特兰特会议规定没有在牧师主持下举行公开婚礼的婚姻是无效婚姻，这是天主教教会第一次在法律上要求婚姻的有效性需要公开的婚礼仪式。早在爱德华时期，英国就开始了类似的改革。1553年的《教会法改革草案》规定的婚姻缔结方式：首先教堂牧师三榜公布结婚预告；然后新娘新郎公开地举行所要求的仪式。其中还规定赋予这种结婚形式以很大的权威，如有任何违背之处，那么婚姻就不会得到认可。在教堂婚礼之前，男女双方都是完全自由的，彼此之间没有任何的婚姻权利。[2] 但是，由于该改革方案的流产，英国直到1753年婚姻法才在法律上做这样的要求。

尽管在理论上，订婚是如此重要和必要。在法律上，订婚的地位仍然得到承认。但是它的法律效力却给婚姻带来了更大的麻烦。它导致了大量关于婚前先约的诉讼、重婚问题、私生子问题。此外它还使一些事实婚姻的法律地位模糊，进而导致婚生子女法律身份不清，因而产生财产继承问题上的纠纷。正是订婚所滋生的这些混乱与麻烦使它在实际生活中的重要性逐渐下降，社会需要更加合理的判定婚姻成立的条件，因而教堂婚礼的重要性相应得到提高。导致这种情况的原因主要有两个。

首先，在婚前先约的诉讼中，判决越来越有利于事实婚姻，法庭越来越不愿意支持婚前先约。

在1753年之前虽然官方的政策和法律没有什么新变化，在实际生活中司法审判却越来越强化教堂婚礼的重要性。虽然当时人们的观念与官方的政策之间还存在分歧，但政策的实施关系到人们自己的切身利益，因此不可能不引导

[1]　John Dod & Robert Cleaver, a godly form of household government, I4, in Clair, William St & Maassen, Irmgard(eds). *Conduct Literature for women, 1500 to 1640*, v3, pp164-166.

[2]　Bray, Gerald. *Tudor Church Reform*, p21.

和改变人们的行为和观念。比如，1585年，艾塞克斯的一男子与一女子定下口头的婚约，他非常相信自己的法律权利。当他改变主意不愿意娶该女子时，他以10先令的价钱将自己的婚姻权利出售给一情敌。但情敌没有付钱就公布了自己的结婚预告，该男子因为自己先前与那女子的婚约而决定阻止婚礼并提起诉讼，结果他自己败诉了。[1]

在16世纪的订婚诉讼案件中，除非双方都承认婚姻，法官并不愿意支持有争议的婚约。如果一方否认，那么只有另一方有极其有力的证据，法官才会判决婚约有效。因此，在这类诉讼中，大多数主张婚约的原告都败诉了。到17世纪胜诉就更加困难了，甚至在有些地方根本就不可能胜诉。在14世纪70年代和80年代，50%的原告胜诉，而在1520年到1570年间，诺里奇和温彻斯特的胜诉与败诉比为3比7。在16世纪80年代，伊利的胜诉率还不到20%。对17世纪早期案件的抽样调查显示原告胜诉的案件只占有判决的诉讼的九分之一。在1601年到1640年间，威尔特郡判决的26起案件中只有一例原告胜诉，而这一例的案情是被告本身承认婚约，只是其家庭反对。[2]

订婚的有效性越来越缺乏保障，这显然会导致其社会和法律地位在实际生活中的下降。教会法庭订婚诉讼案数目的减少也反映了这种趋势。在14世纪订婚诉讼案件确实很多，到了16世纪中期就少了很多。在1570年到1640年期间，婚约诉讼案件更加减少。比如，1520年到1570年，诺里奇教会法庭每年平均处理10起订婚诉讼案，在1623年到1624年间只处理了一起婚姻案件，1636年和1637年间一起都没有处理。[3] 这说明人们越来越接受教堂婚礼成为缔结婚姻的唯一有效途径，而订婚的习俗日趋衰落。如果联系到这一时期英国的人口增长趋势，那么这些数据更加能够说明订婚的衰落。

根据威廉·古奇的说法，到17世纪早期，人们更多的是违背订婚的习俗，

---

[1] Stone, Lawrence. *Road to Divorce in England 1530-1987*, p69.

[2] Martin Ingram. Spousals Litigation in the English Ecclesiastical Court C.1350-1640, in Outhwait, RB.(ed). *Marriage and Society : studies in the social history of marriage*, London : Europa Publications Limited, 1981. p52.

[3] Ibid, p43.

而不是遵守它。到 1686 年，给斯温伯恩的《论订婚》做序的作者也承认现在订婚在很大程度上已经废弃不用了。他说现如今，订婚与结婚合二为一，在一个连续的过程中完成。当牧师问："你愿意娶该女子为你结婚的妻吗？"男子回答："我愿意。"女子也被问同样的问题并做同样的回答。这是代表未来时的订婚。当双方重复说："我，某某娶 / 嫁某某为我结婚的妻 / 夫。"那么这就是现在时的订婚，它在本质上就形成完全的婚姻。当牧师为新人祈福，并宣布他们将成为夫妇时，在法律上一桩完美的婚姻就缔结了。[1] 可见，订婚还是被认为能够形成婚姻，只是不再是独立的有法律效力的事件，而是成为教堂婚礼程序的步骤之一。

复辟后教会法庭往往反对口头婚约，不愿意因为婚前先约而破坏有结婚预告或特许证的在教堂举行过婚礼的婚姻。1663 年的一个案件清楚表明了这一点。1655 年，威廉和玛丽在两名证人面前以常用的现在时的语言恰当地定立了婚约。事实上其中一位证人还将此事做了书面记录。在此后五年中，威廉和玛丽一直保持联系并且互赠礼物。根据最严格的教会法，1655 年的婚约的有效性是无可怀疑的。在后来的几年中，威廉一直承受着很大的压力，因为他的亲属要求他娶一富有女子，不过他一直没有答应。最后，玛丽在父母的强大压力下屈服了，1661 年她与罗伯特通过特许证在教堂举行公开婚礼。然而，1663 年，她反悔了，回到老情人威廉身边，并要求法庭判决罗伯特对她没有婚姻权利，因为在 6 年前她就已经与威廉有了婚约。尽管证据确凿，教区法庭还是驳回了她的起诉，上诉的结果也是如此。

1663 年案件说明民众还是比较相信模糊的无法证明的誓言、交换礼物的仪式、邻里对其夫妻关系的认可和相互的夫妻之称等。迟至 1754 年，还有一位牧师发现"一旦订立婚约，没有哪个村夫和村妇不会告诉你说在上帝面前他们已经是夫妻了。"[2] 但是，到 1600 年，教会法庭的律师就不再重视那些关于婚约的证明，他们越来越反感那些被情人抛弃到法庭申诉自己婚姻权的怀孕女子，

[1] Powell, Chilton Latham. *English Domestic Relations, 1487-1653*. p21.

[2] Stone, Lawrence. *Road to Divorce in England 1530-1987*, p77.

因此这些原告越来越难胜诉。相反，那些要求判决先前的口头婚约无效的男子却越来越容易胜诉。

在理论上，教会法庭直到18世纪早期都没有放弃这样一个原则，即证据确凿的事先的有效婚约可以使后来的婚姻无效，即使后来的婚姻是在教堂由牧师主持缔结的并且已经有了子女。实际上，1660年后教会法庭就不再为了先前的婚约而破坏现在的婚姻，即使婚约有充分的证据。这样做的目的显然是为了确立缔结合法有效婚姻的方法，即由合格牧师主持的有大量证人在场的教堂婚礼。还有一个原因就是，承认有条件的或容易反悔的婚约会有潜在的政治含义。保皇派的君权神授论就是基于家庭中丈夫与父亲的天赋权利之上的。从亚里士多德直到菲尔谟，许多政治思想家都认为家庭是社会的基石、是国家的缩影。如果家庭建立在脆弱的有条件的婚约的基础上，为什么国家就不能如此呢？17世纪晚期的约翰·洛克正是持此观点，他认为统治者与被统治者的关系就是这样一种有条件的契约关系。为了处理大空位时期法律混乱导致的历史遗留问题，17世纪60年代和70年代，关于婚约的诉讼又兴盛起来。由于法庭的反对立场，到1680年这种诉讼就几乎消失了。原告们逐渐明白即使教会法对自己有利，但是律师与法官都决意要压制仅由婚约形成的所谓婚姻。17世纪晚期，普通法律师开始设立两种新的诉讼，允许悔婚中的受害者提出赔偿要求。这也表明由于教会法庭的立场强硬，不愿意处理婚约类案件，普通法法庭开始涉足原本属于教会法司法的领域。

其次，更加不能容忍教堂婚礼前的私通行为和未婚先孕，对私生子的政策也更加严厉。这三者是有密切关联的。因为缺乏有效的避孕和流产手段，私通行为很容易导致怀孕，如果女方已经怀孕，一旦男方悔婚，这样私生子就容易产生。

教会法庭否认订婚后男女有婚姻权利，认为只有举行了公开的教堂婚礼才存在真正的夫妻关系，才能行夫妻之实。教会法庭对婚前私通和未婚先孕采取处罚措施，试图更坚定地坚持只有在教堂举行婚礼后，双方才能发生性关系，即只有教堂婚姻才能使性合法化。而这是与大众习俗相违背的，因为根据习俗，现在时的订婚后，男女双方在上帝面前就俨然已经是合法夫妻了，那自然就拥有了婚姻的权利与义务。教俗官方以及道德家都反对婚礼前的性行为，在很大程度上这种行为还是得到了容忍，并没有被严厉打击。对24个郡的77个教区的研究表明，在16世纪晚期和17世纪前期未婚先孕在英国各地都非常普遍，尽管各地情况可能有所不同，总体而言，20%的新娘在进教堂举行婚礼前就已经怀孕了，这个比率甚至还可能高达三分之一，或者二分之一。[1]

从16世纪晚期开始，随着私生子问题的日益严重，这种宽容态度开始发生改变。在伊丽莎白统治时期，议会对私生子的态度变得非常严厉。1584到1585年的议会上，有人提议不应该让城镇负担私生子的抚养费用。单身的女子一旦被发现怀孕，就该被送到劳教所去，遭到鞭打，而且还对其禁食以作为惩罚。孩子的父亲要被处以一年监禁，每月到要遭到鞭打，而且要保证不再犯。在1597到1598年的议会上还出现了“反私生子”的提案。[2]

教会也越来越积极地严惩这种不法行为。1586年莱斯特副主教辖区只处理了11起关于婚前私通的检举，而1615年到1616年期间的一年时间就处理了55起。在威尔特郡处理的这类案件也呈增长之势。在北威尔特的副主教辖区16世纪80年代和90年代平均每年处理的还不到6起，1599年就有23起。在全郡，1602年有30多起，到1604年超过了40起。到17世纪20和30年代，婚前私通成为教会法庭处理的常规案件，每年平均都有50多起。[3]教会的这种政策还得到了教区民众的支持，尤其是在经济不景气的时候更是如此。

17世纪英国对性道德的约束非常之强。未婚先孕可能会导致财产损失、名誉扫地。清教牧师宣扬罪会使人在来世遭到永久惩罚，这种道德和宗教的说教多少会起到威慑人心的作用。而且邻里与亲朋的反对也会让人收敛自己的行为。从16世纪晚期到17世纪后期，社会、教会和国家通过教会执事、警察、治安

---

[1] Hair, Philip E. H. "Bridal Pregnancy in Rural England in Earlier Centuries.", *Population Studies*, 20(1966), p239.

[2] Dean, David. *Law-making and Society in Late Elizabethan England*, Cambridge : Cambridge University Press, 1996. pp185-186.

[3] Ingram, Martin. *Church Courts, Sex and Marriage in England, 1570-1640*, pp221-222.

官、宫廷使者和教会法庭规范人们的性与婚姻并惩罚违逆者。这无疑大大减少了私生子和未婚先孕，并且也使非法同居减少。

对 98 个教区的研究表明，私生子的出生率在 17 世纪前呈增长趋势，此后就不断下降，到 17 世纪 50 年代降之最低，之后又开始有所增长，不过比率仍然非常低。具体数据如下表 4-3 所示[1]：

表 4-3

时间（年）	1580	1590	1600	1610	1620	1630	1640	1650	1660	1670
私生率（%）	2.84	3.08	3.20	2.61	2.54	2.06	1.70	0.94	1.48	1.30

对婚前私通、未婚先孕和私生子的成功打击和规范，使得订婚后的性行为得不到法律保护和承认，相反还要受到法律的制裁。这对于婚姻本身的影响就是进一步破坏了订婚的法律效力。强烈要求性与生育都必须要以教堂婚礼为前提，这显然更加强化了教堂婚礼的法律地位和社会重要性。订婚地位的衰落使那些不愿意缔结正规婚姻的人丧失了可乘之机。但他们还有一条路可走，那就是缔结秘密婚姻。因此，要想真正规范社会的婚姻行为和保证结婚的公开性，还要加强对秘密婚姻的规范。

三、对秘密婚姻的规范

按照教会规定，正确的结婚程序应该是订婚、公布结婚预告和教堂婚礼。如果有人不愿意公布结婚预告，那么就需要得到专门的结婚特许证。秘密婚姻（clandestine marriage）就是指既没有公布结婚预告，也没有按照规定程序获得特许证就缔结的婚姻。这种婚姻的秘密性是针对它缺乏官方所认可的公开性而言的，并不完全是指结婚双方在没有任何证人的情况下的私定终生的行为。实际上它一般都是在牧师的主持下缔结的，这主要是为了给婚姻披上一层神圣的外衣，使婚姻的有效性以及合法性更有说服力。

秘密婚姻在法律上有约束力，但其缔结形式又不符合教会法的规定。这主

[1] Laslett, Peter. *Family Life and Illicit Love in Earlier Generations : essays in historical sociology*, Cambridge : Cambridge University Press, 1977. p125, p131.

要体现在以下几个方面：一是程序上的问题，结婚前没有公布结婚预告，也没有从教会当局获得结婚特许证。二是地点不当，秘密缔结的婚姻一般都没有按照规定在一方原籍所在的教堂举行婚礼，而是在其他教堂或在私人住所、酒馆等地方举行婚礼。三是时间不合适，一般不会在上午8点到12点之间举行婚礼，为了掩人耳目通常是在半夜举行。与单纯由婚约所形成的婚姻比较，秘密婚姻有以下三个优点：一是牧师的出席使婚姻看上去是得体的。二是这种仪式不管有多龌龊，都得到教会法和普通法的认可，婚姻关系有法律效力，夫妻双方都有完全的财产权利。三是这种婚姻很容易得到证实。与在教堂举行过婚礼的婚姻比较其优势在于：首先是便宜，这对穷人尤其有诱惑力；其次是比较隐蔽，各个不同阶层的人出于不同的目的都有可能不愿意公开自己的婚姻。[1] 而且，由于前述的订婚法律地位下降和教堂婚礼重要性增强，那些私奔的男女特别想要通过教堂婚礼来缔结婚姻，即使这种所谓的教堂婚礼本身是不符合规定的。

17世纪晚期普通法律师态度的转变也助长了秘密婚姻的泛滥。他们在处理遗产继承案件时，经常会涉及对婚姻有效性的判断。所以，他们需要更确凿的结婚证据，即婚礼是否由牧师主持，而不仅仅是当事人双方的言辞和目击者的证词。在他们看来，没有牧师主持而缔结的婚姻是无效婚姻。婚姻如果得不到普通法的承认，那么结婚双方的财产权利就没有保障。因此，那些不愿意或没有能力缔结正规婚姻的人，就会花点小钱随便找一个有牧师资格的人为自己主持婚礼。由于有利可图，在英国各地尤其是伦敦兴起了许多专门缔结秘密婚姻的中心。

秘密婚姻的危害性在于它很容易破坏父母的权力、导致亲人反目、助长欺骗性的私奔。这种不规范的婚姻还会导致重婚和其他不道德行为。而且，不杜绝秘密婚姻就不可能真正减少在婚姻事务上的争议与混乱，也不可能真正控制贫困人群的婚姻。对于有产者而言，秘密婚姻还会给家庭带来严重的经济和政治利益上的损失。

1594年5月16日，16岁的托马斯，威尔特郡一有名绅士之子和继承人，

[1]　Stone, Lawrence. *Road to Divorce in England 1530-1987*, p98.

受人之邀离开牛津大学来到贝尔旅馆。在这里，他遇到了与他同年的玛丽亚以及她的一些亲属。她是伊丽莎白的侍女，威尔特郡一重要治安法官的外孙女。结果，就在当晚，在一名牧师的主持下，他们举行了秘密婚礼。托马斯与玛丽亚的家庭在政治上是对手。托马斯的父母本来希望他至少可以获得 4 000 英镑的陪嫁，他们就可以用这笔钱为自己的女儿提供嫁妆。而现在，政治上的敌人成了亲家，什么陪嫁也没有得到。1595 年，该婚姻暴露后，双方家庭就开始了长期的诉讼搏弈。托马斯的家庭使劲一切可能手段要废除该婚姻，而玛丽亚的家庭则拼命地要保住它，甚至还上诉到女王那里。这起长达 5 年的诉讼终于在 1601 年 9 月有了结果，法庭最后判决该婚姻有效。但是托马斯的父亲至死都不愿意原谅儿子。[1] 这起诉讼耗费了双方大量的财力和精力，更重要的是，其中突显出的问题不能不引起社会有识之士对秘密婚姻的忧虑。

新教思想家谴责说承认秘密婚姻就是鼓励因性欲而结婚。一对青年男女出于年轻人的叛逆和无知，秘密地在父母不知情也没有许可的情况下就自行结婚，有时是在媒人的帮助和唆使下结婚。这种婚姻是撒旦的结合，而不是上帝的结合。在爱德华六世时期就有政策规定秘密婚姻无效，不过没有得到真正的实施。之后，公众越来越关注秘密婚姻的问题。

因为有人非法买卖婚姻特许证以逃避处罚，议会人士开始谴责教会对婚姻特许证的管理不善、对教区牧师的控制不严，以致使秘密婚姻的问题更加严重。如果通过合法的途径取得了特许证，那么就可以不必公布结婚预告。这种婚姻本来不属于秘密婚姻的范畴，但这并不适用于非法取得特许证的情况。因此，即使手中握有非法买来的特许证，这种婚姻也不具备官方所认可的公开性，因而仍然是秘密婚姻。

在伊丽莎白的议会中有三次处理滥发特许证的尝试。1584 到 1585 年的议会上有两个相关提案。一个指出，婚姻在一年之中的所有时候都能举行，如果

[1] Wall, Alison. "For Love, Money, or Politics ? a Clandestine Marriage and the Elizabethan Court of Arches.", *the Historical Journal*, Vol.38, No.3(1995). pp511-533.

还有人因此而授予特许证，就会遭到惩罚。该提案显然在下院被通过，但没有在上院宣读。第二个提案名为“反某些非法婚姻”，要求将重婚列为重罪，也没有被通过。1597到1598年的议会上有一项提案是关于“书记官和其他下级官员授予结婚特许证的各式弊端”的，但一次都没有正式宣读。[1]这些提案的夭折并不是说秘密婚姻的问题不严重，也不是说议会对此还不够重视，而是由于此时在婚姻方面议会主要关注的是私生子的问题及其所引起的济贫问题。

针对这种情况，教会在1597年和1604年的教会法中制定了更加严格的规范来管理特许证和婚礼。议会也在1604年通过了《反重婚法》规定重婚是重罪，除非夫妻一方已经失踪7年，或一方未达法定结婚年龄，或他们曾通过教会法庭合法地解除了婚姻关系。1597年后，主持秘密婚礼的牧师将在教会法庭受到惩罚，被处以吊销三年职务，对当事人以及在场的人处以开除教籍。17世纪早期，越来越多的人服从1604年教会法的规定举行教堂婚礼。即先公布结婚预告或获取特许证，然后在规定的时间内，在新娘所在教区的教堂，由有圣俸的牧师主持婚礼。

尽管教会的措施在1640年前在一定程度上是有效的，但仍然有证据表明秘密婚姻已经成为很严重的问题。在威尔特郡，16世纪20年代和30年代，每年受到官方惩罚的牧师有10个以上，而每一名被告都为许多对夫妻主持过秘密婚礼。在约克主教管区，1632年到1633年就有三十名牧师或助理牧师因此而受罚。17世纪60年代后的情况更糟。这种局面主要是由于非法买卖结婚特许证所造成的。

迎合人们秘密结婚需要的主要是那些代理人，即有权发放结婚特许证的牧师。主教书记员将空白的特许证卖给这些代理人，他们再卖给民众以盈利。1691年，萨里的一名代理人帕克在一同事的请求下，发放了一张特许证，但是新娘名字一栏却空着。这种腐败问题普遍存在，教会却整顿不力。早在1664年，一位民法律师指出应该停止向代理人发放空白特许证，但太多的教会官员可以

[1] Dean, David. *Law-making and Society in Late Elizabethan England*, p185.

从中获利，因此废除是不现实的。一旦弄到特许证，那些濒于贫困的牧师都不惜冒险在一个偏僻的教堂，趁着大清早或深更半夜无人之际主持秘密婚礼。书记员和教堂司事通常作为见证人，每人都可因此得到6便士的小费。

秘密婚姻在乡村是如此普遍以致复辟后的教会竭尽所能要将之根除。1676年切斯特主教发了一道公文命令要搜出那些非法兜售特许证者，还说这些人给很多父母带来了不安和不幸，毁了很多年轻人，给他人造成恶劣影响，使教会与国家蒙羞。结果在该辖区，1676年到1699年的23年间就有不少于58名牧师因此受罚。1662年到1714年在兰开夏郡，在教会法庭被起诉的牧师中有五分之一的人是因为主持了秘密婚礼。在约克主教区，70年代和80年代这类检举达到高峰。[1] 尽管如此，教会在遏制秘密婚姻上的作用显然是有限的，这个问题的解决需要议会采取进一步的行动。

1666年到1718年，议会中有不下10个议案要求根除秘密婚姻。1677年的一个议案主张：未成年人（男小于18，女小于16）未经父母或监护人同意就结婚，那么就将丧失财产权；主持秘密婚姻的牧师要被处死刑，而且不能享受教士豁免权。1695年英国开始对所有的婚姻征税，并对结婚特许证和婚姻证书征收5先令的印花税。秘密婚姻大部分都能逃税，这使官方注意到秘密婚姻导致的税收损失，因而加强了对秘密婚姻的规范。1695年的一个法案规定，除非有结婚特许证，免受主教管辖的教堂或礼拜堂不得为人缔结秘密婚姻。1696年的另一法案规定，没有圣俸的牧师不得主婚，没有印花特许证就主婚者、发放没有印花的特许证的人以及没有征印花税就出售特许证的代理人都要被罚款100英镑。这些法案都存在漏洞，也没有能够在法律上根本解决秘密婚姻的问题。但是改革的呼声越来越高，改革的序幕已经拉开，这一时期对秘密婚姻的讨论为1753年婚姻法奠定了基础。

规范秘密婚姻与近代早期政治绝对主义的发展也有一定关系。一些人认为，一个服从的孩子长大后会是服从的臣民，父母对子女控制的加强也是君主对其

[1] Stone, Lawrence. *Road to Divorce in England 1530-1987*, pp103-105.

臣民控制的加强。教俗当局立法以反对秘密婚姻显然是出于社会控制的考虑。道德监察对于维护家庭和社会秩序都是必不可少的。通过要求有效婚姻需要父母同意、公开的见证和教堂的仪式，新教法庭在理论上加强了父母的作用，并试图重新确立教会的权威。当时社会也需要新的法律阐明婚姻的条件、稳固婚姻的基础以减少个人焦虑和家庭纷争。新的法律既没有完全解决既存问题也没有使父母对子女有绝对的控制权，但是规范婚姻的法律确实发生了变化，过去的习俗不再是合法行为。这至少给重塑人们的行为提供了可能性。

第五章　近代早期英国婚姻解除观念的变化

英国的宗教改革以亨利八世与凯瑟琳的婚姻纠纷为契机而开始，但英国并没有开始离婚改革，而且当时社会在离婚问题上的态度还比较保守。不过亨利八世为了达到自己的目的而肆意利用教会的规定、随意解释《圣经》教义的做法动摇了婚姻不可解除论。此后，在英国有一部分人开始主张向大陆新教国家学习，废除天主教教会无效婚姻解除的做法，而代之以真正意义上的离婚。他们主张的离婚主要遵循一种“过错原则”，即在夫妻中一方犯有重大过错时，他们可以离婚，但只有无过错方才可再婚。当时人们所说的可以导致离婚的过错主要有通奸和抛弃两种。此外还有人提出其他的一些离婚理由。在这种离婚观的影响下，英国也开始尝试离婚改革，并最终形成一种独特的离婚形式，即通过议会颁布特别法案准许人们离婚。虽然这种离婚途径手续非常复杂，费用也极其高昂，但毕竟离婚从此在理论上是可能的，只不过存在现实的困难而已。

第一节　亨利八世的“离婚”事件

16 世纪在所有新教国家中，惟独英国没有放弃罗马天主教确立的婚姻不可解除原则。但是众所周知，英国最终与罗马教廷决裂有一个很关键的原因就是亨利八世想要摆脱他的结发妻子阿拉冈的凯瑟琳。因此，这就出现一个具有讽刺意味的悖论。当然，亨利八世的行动并不是真正的离婚。他认为他与凯瑟琳之间存在结婚禁忌，因此他们的婚姻是无效婚姻，他需要的就是解除这一无效婚姻。亨利所寻求的是宣布婚姻无效，这在16世纪是可能成功的，而没有首创一个离婚案件。因此，出于行文的方便，下文将以“离婚”来表示亨利的行为。尽管如此，这一事件仍然值得研究，我们可以从中洞悉英国宗教改革早期的婚姻观和离婚观。布鲁克在对婚姻做案例研究时也指出“亨利八世的婚姻是婚姻史上记载最详细、研究最深入的，因此也是一个不能不研究的个案”[1]。

一、凯瑟琳与安·博林

由于与西班牙联姻的政治经济利益，在亚瑟去世后亨利七世安排了亨利王子娶其寡嫂凯瑟琳。后来，西班牙内部局势的变化使亨利七世动摇了继续联姻的决心，所以婚礼没有能够如期举行。亨利七世驾崩后，亨利八世履行了与凯瑟琳的婚约。

1501年11月，亚瑟王子与阿拉贡的凯瑟琳完婚，这纯粹是一桩政治婚姻，英国与西班牙通过联姻结盟以对抗法国。就英国方面而言，亨利七世作为一个新王朝的奠定者，他的首要目标就是确保王室血统的稳固。亨利七世娶了约克家的伊丽莎白，这样他的王位继承人长子亚瑟王子就成为了爱德华四世的长外孙。现在亚瑟娶凯瑟琳为妻，那么他们所生育的子女就会是强大的西班牙君主的外孙。亨利七世也非常看重这一联姻所带来的经济利益。经历了百年战争和玫瑰战争，英国百废待兴。1492年到1495年，亨利七世王室土地净收入年均11 000英镑。在1502年到1505年，王室年均收入是104 800英镑，土地收入是40 000英镑。在亨利七世统治末期，王室年均收入是113 000英镑，1504年到1509年，土地年收入是42 000英镑。在亨利七世统治时期，财政困难的问题非常突出。[2] 当凯瑟琳与亚瑟结婚时，费迪南与伊莎贝拉同意支付20万斯库

[1] Brooke, Christopher N.L. *The Medieval Idea of Marriage*, p143.

[2] Guy, John. *Tudor England*, p10, p13.

的嫁妆。[1]这笔嫁妆相当于41 667英镑，即接近亨利七世时期情况最好时的一年的土地收益。凯瑟琳还将随身携带大量的现金、珠宝和高档餐具用作陪嫁。

仅就其所能带来的政治经济利益而言，这桩婚姻可谓是完美的结合。对于英国，与西班牙联姻的价值并没有随着1502年亚瑟的去世而丧失。让亨利王子娶其寡嫂不仅可以继续保住与西班牙联姻所带来政治经济利益，而且还可以避免因凯瑟琳主张她的寡妇产而蒙受损失。所以，亨利七世很快就开始与西班牙商讨亨利王子与凯瑟琳的婚事。1503年6月23日，英西双方就17岁的凯瑟琳与12岁的亨利王子的婚姻达成协议。两天后凯瑟琳与亨利王子正式订婚。约定的婚期是1505年6月28日，即亨利一到虚龄15岁就完婚。关于嫁妆，除了与亚瑟结婚时已经支付的嫁妆外，西班牙还需另外支付10万克朗作为此次婚姻的嫁妆。亨利与凯瑟琳结婚前还需得到教皇的特许状。英国要求以叔嫂婚的理由取得特许状。实际上，凯瑟琳与亚瑟并没有圆房。在这种情况下只需要豁免所谓公共诚信（public honesty）禁忌的特许状。但是西班牙方面为了保证凯瑟琳以后对其寡妇产有确定的权利，还是同意了英国的要求，寻求教皇豁免第一亲等姻亲关系禁忌的特许状。[2]由于姻亲关系的形成是以发生性关系为前提的，承认亨利与凯瑟琳存在第一亲等的姻亲关系就是承认凯瑟琳与亚瑟已经圆房。而这与事实是相违背的，也给后来的争论埋下祸根。

1504年11月伊莎贝拉的去世引起了西班牙的王位继承危机。1505年3月，教皇授予了准许亨利与凯瑟琳结婚的特许状。婚礼却没有如期举行，因为西班牙局势的变化使亨利七世不得不重新审视与西班牙联姻的价值。1505年6月27日，即协定婚期的前夕，在亨利七世的授意下，亨利王子来到国王的议事会上，正式否认自己与凯瑟琳的订婚。他指出既然订婚时他还没有达到法定年龄，那么该订婚就应该是无效的。许多年后，这一行为被视作亨利根本就不想娶凯瑟琳的证据，因而也被作为他们婚姻无效的佐证。菲迪南控制西班牙局势后，凯瑟琳与亨利王子的婚事也再次被提上议事日程。不过英西关系仍然处于僵持状

[1] Douglas, David C.(ed). *English Historical Documents*, v5, p697.

[2] Scarisbrick, J. J. *Henry VIII*, London : Eyre Methuen, 1981. p8.

态，凯瑟琳与亚瑟王子结婚时，西班牙承诺的部分嫁妆仍然没有到位，菲迪南拒绝支付这笔钱，亨利七世也拒绝承认凯瑟琳与亨利王子的订婚。在英国的枢密院，有人主张王子娶一位哈布斯堡家族的新娘，有人主张娶一位法国公主，但就是没有人提到娶凯瑟琳。[1]

如果亨利七世活着，并对西班牙继续采取敌对立场，那么他的继承人很可能会与哈布斯堡家族或法国联姻，而决不会娶凯瑟琳。但是事情却再次发生了戏剧性的变化。1509 年 4 月 22 日亨利七世去世。第二天，亨利王子登基。两个月后亨利八世与凯瑟琳举行了婚礼。这一变化的主要原因是由于亨利八世充满了骑士理想，不愿意继续执行其父保守的外交政策。在亨利七世统治末期，他执行的外交政策是结束与法国的战争、敌视西班牙的外交立场。他为其儿子任命的摄政大臣也都认为与法国的斗争已经结束，对西班牙就算不敌视，也至少应该采取不友好的立场。而亨利八世想改变这一政策，恢复对法国的战争。在他即位后不久，他就公开了自己的这一意图。他公然宣誓他会很快进攻法国。与此同时，他还写信给他的岳父，西班牙的菲迪南，询问他是否愿意结盟进攻法国。如果废除与凯瑟琳的婚约，那么就永远无法恢复与西班牙的友好关系，而没有同盟者，对法国的进攻就无法实现。亨利八世不能同时与两大强国为敌。所以，亨利八世履行与凯瑟琳的婚约，其实就是他实现所有这些理想与计划的第一步。

作为政治联姻，他们的婚姻显然是失败的。从结婚直到凯瑟琳在 1518 年 11 月最后一次生产将近有十年的时间，期间凯瑟琳只在 1516 年 2 月产下一个健康的婴儿，只可惜是一女婴，即后来的玛丽女王。作为王后而言，凯瑟琳是失败的，她没有为王室生育男性继承人。其父在与亨利结盟对付法国过程中，只是自私地利用英国，根本不顾及英国的利益，最后还与神圣罗马帝国皇帝马克西米利安一世一起和法国单方签定了和约。所以她也没有起到加强英国力量的作用。此外，这桩婚姻在缔结过程中所存在的缺陷也是潜在的危险。最后在

[1] Lindsey, Karen. *Divorced, Beheaded, Survived, a feminist reinterpretation of the wives of Henry VIII*, New York : Addison-Wesley Publishing Company, 1995. pp23-24.

多方因素的作用下，亨利八世终于下定决心要解除自己与凯瑟琳的婚姻。

亨利宣称自己要“离婚”的原因是出于良心不安。因为凯瑟琳本来是其兄嫂，该婚姻本身就是严重的错误，违背了神的旨意。他现在要求“离婚”则正是为了改正这个错误。由此，“离婚”不仅是他的权利而且还是他的义务。虽然无法断定亨利到底有多么笃信这一点，但可以确定的是随着凯瑟琳越来越不可能再生育，大约早在1522年或1523年，这种疑虑就慢慢地根植于亨利心底了。

实际上亨利想要离弃凯瑟琳应该是由于以下三个方面的原因：他需要合法的男性继承人；国际局势的再次变化；对安·博林的迷恋。正是这三者的叠加效应才迫使亨利一步步走向与教皇决裂的道路，这三者中任何一个都不能单独产生这样的结果。1527年春，他开始公开对自己婚姻合法性的疑虑。由此亨利的“离婚”问题开始公开化，这不仅仅是由于一国之君对一个女人的贪欲，它既是基于外交上的利益，也是迫于王室的需要。

在历经一个世纪的王朝纷争之后，都铎王朝才得以建立，为了王朝的稳固和强大，都铎的君主们苦心经营。亨利作为新王朝的第二任君主，最为迫切的要求就是生下儿子确保王位的继承安全。因为此时王朝的地位还远没有得到稳固，只有当有了真正合法的男性继承人才能保证王朝的生存和延续。[1] 但是此时亨利与凯瑟琳结婚已经近20年，但却一直没有生育儿子。虽然亨利有一个私生子，也有一个女儿，但他需要的是合法的男性继承人，只有这样王朝的利益才能真正得到保障。如果玛丽公主继承王位，就会有两个方面的问题：一是英国人对女王统治有着不好的印象，如12世纪玛蒂尔达的统治就引起了混乱与战争。二是女王的婚姻问题可能会伤害英国的利益。16世纪的欧洲诞生了几位杰出的女王，但是保守的亨利及其臣民都认为男性君主是一种必要。如果私生子嗣位，也会有风险，他毕竟不是国王的婚生子，这可能会引发对他统治合法性的质疑。而凯瑟琳的生育却一次次地失败。三次胎死腹中或生产后立刻就死掉了，其中两次是男孩。两个小孩在出世几周后就夭折，其中有一个是男孩。此外凯瑟琳还流产了好几次。这更加使亨利确信他与凯瑟琳的婚姻是不合

[1] Brooke, Christopher N.L. *The Medieval Idea of Marriage*, p164.

法的。在确保大统继嗣这一首要目的上，他们的婚姻是失败的。驻英大使以及外国国君都开始议论此事，英国的外交政策也开始为适应这一形势而做出调整。自从1521年以来，寻求玛丽公主与查理五世的婚姻以保证英国王位的继承主导了英国的外交政策。到1525年，凯瑟琳几乎已经过了生育年龄。这引起了英国人的重重忧虑：王统是不是会后继无人？是不是又会发生内战？如果依照1525年的协议玛丽公主嫁给查理五世，英国是不是会被大陆强国合并？[1]到1527年时，亨利还正值壮年，而凯瑟琳却已经年过40。他还不甘心自己的失败，因此想要寻求其他的途径来解决继承人的问题。

在国际关系方面，这一政治联姻也没有能够发挥效用。在英西结盟共同对付法国的斗争中，西班牙再次背信弃义，这次不是凯瑟琳的父亲菲迪南，而是她的姨侄查理五世。1521年秋天，亨利与查理五世签订条约，规定双方以四万兵力入侵法国。促使亨利这么做的动机是查理代表了传统的反法同盟国，并且答应帮助沃尔西当选教皇，他还控制了英国毛纺织品的主要市场尼德兰。此外，亨利还梦想得到法国的王冠，他还想将女儿玛丽嫁给查理，进而让他的子孙继承整个基督教世界的王权。[2]1525年，查理拒绝利用他在帕维亚战役的胜利乘胜追击以入侵和瓜分法国，这令亨利的失望无以言表。11年前，亨利也曾被其岳父背叛过，当时就有谣言说亨利会废黜凯瑟琳。事实上他没有这么做，凯瑟琳那时正怀有身孕。而1525年的情形就与1514年的完全不同了。查理断然拒绝了亨利的外交计划，并且拒绝娶玛丽公主，而与葡萄牙的伊莎贝拉结婚，这又使英国的王位继承计划落空。因此，与查理的同盟对于英国没有任何的价值，也没有任何前途。1526年，英国怀着对查理五世的愤怒，与法国言和，加入了反哈布斯堡同盟，并且于1528年对查理宣战。

安・博林不是很漂亮，却风采迷人。1522年，她从法国回到英国，进入宫廷成为凯瑟琳的一名侍女。在勃艮第和法国宫廷中得到的训练立刻使她在英国宫廷中脱颖而出。她可能立刻就吸引了亨利八世的注意。亨利写给安的情书可

---

[1] Scarisbrick, J. J. *Henry VIII*, p150.

[2] ［美］克莱登・罗伯兹、［美］大卫・罗伯兹著：《英国史》，第317页。

能开始于 1524 年。公开的调情可能始于 1525 年。这年秋天以后，亨利八世与凯瑟琳就再也没有同床共枕了。在一般情况下安都不会对英国的历史产生影响。她可能会像亨利之前的情妇一样，被玩弄、被抛弃、被遗忘。但是，不知是出于美德还是出于野心，安拒绝做亨利的情妇，不愿意走姐姐的路。她越是反抗，亨利越是想得到她。如果凯瑟琳的地位稳如泰山，那她可以轻而易举地解除这一威胁，安也不敢去威胁她的王后之位。安的出现起了催化剂的作用，更加促使亨利想要抛弃凯瑟琳，并且再婚。

在一个禁止离婚的社会里，这些原因都无法使亨利合理合法地摆脱凯瑟琳以娶安·博林。唯一的途径就是宣称他与凯瑟琳之间存在第一亲等的姻亲关系，他的婚姻一直是违背神的律法和自然法则的。教皇朱利叶斯二世对此是无法赦免的，否则他就是逾越职权。不管亨利是如何虔诚地宣称自己要求“离婚”完全是出于良心的谴责，完全是想要纠正这一对上帝不敬的过错。事实上，他的这一借口在理论上很难立足，理由如下：

第一，关于叔嫂婚本身在教义上就存在着争议。这种争议主要是由于《申命记》与《利未记》完全相反的记述。这就引发了以下问题，对于叔嫂婚，《圣经》到底是允许还是禁止？如果允许，那又允许的是什么类型的叔嫂婚？如果是禁止，那么禁止的是什么样的叔嫂婚？亨利八世及其支持者当然也知道这两处不同的论述。他们的解释就是《申命记》中所说的是犹太人的做法，而这一习俗在基督降临后就被废除了。但是，神学家和教法学家是不会承认《圣经》中存在自相矛盾、彼此冲突之处的，他们的职责就是让两者都能自圆其说。思想界的主要观点是：《圣经》禁止叔嫂婚，但是如果兄长死时没有留下子嗣，那么其弟可以娶寡嫂为妻，以帮助死者延续香火。而这正符合亨利与凯瑟琳的情况。

第二，亨利无法正面论证他与凯瑟琳的婚姻是不是真的被诅咒。《利未记》所说的叔嫂婚会遭天谴，会断子绝孙。其中所说的子到底是狭义的指儿子，还是宽泛地指孩子，即包括男孩和女孩。如果是指后者，那么就与亨利的情况不符，因为他与凯瑟琳生下了玛丽，他们并不是完全无子。事实上，大多数人都是趋向于这种意见。而亨利只能咬定青山不放松，非要坚持前一种看法，但却无法提出有力论证。

尽管存在这样的问题，亨利八世起初还是试图经过传统的法律程序解决自己的婚姻问题，即由教皇宣布他与凯瑟琳的婚姻无效，并且特许他娶安·博林。这是事关王位继承人的问题，所以最终的判决必须具有无可质疑的权威。

1527 年 5 月，沃尔西在其驻地威斯敏斯特召集特别法庭以审验亨利与凯瑟琳的婚姻的有效性，打算宣布他们的婚姻无效，然后让教皇来批准这一判决。5 月下旬哈布斯堡的军队洗劫了罗马，亨利想轻而易举地与凯瑟琳“离婚”的美梦破碎了。6 月 1 日，教皇克莱门被查理五世皇帝劫持的消息传到伦敦，沃尔西计划通过暂行教皇权以解决亨利的婚姻问题，结果几经周旋都未成功。随着克莱门成功逃离罗马，这一计划被迫搁浅。这期间，亨利开始采取措施，另行解决自己的婚姻问题。他派遣使臣直接觐见教皇，并交给他一份已经草拟好的教皇训谕：如果亨利与凯瑟琳的婚姻无效，那么他可以免除罪过，而且可以和任何女人再婚，即使该女人与他有第一亲等的姻亲关系，即使这种关系是由于婚外性关系所产生的，即使是他与这个女人已经有了夫妻之实。[1] 这无疑证实了亨利打算娶安·博林为后的意图。

在此后的近三年内，英国派遣一任又一任使臣前往教廷去完成这一任务，但却遭到一次又一次的失败，没有得到亨利想得到的文件，即能够确保他的再婚及其所生子女合法性的文件。亨利只有采取强硬手段，公然恐吓英国教会和教廷。教皇终于授予英国法庭委任状，同意其审判此案。1529 年 6 月，在黑修士修道院召集特别法庭对亨利的婚姻做出判决，凯瑟琳亲自出庭，请求亨利不要抛弃她，不要使她和她的女儿失去荣誉，坚决否认自己与亚瑟已经圆房，并且宣布只有罗马才能判决此事，因此她将向罗马教廷申诉。此时，国际局势又发生了对英国不利的变化。1529 年 6 月 21 日法国战败，与西班牙签署和约。教皇与查理和解。这使查理控制了意大利，却使亨利陷入极不光彩的孤立中。[2] 教皇因此将案件撤回罗马。通过常规手段和平地解决婚姻问题的计划彻底失败，

---

[1] Scarisbrick, J. J. *Henry VIII*, p160.

[2] Guy, John. *Tudor England*, p109.

亨利寻求“离婚”的行动进入新的阶段。

其实，亨利想要遗弃凯瑟琳并且与安·博林结婚，他根本就无法通过常规的手段和渠道同时达到这两个目的。

首先，他的两个意图本身就是矛盾的。与凯瑟琳比较，亨利与安·博林之间存在着更严格的第一亲等的姻亲关系。他却还以这种理由要求与凯瑟琳“离婚”，以便与安结婚。教会所规定的姻亲关系可以通过是否发生性关系来确定。也就是说，如果某男与某女发生了性关系，即使他们没有正式结婚，那他们也与对方的血亲存在着姻亲关系。这种情况正适合亨利与安。因为在结识安之前，安的姐姐玛丽·博林早就已经做了亨利的情妇，甚至还有传言说他们生下了私生子。凯瑟琳虽然与亚瑟王子正式结婚，但却没有发生过性关系。所以在教会看来，凯瑟琳只是亨利名义上的嫂子，他们之间存在的结婚禁忌并没有亨利与安之间的严重。而且他们的婚姻还是经过教皇特许的。但是，亨利为了达到自己的目的却要求克莱门七世宣布朱利斯二世的特许无效，这就是要教皇自己否定教皇的权威。不仅如此，他自己还要求借助教皇的权威来保证“离婚”和再婚的正当性，这就是要教皇在否定自己的权威之后又行使自己的权威。

其次，凯瑟琳与安·博林的个人身份使亨利的婚姻纠纷并不单纯是个人事务，也不只是关系王室继承的事务，而是关系到国际局势与宗教纷争的事件。凯瑟琳始终都坚强不屈，坚决捍卫自己的婚姻拒绝任何妥协。除了个人性格的因素外，她这么做的原因是因为她有强大的后盾，即她的姨侄查理五世。当凯瑟琳设法将这一消息告诉查理，而查理也表明他将声援姨妈时，亨利的婚姻问题就演变成了国际事务，从而与国际局势的变化息息相关。对教皇而言，得罪查理五世是不明智的。而且，安·博林是个新教徒，她自己支持宗教改革，她周围的人也是些主张改革的人。教皇如果帮助安·博林，简直就是自掘坟墓。克莱门七世在前期的立场总是模棱两可，当英国在外交上陷入完全孤立时，他最终决定将案件撤回罗马审判。这无异于宣布亨利计划的破产。他绝不会到罗马接受审判，罗马的审判也绝对不会有利于他。最后只有通过否认罗马教皇本身的权威来否认教皇对他与凯瑟琳的婚姻的特赦，并且在国内依靠议会和改革者的支持来解决问题，由此也引发了英国的宗教改革。

1530年，亨利派遣英国官方人员去请教国内外大学学者和法律专家的意见，希望能够在教义上论证其要求的合理性。在对亨利八世的婚姻的讨论中，离婚与再婚的问题也得到了更广泛的关注和讨论。

二、亨利八世的“离婚”

1527年亨利公开自己的“离婚”意图后，他的婚姻问题就备受关注。1530年，亨利为了证实自己要求的正当性，派遣英国官方人员在国内外搜索证据，寻求学者的支持。由此，引发了全欧洲范围内的大争论。不论是支持，还是反对，在英国任何稍有地位的男人都卷入这场争论之中。争论的主要问题是：是否可以娶兄弟的遗孀；教皇是否有权特许亨利娶自己的嫂嫂凯瑟琳。在《亨利八世时期的书信和政府文件》一书中记载的关于这场争论的材料就有六七十份，从寥寥数页的手稿到篇幅巨大的专论应有尽有。[1]

起初讨论的意见不利于亨利八世。很多人解释说虽然《利未记》禁止娶兄弟的寡妇，但《申命记》的情况是例外，因为它是指兄弟死而无子女时可以娶兄弟的寡妇。而亨利与凯瑟琳正属于这种情况，所以亨利可以与凯瑟琳结婚。这些人认为亨利与凯瑟琳的婚姻是有效婚姻，不能被废除。

不过出于亨利八世的身份上的特殊性，缺乏男性继承人也确实会引起更大的麻烦。为了既保障凯瑟琳的婚姻地位，又给亨利生育男性继承人的机会，他们甚至主张亨利重婚。伊拉斯谟、路德、梅兰克森、布塞尔及其他人都建议亨利再婚，但不宣布他的第一次婚姻无效。在这些人看来，重婚要比不公正的离弃更适当一些。在《旧约》中记载了很多一夫多妻的事例。反对亨利离弃凯瑟琳的人据此认为，一夫多妻并不违反自然法则，既然《圣经》没有予以禁止，那么教皇可以特许人们多妻。

1527 年 9 月，伊拉斯谟在听说亨利打算离弃凯瑟琳的事情后，写信给当时

---

[1] Powell, Chilton Latham. *English Domestic Relations, 1487-1653*, pp207-208.

在伦敦的维乌斯说："我远在异地，对国王与王后的事也所知甚少，因而无法介入此事。但是，我宁愿陛下娶两位王后，也不要废除一个。"[1] 这种观点看似奇特却代表了很多人的看法。早在1520年，路德就在他的《教会的巴比伦之囚》一书中指出，与离婚相比，重婚所犯的罪要轻一些。后来在讨论亨利的婚姻问题时，他一直没有改变这一立场。他认为："即使国王与其寡嫂结婚是罪恶的，即使教皇的特许是无效的，但是废除与发妻的婚姻是更大的、更可怕的罪恶，因为国王及其王后和公主都将永远被人看做是乱伦者。"他还说："在我赞成'离婚'前，我宁愿允许国王再婚，同时拥有两个女人或王后。"[2]

1531年7月亨利八世的代理人写信征求梅兰克森的意见。一个月后，梅兰克森作出了答复。他说在《圣经》中上帝的命令分两种类型：一种属于自然法则，在任何情况下都不能违背；另一种属于由权威所制定的，在某些情况下可以豁免。除了因通奸而导致的离婚外，其他的离婚都属于前者，是绝对不允许的。与寡嫂的婚姻则属于后者，因此亨利不能以此离弃妻子。至于国家的利益和继承的需要，他的解决办法也是建议亨利重婚。他也认为国家事务的重要性是再婚的正当理由："多妻不会对任何人的良知或名声造成任何伤害。"[3]

在新教派别中，路德宗在亨利婚姻问题上的观点基本是一致的。他们都反对亨利离弃凯瑟琳，而赞同他重婚。所以，亨利在路德宗那里没有得到自己想要的东西，他们提出的解决法案也是亨利不能接受的。不管《圣经》的教义如何，在世俗法律中，重婚显然是有罪的，而且从未有过这样的先例。重婚所生的子女的合法性显然也会遭到质疑，甚至很可能会被当作私生子。这种结局当然是亨利所不期望出现的，也是与他的意图完全相背离的。当亨利的代理人征询了瑞士宗教改革家的意见后，这种局面才有所改观。

1531年8月17日，茨温利写了一封长信，详细阐述了自己的观点。他认

[1] Smith, Preserved. "German Opinion of the Divorce of Herry VIII.", *The English Historical Review*, Vol.27, No.108, p673.

[2] Phillips, Roderick. *Putting Asunder : a history of divorce in western society*, Cambridge: Cambridge University Press, 1988. pp75-76.

[3] Smith, Preserved. "German Opinion of the Divorce of Herry VIII.", *The English Historical Review*, Vol.27, No.108, p677.

为与嫂子的婚姻是受到自然法则和神圣律法禁止的，教皇无权特许此类婚姻。亨利与凯瑟琳的婚姻是无效婚姻，亨利不仅能够而且应该离开凯瑟琳。他建议为了避免丑闻，国王应该通过适当的司法程序废除该无效婚姻，但决议不具有追溯效力，即该婚姻所生子女仍然是合法的。在了解其他改革者的反对观点之后，茨温利在同年9月又写了封信重申了自己的观点。茨温利的这种态度与他对重婚的极端厌恶有关。在瑞士，重婚属于重罪。1527年4月30日，经过茨温利的许可，苏黎世的一市民因重婚而被砍头。茨温利对于路德宗的观点非常反感，他说："要是那样的话，我们追寻的就是穆罕默德的道，而不是基督的道。"[1]

亨利没有得到教皇的支持，在路德宗那里也没有得到自己想要的答案。最后是以茨温利为代表的瑞士改革者给予了他想要的东西，也使他对宗教改革更加有好感。尽管亨利的婚姻问题在当时产生了很大影响，尽管他最终通过与罗马决裂达成了自己的心愿，尽管在安·博林时代，英国一时云集了众多来自国内外的新教改革者，但是亨利的婚姻问题并没有使英国在离婚问题上有任何创新，更没有导致新的离婚法的诞生。其原因如下：

亨利自己从来没有提出离婚要求，而是一直主张他的第一次婚姻是无效的，因此从来就不曾真正存在，应该将之废除，他完全有再婚的自由和权利。他这么做的原因就是为了使自己的第二次婚姻及其所生的子女具有确定无疑的合法性地位。当教皇决定将亨利的婚姻案件撤回罗马审判时，亨利也没有放弃通过废除无效婚姻的途径来解决问题，只是改变了审判的方式。1531年亨利就打算将案件交给国内的大主教法庭审理。但遭到坎特伯雷大主教威廉·沃勒姆的抵制，而且当时大主教法庭也没有终审权，它的判决可能很难令人信服。1532年8月沃勒姆去世，新任大主教是亨利的支持者克兰麦。1532年底，安·博林怀孕，之后亨利与安秘密结婚。这使亨利的婚姻问题到了刻不容缓的地步。因此1533年2月，议会通过《禁止上诉法案》否认了罗马教廷在英国的司法权，

[1] Smith, Preserved. "German Opinion of the Divorce of Herry VIII", *The English Historical Review*, Vol.27, No.108, p679.

规定所有的宗教案件都只能在国王的司法权威下终审判决。[1] 该法的直接目的就是要使亨利的婚姻案在坎特伯雷大主教法庭审判。5 月，克兰麦宣布亨利与凯瑟琳的婚姻无效，而与安的婚姻是合法有效的。由此看来，离婚的正当性和合法性并没有得到认可，确保再婚合法性的手段还是只有废除无效婚姻。

在关于亨利婚姻问题的大规模讨论中，讨论者也几乎没有涉及严格意义上的离婚。奇怪的是，路德和梅兰克森这样的神学家，他们本来同意在某些条件下的离婚，承认个别案件应该个别对待，却没有将离婚作为亨利婚姻问题的解决方案。即使后来，有人修正了自己的观点，承认神的律法禁止娶兄嫂为妻，仍然不希望宣布这种婚姻无效而宁愿通过重婚解决问题。对这些人而言，一国之君的身份和国家的需要可以给再婚而不是离婚提供充足理由。这也证明新教改革者在离婚问题上的态度仍然还非常审慎，尤其是关系到君主的婚姻时，甚至表现得非常保守。出于现实的需要，这些人甚至会认为重婚优于离婚。当然这并不说明新教思想家认为重婚本身就是好的，但这种主张至少说明他们对离婚的犹疑立场。

在英国国内，支持新教的人一般同时也支持亨利。这种支持的目的在于促使英国与天主教的决裂，从而引发英国的宗教改革，而并不是为了改革婚姻本身。比如，休·拉蒂默（Hugh Latimer, 1485？—1555）就是如此，他起初支持亨利的"离婚"只是为了进行英国的宗教改革。而以后的事实证明亨利显然无心于改革教会的教义和法律，反而醉心于一而再再而三地结婚，这令拉蒂默大为失落，结果他一改初衷开始反对亨利的婚姻行为。他在 1549 年的布道书中含沙射影地批评了亨利多次再婚的行为，他说，国王不应该娶几个妻子。为了避免离婚，择偶时就应该慎之又慎。离婚这类行为是令上帝大为不快的事。[2] 在 1550 年的布道中，他又重申了上述观点。

就当时的英国民众而言，他们对亨利离弃凯瑟琳的态度也是消极的。对凯瑟琳的支持和对安·博林的敌视导致公众对亨利广泛而直率的批评。鉴于此，

[1] 24 Henry VIII, c.12, *Statutes of the Realm*, Vol. III, p428.

[2] Hugh Latimer, the first sermon(1549), C4, in Thompson, Torri L.(ed). *Marriage and Its Dissolution in Early Modern England*, v3, pp75-79.

1532 年，政府下达一项命令要求所有的布道者在讲道时都要赞美亨利与安的婚姻。当一名布道者试图赞扬安时，一名妇女斥责他在撒谎，并且说亨利如此对待凯瑟琳会导致广大妇女也遭到类似的遭遇，她因此而被逮捕。安的怀孕使王室的继承人有了保障，但是伊丽莎白公主的出生并没有改变人们对安的不满。不管凯瑟琳走到哪里，人们都会高呼“上帝拯救女王”。亨利的措施是将任何胆敢称凯瑟琳为女王者都判以蔑视王权罪或叛国罪。在安的加冕礼举行时，男人们拒绝脱帽，也没有人欢呼。当市长被要求鼓舞人们欢呼时，他说“我无法命令人们的心，甚至陛下本人也不能。”[1]

由此，可以得知为什么亨利八世的婚姻问题点燃了英国的宗教改革，却不能促成一场离婚改革。首先，亨利八世小心谨慎地通过教会认可的方式废除与凯瑟琳的婚姻，最终的结果除了打击了教皇的权威以外，根本没有伤及天主教的教义；其次，亨利的支持者在离婚问题上的态度过于审慎，有些甚至根本就不愿意接受真正的离婚。民众对该事件的反映也说明此时的英国仍然还非常保守。

虽然亨利的婚姻没有直接导致英国在离婚问题上有所改变，但他的一些做法却产生了间接的作用，为以后的变革打下了基础。亨利为了达到自己的目的除了借助本国教会，还借助了议会的力量。其中议会的作用主要体现在几次《嗣位法》的颁布上。教会和议会的决议都是以亨利个人的需求为转移，所谓的规范和教义在他这里都是可以任意更改和解释的，这无疑会动摇规范和教义的威信。婚姻事务本来只属于教会的司法范畴，而议会卷入亨利的婚姻案件打破了这种格局，并且使对婚姻问题的处理不再那么受神学的束缚。

根据教会法的规定，无效婚姻所生子女是私生子。克兰麦宣布了亨利与凯瑟琳的婚姻无效，却没有宣布他们的女儿玛丽是私生子。1534 年，议会通过了《嗣位法》。该法案援引了克兰麦的判决，规定国王与凯瑟琳的婚姻无效，而与安的婚姻是合法有效的，安所生的子女是国王的合法子嗣和继承人。[2] 该

[1] Thompson, Torri L.(ed). *Marriage and Its Dissolution in Early Modern England*,v1,pp229-230.

[2] 25 Henry VIII, C.22, *Statutes of the Realm*, Vol. III, p472.

法承认了伊丽莎白的合法身份，却没有明确否认玛丽出生的合法性。1536年，形势发生了巨大变化。在这一年，凯瑟琳和安先后去世。克兰麦还宣布亨利与安的婚姻无效，理由是安的姐姐曾是亨利的情妇，亨利与安之间因此存在第一亲等的姻亲关系。之后，亨利与简·西蒙结婚。结果，1536年《嗣位法》规定亨利的前两次婚姻都是无效婚姻，所生子女都属于非法生育的，不享有任何的继承权。[1] 简·西蒙在生下爱德华王子后去世。后来亨利又再婚了几次，不过再没有生育，而爱德华又体弱多病。所以，1544年《嗣位法》规定了王位的继承顺序是爱德华、玛丽和伊丽莎白。该法案虽然恢复了玛丽和伊丽莎白的继承权，却并没有明确恢复她们的合法身份。可见，亨利不仅在自己的婚姻上，而且在继承人问题上总是可以作出利于自己的决定。

第二节　支持离婚论的兴起

亨利八世“离婚”所引发的争论虽然与真正的离婚问题并没有密切联系。但这场争论使离婚问题成为公众讨论的话题，而且欧洲大陆新教国家允许离婚的做法不能不引起英国支持宗教改革者的注意，再加上欧洲大陆改革者支持离婚的观点和著作的传播，这些都刺激了英国国内相关的思考和争论。因此英国开始讨论一般性的离婚问题，而不仅仅是局限于亨利八世“离婚”。

一、16世纪支持离婚的观点

在宗教改革的背景下，英国的一部分人主张向大陆新教国家学习，废除天主教教会无效婚姻解除的做法，而代之以真正意义上的离婚。严格地说，16世纪对离婚的支持只是一种有限支持，与现代的离婚自由有着天壤之别，因为它只允许无过错方再婚，而且离婚的理由也有严格限定。当然，具体的理由也是因人而异。下面就对英国以及在英国影响很大的大陆支持者的观点做详细考察。

[1] 28 Henry VIII, C.7, *Statutes of the Realm*, Vol.III, p658.

在婚姻的解除方面，新教的著作很少讨论通过结婚禁忌废除无效婚姻，而更关注的是因通奸、抛弃和其他原因导致的真正的离婚。新教思想家支持离婚是因为他们了解社会上存在很多不幸的婚姻，并且认识到了禁止离婚的不合理。在现实生活中，确实有些变故会导致婚姻名不副实，夫妻的某些行为会背离婚姻的宗旨。这种勉强维持的婚姻对个人和社会都不利。既然婚姻会出现某些问题，那么就应该有某种解决问题的方法使夫妻能够从不幸中解脱出来。这种方法就是允许他们离婚。

布林格在《基督徒婚姻守则》的第二十五章专门论述了离婚问题。他认为为了人类的福祉和健康，应当允许人们离婚。离婚就如同婚姻的救治药方。药本身当然不好，却利于治病和身体健康。[1] 他还说天主教教会禁止无辜者再婚，这无异于粗暴地将圈套套在可怜人的脖子上，迫使他们沦入邪恶的深渊，因为分手已经是再所难免，而再婚又不被许可，他们就可能犯下淫乱之罪。既然保罗也说过“与其欲火攻心，不如嫁娶为妙”，那么他们就应该能够再婚。[2] 在1591年的《结婚准备》中，亨利·史密斯论述了婚姻责任之后，开始讨论离婚问题。他说：“上帝给每个疾病都指定了药物，因此他也给婚姻的疾病指定了药物。婚姻的疾病就是通奸，药物就是离婚。”[3] 布塞尔也指出，了解社会、热爱真理的人谁能不会否认如今社会上到处都是勉强维持的不幸的婚姻，这种婚姻更像是折磨而不是真正的婚姻。既然上帝一贯都拯救和帮助弱者，那么他绝对不会让在虚有其名的婚姻中受苦的男女陷于不可自拔的痛苦之中。上帝是最痛恨伪善的，他决不会允许他的子民维持婚姻的空壳，而实际上夫妻已经不再履行任何的婚姻职责。如果有人认为主禁止这些不幸的人、尤其是无辜的受害者离婚、再婚，那就是太忽视神法了。而且，也不应该勉强互不喜欢的人生活在一起，因为上帝赋予人类婚姻不是为了让人生活在无尽的痛苦中的，而是

[1] Heinrich Bullinger. the Christen state of matrimonye(Antwerp, 1541), in Clair, William St & Maassen, Irmgard(eds). *Conduct Literature for Woman 1500-1640*, v2, p187.

[2] Ibid, p190.

[3] Henry Smith. a preparative to marriage, H4, in Thompson, Torri L. (ed). *Marriage and Its Dissolution in Early Modern England*, v3, p451.

让人有合适的帮助。[1]

这些人同意允许离婚，并不意味着他们赞扬离婚，鼓吹离婚自由。在他们看来，离婚是不得已而为之的事，必须要非常慎重。当婚姻出现重大问题时，只有在所有其他的挽救措施都无效的情况下，经过严格的审查程序，夫妻双方方可离婚。在莫尔设想的乌托邦中，离婚也要经过严格的程序。他说："只有当议事会成员及他们的夫人对案子作了深入的调查，离婚才得到批准。即使有了深入的调查，也不是那么轻易批准，因为议事会深知，如果轻易地可望重新婚嫁，这对于巩固夫妻之间的爱情将是不利的。"[2]

布林格在论述了离婚的程序问题时指出，任何人都不得随意离婚，也不得自行离婚，而是要经过法官的裁决，确有正当理由才能准许离婚。而且，法官也不能草率做出判决，立刻就同意双方离婚，而是要尽可能地进行调解，只要有破镜重圆的可能就应该尽量避免离婚发生。[3]1550 年，胡珀主教在其《十戒宣言》中也指出离婚是万不得已才为之的事。夫妻首先应该尽一切可能私下地纠正错误。如果这样不行，那他们应该恳求公正的仲裁者和虔诚的朋友帮助他们，期间无过错方应该积极地为误入歧途者向上帝祈祷。如果这样还不行，那无过错方就可以向地方官员申诉，要求处罚有过错者，并使自己恢复自由。因为在上帝面前，罪过与错误已经将他们夫妻分开了。[4] 在当时而言，布塞尔的离婚观应该是比较激进的，但是这并不说明他赞扬离婚。在他看来离婚本身并不好，只在某些情况下是必要的，而且任何一方都不能随意离婚。布塞尔说，禁止出于非正当的原因而离婚，君主应该惩罚违反者。他还认为国君和治安法官首先应该严惩淫乱与通奸，接着要保证人们合法地缔结婚姻、忠实地维护婚姻，最后，如果迫于不幸的原因，允许人们依据神法、自然法和国家的法律离

[1] Martin Bucer. The Judgrment of Martin Bucer, concerning divorce, John Milton(trans), in Thompson, Torri L.(ed). *Marriage and Its Dissolution in Early Modern England*, v4, p389.

[2] [英] 托马斯·莫尔著：《乌托邦》，戴镏龄译，北京：商务印书馆 1982 年版，第 89 页。

[3] Heinrich Bullinger. the Christen state of matrimonye(Antwerp, 1541), in Clair, William St & Maassen, Irmgard (eds). *Conduct Literature for Women 1500-1640*, v2, p188.

[4] Phillips, Roderick. *Putting Asunder : a history of divorce in western society*, p182.

婚并且再婚。[1]

他们对离婚和再婚的条件也有较严格的限定。只有夫妻中的某一方有某种过错，他们才能离婚，而且只有无过错的一方可以再婚。这样是为了避免有人为了离婚而故意做出不轨之举以达到目的。如果双方都有过错，一般都不能够离婚。在支持离婚的人看来，一方的通奸和抛弃就是最能导致离婚的过错。通奸和抛弃能够导致离婚，这一点最容易从《圣经》中得到论证，因而允许离婚的人都会同意这两者成为离婚的理由。

《旧约》多处规定不许通奸，并且将通奸定为死罪。在《新约》中也有关于通奸的规定。“在凡休妻的，若不是为淫乱的缘故，就是叫她作淫妇了。人若娶这被休的妇人，也是犯奸淫了。”《马太福音》（5：27—32）

《旧约》中将通奸者处死的习俗早已废弃不用，而通奸完全背离了婚姻的目的，罪大恶极，不能被轻易赦免。因此这一时期的改革者主张应该用离婚来代替死刑，通奸者虽不被处死，但视同死亡，这样无过错方就可以有自由再婚了。支持离婚的人对通奸导致离婚这一点是最为认同的。只是因为《马太福音》的规定，有人讨论通奸与离婚时只局限于妻子通奸的情况，即认为只有妻子通奸才能导致离婚，丈夫可以再婚，而如果丈夫通奸，妻子则不能与之离婚，也不能再婚。""

1533年威廉·廷代尔在通奸问题上就只谈到妻子的通奸。他说，妻子如果通奸，那么丈夫则完全是自由的，他可以原谅妻子，也可以另娶一个妻子。而有罪之人如果悔改则仍然是上帝的子民，否则则是不信之人。如果世俗官方将她如同罪犯一样处以监禁，以迫使其过严肃的生活，并且对于她的罪孽给予人们一个满意的交代。廷代尔认为这么做没有什么不妥，因为宁可让行为不轨者遭罪，也不能使社会堕落。如果官员疏忽职守，没有使其赎罪。她到了一陌生的地方，遇到一个男人同情她，并且娶她为妻。廷代尔认为这是可以容忍的。但是廷代尔反对她就在当地社会再婚，因为这种自由会诱惑那些厌倦自己丈夫

[1]　Martin Bucer, The Judgrment of Martin Bucer, concerning divorce, John Milton(trans), in Thompson, Torri L.(ed). *Marriage and Its Dissolution in Early Modern England*, v4, p398.

的人，使她们为了达到离婚的目的而去通奸，这样她们就可以与自己所爱的人结婚。[1]

胡珀也同意德国改革者允许因通奸而离婚的观点，不过他没有采纳威廉·廷代尔在性道德上的双重标准。根据《旧约》将通奸判处死刑的做法，胡珀认为既然现在通奸者并没有被处死，那么就应该允许离婚，使无辜者可以自由再婚，就如同通奸者被处死后，其配偶可以再婚一样。既然无法将通奸定为死罪，那么对于无过错方而言，允许离婚不失为一个比较公正的办法。胡珀似乎还承认有其他的离婚条件，他只谈到通奸的问题，根本没有涉及禁忌问题。而且在一切婚姻问题上他对男女都是一视同仁。他说，和女人把自己的身子给奸夫一样，男人若是把自己的身子给淫妇，那也解除了婚姻纽带。[2]

后来，草拟《宗教改革法草案》的委员会以及著名的清教作者威廉·帕金斯和亨利·史密斯，还有17世纪的惠特利和弥尔顿都赞同在通奸问题上对男女一视同仁。帕金斯认为在离婚问题上，对夫妻双方都应该一视同仁，因为在婚姻中他们拥有同样的权利和义务。[3] 史密斯认为通奸之所以导致离婚是因为它违背了婚姻的目的。婚姻本身是为了避免淫乱之行为的发生。一旦条款被破坏，那么义务就不复存在。而且婚姻是为了人的荣誉而存在的，但如果夫妻一方通奸，并且又不许离婚，这样的婚姻给人带来的只能是麻烦、悲伤和耻辱。[4]

除了通奸的原因以外，抛弃也是常被认可的离婚原因之一。其来自《圣经》的依据就是，《哥林多前书》（7：15）说：“倘若那不信的人要离去，就由他去吧。”虽然其中所指的是不信的人离开的情况，支持离婚的人还是据此认为，夫妻中一方无故长期离开另一方，那么后者可以离婚而且再婚。

在离弃问题上，廷代尔改变了在通奸问题上的双重道德标准，认为不管是谁故意离开自己的配偶，超过一定期限不回的话，都可以导致离婚。而且他更

[1] William Tyndale. an exposition upon the V.VI.VII.chapters of Mathew(1533)(exerpt), f4, in Thompson, Torri L. (ed). *Marriage and Its Dissolution in Early Modern England*, v3, pp10-11.

[2] Powell, Chilton Latham. English Domestic Relations, 1487-1653. p74.

[3] Ibid, p74.

[4] Henry Smith. a preparative to marriage, H4, in Thompson, Torri L.(ed). *Marriage and Its Dissolution in Early Modern England*, v3, p454.

加强调丈夫的责任，这是因为《提摩太前书》（5：8）说："若不看顾亲属，就是背了真道，比不信的人还不好。不看顾自己家里的人更是如此。"廷代尔认为既然如此，无故离开妻子的人就更是不信之徒了。如果丈夫离开自己的妻子，那么统治者应该制定法律规定如果他在一定期限内不回家，就应该将其逐出国家，而他的妻子可以自由嫁人。同样，如果妻子无故离开丈夫并且不愿意和解，即使她没有通奸，丈夫也有再婚的自由。[1]

除了这两个原因外，在离婚问题上相对比较保守的人主张其他的原因都不能导致夫妻离异，尤其反对因夫妻感情不和而离婚。比如，廷代尔认为如果双方因不能忍受对方的缺点而迫不及待地自行离婚，那么他们都不得再婚。如果需要婚姻，那么就要忍受对方的缺点。世俗官员应该制定法律约束那些不守规矩的人。[2] 亨利·史密斯反对因感情不和而离婚，因为他认为："如果夫妇可以因为不和而分开，他们可能会经常争吵。但是现在他们最好不要争吵，因为法律已经将他们捆绑在一起，他们最终会疲倦，从而放弃斗争。就像拴在一条绳上的两只狗一样，因为无法分开，最后不得不学会了共同生活。"[3]

不过有些人的观点比较激进，除了承认通奸和抛弃可以导致离婚以外，他们还承认其他离婚理由。布林格认为离婚的正当理由还有卖淫、谋杀和投毒。威廉·帕金斯认为共同生活中让对方无法忍受的暴力也应该可以导致离婚。

在当时英国社会传播的离婚观中，布塞尔的观点无疑是最为激进的。他认为，当夫妻之间的爱与交流停止后，真正的婚姻也就不存在了。他还提出了许多其他的离婚条件。不管是丈夫还是妻子只要能够证明对方犯有以下过错，都可以要求治安法官批准自己离婚：行巫术、谋杀、渎圣、隐匿盗贼、和丧失夫妻情谊。此外，妻子在丈夫不知情或不愿意的情况下，无理由地夜不归宿，或经常光顾戏院等场所，丈夫则可以与之离婚。如果妻子看见丈夫经常与荡妇鬼

---

[1]　William Tyndale. an exposition upon the V.VI.VII.chapters of Mathew(1533)(exerpt), f4, in Thompson, Torri L.(ed). *Marriage and Its Dissolution in Early Modern England*, v3, pp14-15.

[2]　Ibid, p16.

[3]　Henry Smith. a preparative to marriage,H4, in Thompson, Torri L.(ed). *Marriage and Its Dissolution in Early Modern England*, v3, p453.

混，或遭到丈夫殴打，她也有同样的自由。区别在于，男人离婚后可以马上再婚，而妇女则需要等一年后再婚，以排除已经怀孕的可能。[1] 这些因素之所以导致离婚，是因为犯这些过失的人要么本来会被处以死刑，或者是被驱逐出境，或者是会受到极大的耻辱，这些都是与婚姻的誓约相违背的。如果是死刑，那么无过错方不可能与一个本该死的人生活在一起。如果只是名誉扫地，那么正直的人与这种声名狼迹的人共同生活也是不适合的。如果有人不能给予自己的妻子真正的夫妻之爱，那么他就应该休掉她，好让她再嫁。[2] 此外，他还认为有些疾病也能导致离婚，如性无能、麻风病和精神病。

尽管在宗教改革中，英国社会上出现了以上述观点为代表的离婚观，但是在伊丽莎白的支持和高等法院的保护下，国家教会仍然坚持原有的规范和做法。允许再婚的离婚仍然没有的得到认可。尽管事实上，人们一旦依据教会法庭判决分居后很少顾及该禁令，往往都会违反规定再婚。教会法庭仍然依据或真或假的禁忌废除无效婚姻，批准分寝分食的分居，后者很快就被当事人视做真正的离婚。在这种情况下，清教徒显然认为只要教会法庭的地位不变，在离婚以及其他事务上就不可能有真正的改革。

二、17 世纪对离婚问题的争论

在离婚问题上，英国的支持者既反对天主教教会的规定，也不同于大陆的新教改革者，他们允许有限的离婚，即往往只承认通奸和抛弃是离婚的理由。但 16 世纪的讨论与改革的努力都没有能够解决问题，1604 年的教会法仍然规定婚姻是不能破坏的宗教和法律纽带。所以，当进入 17 世纪其他新教国家都已经允许离婚，对此的争论都已经告一段落的时候，英国支持离婚的人仍然要为自己的主张不断鼓吹。在英国革命的背景下，由于社会契约论的兴起，由于议会权力的不断加强，17 世纪英国关于离婚的争论甚至更加激烈，而且也不

[1] Martin Bucer. The Judgrment of Martin Bucer, concerning divorce, John Milton(trans), in Thompson, Torri L.(ed).*Marriage and Its Dissolution in Early Modern England,* v4, p392-393.

[2] Ibid, pp388-389.

同于16世纪宗教改革改革背景下的讨论。

虽然1604年的教会法明确地禁止了离婚，并重申了罗马教会分居的做法，离婚问题还是没有得到根本解决。1602年一男子被控与其妻分居后，在前妻还活着时再婚，当然他的再婚被判无效，但他辩护说许多学识渊博的人都认为分居后可以再婚。1604年通过的《反重婚法》将重婚定为死罪，但同时规定对那些与原先伴侣分居后重婚的人从轻处罚。艾塞克斯伯爵的妹妹珀涅罗珀•德威瑞克斯在1581年嫁给里奇。1589年她成为查理•布劳恩特的情妇。1605年她给布劳恩特生下几个孩子后，从里奇那里拿到“离婚”判决，这其实是分居判决，因为她没有再婚权。但是，威廉•劳德还是在这一年为珀涅罗珀和查理主持了婚礼。因为该仪式违反教会法，所以查理的孩子并没有因婚礼而获得合法身份，劳德对自己的行为抱恨终生，最后该婚姻被认为是重婚。[1]

这些都说明对于分居、离婚、再婚和重婚的看法仍然还是比较模糊的，也说明为什么1604年教会法颁布之后还要对离婚问题争论不休。在17世纪初期，离婚的反对者仍然坚持婚姻是不可解除的，而且认为离婚会对子女抚养、社会道德和秩序产生不良影响。而离婚的支持者还是重点强调通奸和抛弃应该是离婚的理由。

罗伯特•贝尔民反对因通奸而离婚。他的理由：一是婚姻是基督与教会结合的象征，这种结合是不得解除的，因此婚姻的纽带也不能解除；二是如果再婚合法，那么已有子女会受到虐待，因为继父（母）代替了其亲生父（母）；三是如果允许离婚后再婚，那么无数的离婚与严重的混乱将会接踵而来；四是如果无过错方可以再婚，那么有过错方也会再婚，这样，有人就会为了离婚而有意地去通奸；五是即使在异教世界，在社会秩序良好的时候，是不会有离婚的。当社会无序时，才会有离婚以及其他罪恶产生。约翰•雷诺1609年出版了其著作《为新教辩护》，该文对贝尔民的这些论点一一予以驳斥。雷诺认为应该允许因通奸离婚，并且再婚，否则会给家庭的教育、财产、遗产继承和荣

[1] Henderson, Katherine Usher & Mcmanus, Barbara F.(eds). *Half Humankind : contexts and texts of the controversy about women in England, 1540-1640*, Urbana & Chicago : University of Illinois Press, 1985. p74.

誉造成损失。权衡通奸给家庭甚至社会带来的伤害，还是应该允许离婚。离婚就是对通奸罪的惩罚，正如对盗窃罪处以绞刑一样，如果允许因通奸而离婚会导致离婚泛滥，那么流浪汉们就会说不应该对盗窃罪处以绞刑，因为这样会使绞刑泛滥。[1]

17 世纪早期最引人注意的支持离婚的人是威廉·惠特利。1617 年《婚姻丛林》出版时，惠特利在书的前两章开宗明义地指出婚姻职责分基本职责和非基本职责。如果违背了基本职责，那么婚姻的纽带就被解除了，否则，婚姻就对双方都具有完全的约束力。婚姻的两大基本原则就是贞洁与仁爱。贞洁是指夫妻在身体上彼此忠诚，若他（她）违背了就是犯通奸，这背弃了神的誓约，解除了婚姻对其伴侣的约束，而自己却罪在当铢。仁爱是指夫妻要共同生活在一起，已婚者不能依自己的喜好选择自己的住处，而是要与配偶生活在一起。不能容忍存心的恶意的分离，夫妻中任何一方固执地放弃夫妻生活，那么这种行为就是抛弃，他 / 她破坏了婚姻的盟约，如果因其顽冥不化而使这种过错不能纠正，那么另一方就不再受婚姻纽带的约束，在经过教会或治安法官的判决后，他 / 她可以合法地再婚。[2]1619 年该书再版时，其中关于离婚的观点显然引起了国教会的领导人物很大不满。因此，他被传唤到法庭做出解释，并且被要求正式地收回自己的见解。在 1623 年版的书中，出现了一则启事。其中他以致读者信的方式撤回了他的错误观点，并且承认在任何情况下他的观点都是毫无根据的。但是，书的主体内容并没有被修改，据惠特利自己说这是“由于一名印刷工的失误”。[3] 在 1623 年版的书中，关于离婚的原因，惠特利除了承认通奸的原因外，还有两种抛弃，一是真正的离家，二是拒绝履行婚债，其中任何一种都可以导致离婚，而且其中对男女一视同仁。在离婚问题上，惠特利与教会当局的冲突突显出了当时在婚姻观念上所存在的紧张状态。

---

[1] John Rainolds. a defence of the judgement of the reformed churches, in Thompson, Torri L.(ed). *Marriage and Its Dissolution in Early Modern England*, v4, p303.

[2] William Whately. a bride-bush or a wedding sermon,(1617), A3, in Thompson, Torri L.(ed). *Marriage and Its Dissolution in Early Modern England*, v4, pp312-315.

[3] Clair, William St & Maassen, Irmgard(eds). *Conduct Literature for Women 1500-1640*, v5, p184.

在17世纪初期，关于离婚的争论基本还是沿袭了16世纪的做法，即主要是立足于《圣经》寻找神学上的依据。之后由于国王与议会的冲突，离婚问题又与政治密切联系起来。

在英国革命之前和期间的政治争论中，无论是保皇派还是议会派，都试图通过与婚姻和家庭类比来证实自己的政治主张，他们都认为君臣关系与夫妻关系是类似的。问题的关键在于如果丈夫 / 国王暴虐专制，妻子 / 臣民是否能够反叛，并且与其断绝关系。保皇派认为和婚姻一样，臣民与君主的政治契约关系是不可解除的。这样，为了反驳保皇派的政治观点，议会派不可避免地要涉及对婚姻关系的讨论。议会派同意在婚姻生活中丈夫是妻子的领导，该派也认为丈夫的权威也是有限的。一些人甚至认为如果丈夫逾越了其权限，那么妻子有权反对他，甚至离开他。比如，赫伯特・帕尔默说，妻子出于必要的原因，可以根据上帝的法律，通过离开或其他必要的防卫手段将自己从丈夫的暴力下解救出来。[1] 查理一世的支持者亨利・佛恩声称，在君臣最初的契约中，没有条款说议会可以反叛。议会派的威廉・布里奇反驳说，在婚姻中夫妻也形成一种契约关系，当他们结婚时，并没有明确说如果一方通奸，婚姻就会被解除，但我们知道婚姻契约本身就包含了这一条件。[2]

鉴于离婚在当时仍然是一个很敏感的话题，许多议会派人士总是审慎地避开这个问题。离婚在当时还是非法的，而且也还没有得到社会的普遍认可。如果通过论证离婚的正当性来证明议会反叛国王的正当性，这样很容易使议会派处于不利地位。政治争论一方面给离婚问题的讨论带来了新的方向，同时也使它暂时地陷入僵局。当议会拿起武器反对国王后，这种保守的克制态度到了弥尔顿的时候就完全被颠覆了，他反而用议会的行动来论证应该允许离婚。

1643年弥尔顿的《论离婚的教义和规范》出版。该书认为如果婚姻中缺少精神的联合，它只会增加而非减少人的孤独，这违背了神创立婚姻的宗旨，因此主张一对不幸福的夫妻不仅应该离婚，而且离婚对于他们还是一项道德义务，

[1]　Phillips, Roderick. *Putting Asunder : a history of divorce in western society*, p118.

[2]　Shanley, Mary L. "Marriage Contract and Social Contract in Seventeenth Century English Political Thought.", *the Western Political Quarterly*, Vol.32, No.1, 1979, p83.

因为维持不幸的婚姻违背了婚姻自身的目的，还可能由于不幸的人在别处寻找安慰而导致通奸，还可能使人丧失对上帝的信仰。他还说，夫妻性情不和是由无法改变的天性所造成的，它妨碍了婚姻生活的根本目的，即慰藉与安宁，它比天生的性无能更应该成为离婚的理由，尤其是在没有孩子而且双方都同意的情况下。[1] 他的书是很有革命性的，它所包含的观点都是有人曾提出过或者在现实生活就存在的。清教徒认为婚姻的最大目的是夫妻的幸福而不是生育和防恶。将性情不和作为离婚的理由是他们对婚姻的态度的合乎逻辑的结果。当该书在1644年再版时，弥尔顿在前言部分写了“致议会”的献词。他说，至上的议会，如果这种仁慈（指离婚，笔注）被排斥和拒绝，你如何捍卫自己行动的纯洁声誉；结婚的人，和宣誓效忠国王的人一样，并不想促成自己的毁灭；人民之于坏政府就像一个人之于不幸的婚姻一样。如果一个人为了挽救自己的生命，为了使自己摆脱可恶的束缚获得正当的自由，可以反抗权威、契约和法律，那么他也可以反抗给他带来不幸的私人契约，使他自己从困境中解脱出来，获得正当的安宁与满足。[2]

在革命期间，国家和教会的权威受到前所未有的冲击和挑战，同时也兴起了许多宗教派别，因此，对离婚的争论也更加复杂起来。正如希尔所言：“从1645年到1653年，在英国一切都在被颠覆、被质疑和被重新评价。旧的制度、信仰和价值观念都遭到了怀疑。”[3] 各个教派都认为自己的成员是精神上的重生者，教派之外的人都不是基督徒。一些激进的教派非常看重夫妻之间的宗教信仰的差别，主张宗教上的不和是离婚与再婚的条件。如，再洗礼派认为信徒与上帝的结合远甚于任何尘世的婚姻，因此要求信徒离开自己非本教派内部的配偶。因此，在离婚问题上，各教派都特别注重所谓的“保罗特权”。16世纪的改革者将这一离婚原因引申为夫妻间的抛弃，而17世纪的一些教派却以

[1] Anon. an answer to a book, intitled, the doctrine and discipline of divorce, in Thompson. Torri L.(ed). *Marriage and Its Dissolution in Early Modern England*, v4, p418.

[2] Shanley, Mary L. "Marriage Contract and Social Contract in Seventeenth Century English Political Thought.", *the Western Political Quarterly*, Vol.32, No.1, 1979. p85.

[3] Hill, Christopher. *The World Turned Upside Down, radical ideas during the English Revolution*, Temple Smith, 1972. p12.

狭隘的排外主义来阐释“保罗特权”，只允许同一教派内的人通婚，同时也允许与外教派或国教会的配偶离婚。

1643 年清教徒集会所提出的思想在 1651 年出版，它清楚地申明了他们的观点和立场：在结婚前订婚后发生的通奸或私通可以让无辜方正当地解除婚约。如果在婚后发生通奸，无辜方可以合法地起诉要求离婚，在离婚后可以再婚如同前配偶已经死亡。只有通奸和故意的抛弃是无法弥补的，它们是终止婚姻的充分条件，当然离婚要经过一个公开的程序。[1]1653 年，有人开始考虑在世俗婚姻法案中增加条款，允许因为一方通奸而导致的离婚，但该提议在二读之后就被一致否决了。可见，直到 17 世纪中期，除了弥尔顿离婚观以外，支持离婚的主导观点仍然没有多少突破，关于离婚的立法也没有发生变化。

复辟后，议会与王权之争再度兴起，也开始再次争论君臣关系与夫妻关系到底能不能被解除。在 1688 年左右，吉尔伯特·伯内特出版了一个小册子，主张通奸可以解除婚姻契约。但是当时真正从理论阐释清楚君臣契约与夫妻契约的可解除性的是约翰·洛克。洛克虽然也引用了《圣经》，但他主要是用契约论和天赋人权说来证明离婚的正当性。这就使他可以更加自由地论述政治和婚姻契约，而不必纠缠于对《圣经》的阐释。洛克认为婚姻契约是可以被废止的，它并不是终生的。而且丈夫对妻子并没有绝对的权威，妻子甚至也可以主动离开丈夫，而不仅是被动地被抛弃。他还说，夫妻关系是基于男女之间的自愿协约构成的。出于抚养子女的需要，夫妻关系比其他动物的配偶关系较为牢固和持久，但是这种保障生殖和教育并照顾到继承的协约，和其他任何自愿的契约一样，可以基于同意、或在一定的时间、或根据某些条件而终止。既然丈夫的权力远不及一个专制君主的权力，那么妻子在许多情况下，在自然权利或他们的契约所许可的范围内，就有和他分离的自由。[2]洛克关于婚姻契约的思想突破了早期议会派遮遮掩掩的藩篱，尽管这种思想得到法律的认可在英国还有很长的路，但它影响了之后的离婚讨论。洛克预见了后世的一些关于婚姻的法律和实践的重大改革。[3]

---

[1]　Powell, Chilton Latham. *English Domestic Relations, 1487-1653*. p88.

[2]　[英]洛克著：《政府论》（下篇），叶启芳、瞿菊农译，北京：商务印书馆 1983 年版，第 49—51 页。

[3]　Shanley, Mary L. "Marriage Contract and Social Contract in Seventeenth Century English Political Thought.", *the Western Political Quarterly*, Vol.32, No.1, 1979. p91.

三、支持离婚论兴起的原因分析

虽然在英国一直没有通过允许离婚的法律，这些对离婚的支持也并非毫无理由。尽管对于离婚，英国大众还是持保守态度，但要求允许离婚的呼吁在一定程度上还是体现了当时社会的需求。比如，在1551年，在格洛斯特主教法庭，一奸夫为自己辩护说：法律允许我通过与人通奸生育子女，我真希望能恢复摩西的法律（即休妻的法律，笔注）。[1] 社会道德水准下降以及人口迁徙流动的频繁显然给婚姻造成了严重的冲击。当然离婚并不能保证婚姻幸福，但它至少能给不幸的婚姻提供一条出路，只有这样才能缓解可能产生的危机。

首先，社会上存在许多不幸的婚姻。当然，婚姻总是有幸福的，也有不幸福的，这没有什么奇怪的。但是，如果只有不幸的婚姻，却没有走出不幸的出路，那就是值得注意的问题了。比如，伊拉斯谟在解释他为什么写作《指责与评价》一书时说，因为他在英国看到太多的夫妇非常不和，双方都在这不幸生活中被毁灭，如果允许他们离婚，那他们就可以从中被拯救出来。[2] 他还指出在这种情况下，如果仍然禁止离婚，则会造成很大的危险。比如，夫妻中的一方可能会毒害或谋杀另一方。但是如果允许他们离婚，并且还能再婚，那么他们就有可能不会陷入这种危险境地。[3] 在该书快结束时，伊拉斯谟又再次提到，看到那么多的人被束缚在痛苦的婚姻纽带中却不能解脱，真是令人心痛，并对他们产生深深的同情之感。他说："我看到很多这样的夫妻，尤其是在英国，正是在那里我开始考虑写此书。"[4] 伊拉斯谟满怀仁爱之心，希望人类能够从苦难中解救出来，希望人类不至于因为自身的痛苦而变得残忍。而英国本土的

---

[1] Keith Thomas. The Puritans and Adultery,the act of 1650 reconsidered,in Pennington, Donald & Thomas, Keith(eds). *Puritans and revolutionaries : essays in seventeenth-century history presented to Christopher Hill*, Oxford: Clarendon Press, 1978. p261.

[2] Erasmus. the censure and judgement, A5, in Thompson, Torri L.(ed). *Marriage and Its Dissolution in Early Modern England*, v3, p205.

[3] Ibid, J, ibid, p330.

[4] Ibid, K, ibid, p346.

思想家却是从另一个角度来看待英国当时社会上所存在的婚姻问题。

其次，社会上存在大量的事实离婚。因为英国从来就没有允许过离婚，所以这种离婚显然只是一种非法的民间行为，是人们规避或玩弄法律、私下因为各种原因离婚、再婚的行为，因而也是为道德家们所不容的。所有参与讨论离婚问题的人，无论是支持者还是反对者，都无一例外地指出事实上离婚现象非常普遍，已经成为严重的社会问题。比如，伊拉斯谟《指责与评价》一书的英译者尼古拉斯・赖斯在“致读者”中说：“离婚已经成为家常便饭，离婚者既有心怀不轨之人，也有些人确实是根据上帝的律法，在寻求一种补救和帮助，因为他们的婚姻已经变得非常痛苦和危险。”[1] 虽然离婚一直得不到许可，但直到 17 世纪夫妻离异的事仍然很多。据说那些讨厌妻子的男人干脆就打点行李，一走了之。有布道书抱怨说，由于男人的特权，离婚现在是如此普遍，这令上帝非常不快。1608 年，罗伯特・艾博特在一个婚礼布道上说，自然、宗教、忠诚、文明和正义都呼吁夫妻要共同生活，但所有这些呼吁都毫无用处。相反，夫妻间令人扼腕的决裂和分离到处可见，尤其是在社会上层更是如此，仿佛在那些大人物中，夫妻共同生活都已经不时兴了似的。[2]

第三，大量夫妻离异的现象说明社会上确实存在离婚的需求。斯特赖普曾说，“离婚”非常盛行，因为以婚前先约为借口而解除婚姻的事非常司空见惯。在离婚上的诸多邪恶做法甚至导致亨利八世在 1540 年试图完全废除“离婚”和分居，只有乱伦婚除外。贵族经常抛弃妻子，再娶更好的或更富有的女人，他们有时候诡称妻子不贞，这样就可以随意地离婚和再婚。[3] 这说明当时的人为了达到摆脱婚姻束缚的目的有两条途径：一是利用天主教教会废除无效婚姻的做法，编造自己与现在的配偶存在某种禁止结婚的障碍，或者原本他们就存

---

[1]　Erasmus, the censure and judgement, A2, in Thompson, Torri L.(ed). *Marriage and Its Dissolution in Early Modern England*, v3, p197.

[2]　Phillips, Roderick. *Putting Asunder : a history of divorce in western society*, p98.

[3]　Powell, Chilton Latham. *English Domestic Relations, 1487-1653*, p61, p64.

在这种障碍，现在出于需要而提出来，这样就可以将婚姻废除，获得再婚的自由；二是通过教会法庭判决与配偶分居后，违反禁止再婚的禁令而结婚。但是，在当时的法律规定下，这两种做法都要冒很大风险。前者既然是无效婚姻，那么该婚姻所生子女也同时应该被剥夺法律身份，成为私生子，而后者既然是违法结婚，显然会被判为非法婚姻，因此该婚姻及其所生子女都有失去合法性的危险。虽然如此，还是有人冒天下之大不韪，这说明不管英国的法律如何规定，社会还是需要通过离婚来解决婚姻问题。

在离婚被禁止的情况下，支持离婚的人都至少极力主张两个离婚理由，即通奸和抛弃可以导致离婚，这说明通过提出这两点理由，最容易使离婚得到允许。之所以如此是与当时的现实有密切关系。

通奸被一致认可成为通奸的原因，首先是因为在《圣经·旧约》中通奸罪是死罪，而在《圣经·新约》中它也是基督承认的离婚的原因。以此为据最有说服力，同时这也反映了宗教改革期间对《圣经》权威的信奉。其次，这主要与当时社会对道德规范的努力有关。天主教教会对通奸的处罚是使夫妻分居，双方都不得再婚。新教徒认为这并没有真正惩罚通奸者，对无过错方这种处罚也不公平，因此反对判处分居这种做法。他们还认为罗马教会的这种腐败行为导致了社会的性道德沦丧。当时社会道德水准确实在下降，人们对通奸这类行为不以为然，甚至下流地借以取乐，至少新教徒尤其是清教徒相信如此。1588年，艾塞克斯的一位居民甚至宣称，在丈夫熟睡的时候与他的妻子通奸并不算是罪恶。在英国革命时期也有激进教派认为，夫妻中任何一方熟睡时，另一方就不再受婚姻纽带的束缚，因此如果一妇女在丈夫睡着后与他人上床，这不算是通奸。[1] 与此同时，随着对夫妻之爱的强调和家庭生活的理想化，社会对通奸这种灵与肉的背叛行为越来越不能容忍。所以，通奸的问题在当时是如此地引人注意。

---

[1] Keith Thomas. The Puritans and Adultery,the act of 1650 reconsidered,in Pennington, Donald & Thomas, Keith(eds). *Puritans and revolutionaries,* p261.

不过该如何惩罚通奸，通奸与离婚有什么关系，这些在当时还是有争议的。温和派认为正是因为婚姻不幸的人无法离婚才滋生出这许多淫乱行为，因而主张允许双方离婚，使无过错方可以再婚，同时禁止有过错方结婚并对其给予一定的惩罚。但是激进派认为这并不足以根除社会上的淫乱行为，正是因为通奸之风日盛而又没有强有力的惩罚措施才使得社会上出现大量的离婚现象，因而主张判通奸为死罪，以此代替离婚，因为根据天主教的教义惟有死亡才能解除婚姻纽带。后者主要的依据是《旧约》中将通奸者用石头砸死的规定，他们的思想在1650年的《反通奸法》中得到了贯彻。既然这部法律在实际上并没有得到实施，在理论上也不符合法律的精神本质，这就说明在通奸的情况下用死罪来代替离婚是行不通的。

关于离弃造成离婚，这一点虽然能够在《圣经·新约》中找到一定的依据，它主要与当时社会普遍存在的人口的地域流动有关。在大规模的人口流动过程中，很多人离开妻儿四处谋生。一些人或者音讯全无，或者在外地另立家室，而其妻儿很容易陷入贫困，需要接受救济。只有准许这种长期分隔异地的夫妻解除他们的婚姻纽带，被遗弃方才能合理合法地再婚。因为被遗弃的多半是妇女，这种规定对社会也是有利的。如果准许她们再婚，她们就有可能因为得到新丈夫的帮助和照顾而不再需要社会的救济。

需要说明的是，支持离婚是对以上社会问题的理性回应，而不是说英国社会对婚姻的态度突然变得很随意。他们支持离婚并不仅是为了解决婚姻破裂的问题，更多地是出于规范性道德的需要，是为了惩治婚姻中的过错行为，并解救受害者。即使支持离婚的人也没有为自己的立场摇旗呐喊，没有大肆鼓吹离婚的好处，他们都认为离婚是不得已而为之的事。只有在诸多和解的尝试都失败后离婚才被允许。为了防止离婚的产生，许多道德家都极力宣扬正确的择偶观和夫妻之道。比如，惠特利在谈论离婚问题时指出，如果通奸者只是初犯，而且真心悔改，那么另一方就应该原谅。因为夫妻的爱是博大的，可以包容小的过错。但是这种爱也会被严重的过错所淹没，所以，如果过错方不思悔改，而且还认为自己没有过错，那么另一方不仅应该谴责通奸者的罪恶，而且还应该与其一刀了断。[1] 夫妻应该极力避免离婚的发生，而且在平时的生活中就要防微杜渐，不能因一时不满就一走了之，不仅要避免使婚姻完全瓦解，而且要避免小的冲突和摩擦，不要一时冲动就争吵不休，彼此厌恶，哪怕是短暂的分居都要避免。[2]

第三节 离婚改革的尝试和案例

在整个16、17世纪英国不乏离婚的支持者，也出现了少量离婚的案例。在教俗法庭，离婚仍然还是不可能的。不过，在社会上一直存在改变这种现状的努力。

1543年亨利八世任命了一个32人组成的委员会拟依据英国国教的教义改革教会法，不过最后不了了之。就在亨利八世驾崩后不久，一个离婚案件的发生改变了坎特伯雷大主教托马斯・克兰麦的离婚观，进而也影响到了爱德华时期的改革。

尽管托马斯・克兰麦反对婚姻圣事论，也反对教会法庭废除无效婚姻的做法，但他并没有放弃婚姻不可解除论的立场。1540年，他为黑森的菲利普的重婚深感烦恼，他此时的一封信反映了他对离婚的反对。在写给菲利普的支持者奥西安德的信中，克兰麦问到："出于什么样的理由，你会同意一个人离婚后，在原配尚在人世之时就再婚？"[3] 在他看来，重婚和离婚都是不合理的，它们违背了婚姻的本质，违背了《圣经》的教义。他认为没有任何的例外，而且明确地反对通奸可以导致离婚。但后来，他改变了自己的观点，并且承认通奸可以导致离婚。这起因于北安普敦侯爵威廉・帕尔的离婚事件。

1542年，教会法庭因其妻通奸而判决帕尔夫妇分居。接着，帕尔开始努力获得许可再婚，尽管此时前妻仍然活着。1547年5月7日，克兰麦组织委员

[1] William Whatley, a bride-bush, or a wedding sermon(1617), A3, in Thompson, Torri L.(ed). *Marriage and Its Dissolution in Early Modern England*, p312.

[2] Ibid, B, ibid, p315.

[3] Phillips, Roderick. *Putting Asunder: a history of divorce in western society*, p79.

会调查此事以确定帕尔是否可以再婚。调查本身就说明在离婚问题上，英国教会开始让步。因为根据中世纪教会的规定，夫妻因一方通奸而分居后都不得再婚。但在克兰麦得出结论前，即1548年1月28日，帕尔再婚了，他宣称根据上帝的旨意，他已经解除了自己与前妻的关系，婚姻的不可解除论只是天主教法律的一部分。帕尔给英国国教会提出了两个挑战：一是夫妻一方通奸可以导致离婚，而不仅是分居；二是他提出依据神意通奸解除了婚姻，这意味着通奸本身就使离婚成为必须，而司法程序和审判都是不必要的。

当然，帕尔的观点并没有被马上采纳，在克兰麦就他的前次婚姻形成意见之前，他与现任妻子必须分居。最后，克兰麦还是认可了通奸是离婚的理由，似乎还附带承认了抛弃可以导致离婚。他的这种立场的主要依据也是《圣经》的规定。他说，基督谴责所有的离婚，但通奸的情况例外。基督说婚姻就是两人成为一体，但如果一方与其他人成为一体，破坏了婚姻，那该婚姻就被解除了。福音书中经常说夫妻有权主张对方的身体，彼此都要待以合宜之份，而没有解除婚姻纽带的分居显然与这是相违背的。圣保罗说夫妻中不信的一方如果要离开，信的一方就不再受婚姻纽带的约束，这似乎是因抛弃而解除了婚姻纽带。当然，通奸是更重要的离婚理由。[1] 虽然克兰麦在该婚姻案例上的意见得到了采纳，显然当时人们并不愿意这成为离婚的先例。在议会通过一个专门的法案解除了前次婚姻后，帕尔的再婚才得到认可。这也开了议会离婚的先河。

1550年，爱德华六世再次组成委员会拟改革教会法，并在1553年形成了《宗教法改革草案》。该草案专门用了一章来阐述通奸与离婚的问题。它提出的离婚条件有通奸、抛弃、丈夫外出过久、一方对另一方有致命的敌视和丈夫对妻子过度的虐待。不过只有无辜的一方可以再婚，而过错方都要受到经济上的处罚，而且还被处以终生监禁或流放。这最大限度地体现了新教的思想，也是英国宗教改革后改革离婚法的一次最为大胆的尝试，因此有必要具体阐述一下它对离婚的规定。

此时已经允许教士结婚，该草案首先对教士通奸的问题做了规定：如果已

[1] Phillips, Roderick. *Putting Asunder : a history of divorce in western society*, p80.

婚教士通奸、私通或乱伦，那么他的全部财产都转归其妻儿；如果他有圣俸，他不仅会被剥夺圣俸，而且再也不能获得新的圣俸；他还要被处以终生流放或关入地牢。对俗人通奸的规定是：如果丈夫通奸，那么就要归还其妻的全部嫁妆，并且将自己的一半财产出让给她，并被处以终生流放或监禁；如果妻子通奸，那么她就会丧失自己的嫁妆和其他从丈夫处得到的财产，并被处以终生流放或监禁。无过错方如果愿意完全有再婚的自由，因为他 / 她不应该为别人的错而付出代价，就像不能违背人的意愿将独身强加于人一样。[1]

不过如果夫妻中一方通奸，该草案主张无过错方应该出于最崇高的婚姻之爱原谅过错方，破镜重圆，夫妻和好。而且，夫妻相离是件严肃的事，会给家庭造成严重的混乱。因此，就通奸而言，除非教会法官认真调查了事情真相，并做出判决，任何人都不得自作主张离婚和再婚。否则，他 / 她会丧失自己的权利。一旦法官确信某人通奸，他应该告知其配偶他 / 她有再婚的自由，不过法官需要设置一个一年或半年的期限，以便期间夫妻可以和解，如果在这个期限内没有和解，那么无辜方就可以再婚了。[2]

关于抛弃，夫妻中任何一方离弃对方，如果离开者能够被找到，那么应该通过建议、劝诫和惩罚迫使其回到自己配偶身边，和谐地共同生活。而顽冥不化者要被处以终身监禁，被抛弃方可以要求教会法官授权自己再婚。如果无法找到离开方，应该按照法律程序对其进行传唤，如果他 / 她没有出现，也没有代理人出现，那么法官应该允许 2—3 年的时效，以便离开方可以有时间回来。期间，如果他 / 她没有亲自出现，也没有为长期的离开做出合理解释，那么被抛弃方就可以解除与其的婚姻纽带，并且再婚。如果离开方回来时时效已过，这些法律程序已经结束，新的婚姻也已经缔结，那么他 / 她应该被终生监禁，另一方的婚姻是完全合法的。[3]

如果丈夫不是抛弃妻子，而是因为参军或经商或因其他类似的正当合理的原因而外出了很长时间，但又不能确知他是死是活，那么在妻子的请求下，法

[1] Bray, Gerald. *Tudor Church Reform*, p265.

[2] Ibid, p267.

[3] Ibid, p269.

官批准妻子再等待 2—3 年，如果丈夫在此期间还没有回来，也不能证实他是否还活着，那么应该准许妻子再婚。在这种情况下，如果前夫后来又回来了，只要他能证明长期滞留在外不是自己的过错，那么妻子应该回到他身边，如果他没有充分的理由做解释，那么他会被终生监禁并丧失对妻子的权利，而妻子可以合理地维持她的第二次婚姻。[1]

如果夫妻之间产生了极度的敌意，以致一方要致另一方于死地，这种行为一旦被法庭证实，夫妻就应该离婚，因为对生命与健康的威胁所造成的伤害远甚于抛弃和通奸。如果丈夫对妻子很残酷，言语和行为都过度暴虐，只要他有可能改正，教会法官予以批评教育。要是告诫和劝告不能奏效，那么法官就应该通过要求他交纳保证金或立保证书迫使其不再伤害妻子，并善待她。如果这么做还是无效，那么他将被看作是其妻致命的敌人，而妻子应该被准许离婚以作为解脱，而且可以再婚。[2]

但是，一些小的分歧和无法治愈的疾病都不能导致离婚。如果一方煽动另一方通奸或夫妻双方都通奸，那么他们就不能离婚。该草案还认为分寝分食的“离婚”违背了神意，孳生了极大的错乱，给婚姻带来了诸多的灾祸，因此应该被废除。

如果该草案获得通过，那么在英国离婚将比大陆新教国家更加自由。只可惜，议会对其稍做讨论之后，就没有下文了。它所体现的离婚思想太自由了以致当时还无法让人接受，而且其中对通奸的严厉处罚措施也不得人心。随着 1553 年爱德华的去世和玛丽女王的继位，这场改革彻底夭折。这并不能说明这个文件没有意义。它并非只是少数新教狂热分子的心血来潮之作。首先它并非空穴来风，其中的观点都是有思想基础的，很多新教思想家都表述过类似的看法。其次，在整个 16、17 世纪，它都在发挥着影响。在伊丽莎白时期，该草案得到出版，在 1640 年革命前夕又被两次再版。这说明改革虽然流产，但这个文件以及其中的观点都没有被遗忘。最后，1857 年英国的首部离婚法采

[1] Bray, Gerald, *Tudor Church Reform*, p271.

[2] Ibid, p271.

纳了其中的许多观点。所以它本身是有生命力的，并且指引了英国离婚法改革的方向，只不过因为具体的历史条件的限制而没有成为现实。

1558年伊丽莎白上台后再次恢复了改革委员会的工作。由于上院的反对，对离婚没有作出任何改革。1566年，一些较激进的新教徒再次努力试图复兴《宗教法改革草案》，但只是以59比58的票数勉强在低级教士会议上获得通过。1571年激进改革派做了最后一次努力希望能使该草案在教士会议和议会获得通过。同年，约翰·福克斯首次将该草案出版，并呈给下院。下院组成了一个24人委员会考虑此事并与主教们协商。但是，它对于温和的新教徒以及同样温和的女王而言还是太激进，因而还是没有被认可。对离婚法的改革也随之胎死腹中。不仅如此，到伊丽莎白统治的晚期，为了维护教会的秩序，打击极端思想，政府保守的倾向更加清楚和坚定。

尽管如此，还是有些人和北安普敦侯爵一样相信分居后可以再婚。约翰·斯塔威尔是一名富有的乡绅和萨默塞特的一名治安法官。1565年，他因为妻子与仆人通奸而获得了分居的判决。1572年，他要求巴思和韦尔斯的主教准许他再婚，此时他的原配妻子还活着。他也承认自己的要求违背了普通法和王国的法令，但他声称自己无法与妻子和解，又需要合法的男性继承人来继承自己庞大的家产。主教将他的请求上传给坎特伯雷大主教马修·帕克。大主教虽然很不情愿，但最终还是批准了斯塔威尔的请求。由于该婚姻在合法性上存在的问题，为了避免前妻起诉，斯塔威尔付给她600英镑的赔偿金。不过，再婚没有得到普通法的承认，因此当1604年斯塔威尔去世时，前妻还是依法得到了自己的寡妇产。[1]

革命前夕对通奸普遍的憎恶情绪使极端思想最终占了上风，因此共和国建立后并没有改革离婚法，而是通过了1650年《反通奸法》。在克伦威尔统治时期，曾有人提议说如果夫妻一方通奸，那么应该允许他们离婚。离婚案件有一人以上的可信赖的证人就足够了，案件的审理由三个治安法官组成陪审团进行。1653年贝尔朋议会通过的婚姻法虽然规定了婚姻的世俗性，离婚却没有被许可。

[1] Stone, Lawrence. *Road to Divorce in England 1530-1987*, pp304-305.

在整个革命时期英国经历多种思潮的激烈交锋，对于离婚，主导的观点仍然是保守的。比如，1654年在讨论是否允许犹太人居住在英国时，就有人反对说“他们结婚和离婚的习俗和行为是非法的，会给我们带了及其恶劣的影响”。[1]

在离婚改革上真正有所突破还是在复辟以后。通过教会内部的改革，离婚几乎没有任何希望得到允许。意识到国教会对离婚不太可能有所作为，世俗的机构议会开始介入此事。在17世纪后期出现了所谓的议会离婚。一般情况下它是指在通奸的情况下夫妻首先得到教会批准分居，然后无过错方提出法律诉讼，最后议会特别授权其离婚，并允许其再婚。但也有的议会离婚是出于其他原因，或没有事先得到分居判决，或双方都有通奸行为，都是过错方的情况。总之，从17世纪末期开始议会越来越广泛地涉足解决婚姻争议。议会插手离婚案件在16世纪早有先例，但真正的制度化还是始于1670年罗斯勋爵的离婚案件。

1658年，约翰·罗斯与安·皮埃尔庞特结为连理。婚后夫妻关系很快开始恶化。1661年，约翰控诉安通奸，并且得到分居判决。1670年，约翰要求议会通过一个授权法允许他再婚。他的请求甚至得到了查理二世的支持。最后，议会通过了一个“有关个人利害的法案”（private act），解除了他的前次婚姻，并且准许他再婚。[2] 在颁布离婚法之前，这个案件不断地被支持离婚的人援引。

在1670年后的近200年的时间里，由议会通过这种法案解除婚姻并准许再婚的方法就成为英国唯一合法的离婚渠道。当然，这种离婚程序非常费时，也很昂贵，只有少数人可以承担。从1670年到1799年只有131例。但它毕竟冲破了婚姻不可解除论的樊篱，从此离婚在理论上是可能的，只不过存在现实的困难而已。而不堪其负的下层民众运用自己的方式解决离婚问题。在16世

[1] Phillips, Roderick. *Putting Asunder : a history of divorce in western society*, p131.

[2] Stone, Lawrence. *Road to Divorce in England 1530-1987*, pp309-311.

纪就出现所谓的“卖妻”离婚[1]，在18世纪变得非常普遍。在北方地区还出现了一种“扫把”离婚[2]。这两种方式都是出自夫妻双方的自愿而且也得到当地社会的认可。

[1] “wife sale”，是指以一种类似于在集市拍卖牲口的做法将妻子卖出去。实际上这是买卖双方以及被卖的女子三者事先已经达成协议的民间离婚行为。这种公开买卖形式只是一种仪式，其作用在于使离婚行为公开化，并且获得当地社会的认同。

[2] “besom divorce”，是指在婚后一年内，如果夫妻无法生育或性情不和而自愿离婚的一种形式。这源于一种民间婚礼仪式“扫把婚礼”（besom marriage），这是指在证人在场的情况下，男女从放在门口的扫把上跳进屋子，如果他们都没有碰到扫把也没有移动扫把，成功地跳进去了，那么他们就算结婚了。同样在有证人在场的情况下，如果他们中的一方从放在门口的扫把上成功地跳出屋子，那他们就离婚了。

结 语

在中世纪的英国，制约人们婚姻行为的是教会的婚姻规范，它以《圣经》和基督教神学为基础。虽然在社会实践的过程中，教会根据日尔曼人的生活习俗对此有所调整，却仍然无法突破它自身内在的矛盾。在16、17世纪的社会转型过程中，由于受到社会经济和思想文化等多方因素的影响，英国社会出现了一系列以中世纪婚姻规范为对立面的婚姻观念。这种观念上的变迁既是社会转型的结果，也是社会转型的内容之一。这种变迁所体现出的特点一方面受到英国社会转型进程的很大影响，另一方面也体现出了英国社会转型的特点。

一、新兴婚姻观念的积极社会效应

近代早期新婚姻观的产生既是出于革除教会婚姻规范弊端的需要，也是在新的社会形势下要求确立新规范的体现。婚姻观念的变迁所产生的积极社会效应主要可以分为以下三个方面：

第一，在新兴婚姻观念的冲击下，旧的婚姻规范以及教会在婚姻管理上的权威都被动摇了，并且在此基础上形成了新的规范和制度。近代早期人们的婚姻观念和行为由此开始冲破中世纪教会规范的束缚和桎梏。就此而言，这种新兴的婚姻观念起到了一定的积极作用。

在宗教改革时期兴起了新的婚姻地位观。它反对独身主义，反对教会贬抑婚姻的做法，而极力颂扬婚姻之福。在这种观念的影响下，教士的独身制度终于被废除了。在伪善的独身制度下掩藏着种种龌龊行为，这使教会颜面扫地、威信尽失。既然彻底的禁欲和真正的独身只能是一种美好的天国理想，用婚姻来取代独身无疑是教会应对信仰危机的良方。而这又必须以抬高婚姻的地位为前提。长久以来，禁欲与独身是教士阶层彰显自己作为人神交流中介这一特殊身份的重要手段，而俗人也早已习惯由独身的教士来主宰自己的宗教生活、掌管自己的灵魂救赎。潜藏在这一习俗背后的就是沉淀于民众文化心理中的性污染观念。这种观念认为性交是一种亵渎，它会破坏圣洁之物和圣洁之人的圣洁性，如果主持宗教仪式的教士是不洁之人，那么该仪式就会失去它应有的效力。无论是教界还是俗界，对于接受教士结婚都存在很大的心理障碍。这种障碍只有通过赞扬婚姻的荣耀才能在一定程度上予以消除。这种婚姻的地位观首先是服务于教会内部改革的，而且对改革也起到了明显的推进作用。随着改革者的身体力行，打破教士独身制度成为宗教改革的一个重要内容。后来教士是否结婚成为新教与天主教的最重要的分野之一，同时它也减小了教俗两界的隔阂，缓解了民众在面对婚姻与性时的罪恶感。新的婚姻地位体现了一种新的理念，即结婚与否主要是个人出于个人的需要所做的选择，这种选择并不会关系到宗教使命的履行。这最终会有利于婚姻的世俗化。

在中世纪教会的婚姻规范中，与独身制度同样伪善的就是教会对结婚禁忌的规定。教会一方面对结婚设置种种名目繁多的障碍，另一方面对那些违禁婚姻又广泛地实行特许豁免权。上帝关闭了所有的窗，却又打开了许多门，只是这门的通行权掌握在教会手中。按照现代观点来看，血亲和疾病方面的结婚禁忌有一定的科学依据，因而有其合理性。而其他的禁忌所起的作用只是极大地压制和约束了个人婚姻行为的自由，强化了教会对婚姻的管理权和控制权。虽然人们可以无视教会的禁令，采取各种手段在没有得到特许的情况下达到结婚的目的，但是这种婚姻既不合法，也没有效力，没有任何法律和制度上的保障，因此极不稳定，很容易导致夫妻双方甚至第三方在婚姻权利上的争端。自从亨利八世为了达到自己某一时的婚姻目的而肆意利用教会对结婚禁忌的规定，这种规定对社会婚姻行为的制约性作用就开始大大降低了。在各种要求改革教会结婚禁忌的呼声下，一些结婚禁忌被废弃不用了，而且还在1563年发布了《帕克禁婚列表》，这使新教在结婚禁忌上的观点最终形成制度。《帕克禁婚列表》将血亲和姻亲的禁婚范围降到二等亲，这种血亲上的规定现在看来显然有不合理之处。但这毕竟扩大了人们的择偶范围，增加了人们在婚姻上的自由度，减少了对教会特许的依赖。

第二，在婚姻构成条件、结婚程序和离婚方面，新的婚姻观念在当时对社会的行为层面产生了一定影响，不过没有能够立刻形成制度作用于社会。尽管如此，这些观念并没有被社会遗忘，也没有在社会上消失，而是在后世的婚姻立法中得到了体现。

在婚姻的构成条件上以及判定婚姻成立的标准方面，中世纪教会的规定都存在很大缺陷，很容易导致诸多损害他人和社会利益的不规范婚姻行为。其中重婚和私生子的问题尤为严重。这两个问题不仅只是关系到社会道德的问题，而且还是会导致经济负担的社会问题。婚前私通和未婚先孕也非常普遍，一旦婚约无法履行，私生子自然就会大量产生。确立新的婚姻构成条件和成立标准就显得非常重要。因此，社会越来越强调子女的婚姻需要经过父母同意，强调人们结婚需要经过公开的婚礼仪式。这在当时呼声很高，而且也贯彻到实际生活中，成为制约和规范人们婚姻行为的因素。这些观点到1753年以法律的形式被确立下来。1753年婚姻法规定年龄未满21岁的男女初婚必须要经过家长或监护人同意，否则其婚姻无效。此外还规定结婚必须经过公开的教堂仪式，秘密婚姻是无效婚姻。

关于离婚的观点也是如此。根据中世纪教会的规定，婚姻可以通过简单的一句“我与你结为夫妻”确立。在理论上有效的婚姻具有终生效力，惟有死亡才能解除夫妻间的婚姻纽带。因此，围城的入口四通八达，却没有任何出口。自然会有众多痴男怨女被束缚在不幸的婚姻中却难有解脱之路。实际上，在本书论述的这一历史时期的开端，婚姻的不可解除论就在亨利八世不断的再婚中遭到动摇。随之出现的各种支持离婚的观点也使这一理论遭受到前所未有的质疑。这些观点产生的基础就是对现实的理性认识和对不可解除论的合理批判。此时提出的离婚理由主要依据的是所谓的“过错原则”，即在夫妻一方有重大过错的情况下，允许二人离婚，只有无过错方才能享有再婚的自由和权利。由此可知，对离婚的提倡是非常审慎的，并不是要颠覆婚姻制度，而是要解救那些被不公正地置于不幸境地的人们。将剥夺再婚的自由和权利作为对有过错方的处罚，其意图显然是在于要维护婚姻的神圣不可侵犯。在离婚论的影响下，从17世纪后期开始，在英国真正的离婚已经成为可能。1857年英国通过了首部民事离婚法，该离婚法规定两种人拥有离婚权：一是如果妻子犯通奸罪，那么丈夫有权离婚、再婚；二是如果丈夫犯乱伦、强奸、鸡奸、兽奸等罪，或虐待妻子，或无端离弃妻子两年以上，那么妻子可以离婚并再婚。可见，16、17世纪所倡导的离婚原则、所提出的离婚理由对这部离婚法产生了很大影响。

第三，对夫妻情感的重视虽然一直没有形成任何的法律制度，但是影响了社会道德规范的形成，对近代英国社会也有一定积极影响。

婚姻在获得与独身同等荣耀的同时，它的目的也开始被重新审视。男女的结合不再是为了人类繁衍和防止淫乱不得已而为之的权宜之事，更重要的是为了获得一种夫妻情谊。强调夫妻情感的重要性体现了对男女在婚姻中个人感受的重视，这奠定了现代友爱婚姻的思想基础。这种夫妻情谊的重要内涵是指一系列利于自己、家庭和社会的责任与义务。爱自己的伴侣不仅是一种情感诉求，而且是为人夫和为人妻者应尽的职责。16、17世纪产生了大量专门论述家庭伦理的行为文学作品。这些作品无一例外地首先阐述夫妻之道，主张夫妻关系才是人伦之首，要求夫妻恪尽职守，以保障夫妻生活的和谐和家庭生活的完美，并且认为只有这样他们才能为社会培养出有用的后代。夫妻居于家庭生活中的核心地位，他们彼此应尽的责任是他们的家庭责任和社会责任的基础和出发点。在一个价值观念和行为方式不断变动的时期，这种观念的宣扬对维持婚姻与家庭的和谐与稳定会很有裨益，而且对社会的稳定发展也会产生有益影响。

二、婚姻观念变迁的限度

如前所述，本书所阐述的新婚姻观是以中世纪教会的婚姻规范为对立面的。但是直到17世纪中期，这些观念并没有真正脱离中世纪的巢臼。新观念的倡导者主要是宗教界的改革人士，他们用以对抗教会权威的最大武器就是《圣经》，这导致他们的观念仍然要受到神学的很大束缚。16世纪是强大的都铎专制君主在英国兴起的时代，英国的宗教改革一直在以君主为中心的政权的支配下进行。英国宗教改革强烈的政治色彩使新教改革者除了要受到神学的制约以外，还要受到政治因素的影响。近代早期英国的社会转型具有比较明显的渐进性和温和性特征，无论是宗教改革还是资产阶级的政治革命都经历了一个较为复杂漫长的历程，并最终以一种折中的调和方式结束。在这种背景下，英国婚姻观念的变迁也难以对社会起到全面的立竿见影的功效，其对社会的影响不可避免地会有一定的限度。这主要体现在以下三个方面：

第一，由于受到《圣经》教义和政治因素的约束，16世纪宗教改革者对结婚禁忌的改革没有能够真正解决当时的问题，在16世纪就已经产生的争议一直遗留到20世纪才得到解决。

在乱伦禁忌方面，改革者们以《圣经·旧约》的记载为依据来反对教会的规定，宗教改革后英国都铎王朝的四位君主中就有三位君主与这一问题有直接利害关系。虽然最后制定了《帕克禁婚列表》，但《圣经·旧约》所记载的毕竟是古代犹太人的习俗，依此来规范16、17世纪英国人的婚姻行为显然是不合理的。乱伦禁忌上的改革关系到君主的婚姻或出生的合法性问题，这种牵制使改革无法真正体现和满足社会的需求。

当时在社会上争议很大的，问题也比较突出的是关于娶兄弟遗孀为妻、尤其是娶亡妻姐妹的问题。与兄弟遗孀的亲属关系和与亡妻姐妹的亲属关系是属于同一亲等，都是第一亲等的姻亲关系。根据《圣经·旧约》的规定：一个人不能娶兄弟的妻子为妻，但是如果兄弟死后无嗣则属例外情况；一个人在自己的妻子还活着的时候不能另娶其姐妹，这显然意味着如果妻子已经死亡这种婚姻是被许可的。中世纪教会强化了对乱伦禁忌的规范，规定这两种婚姻都是被禁止的，这种禁忌只有经过特许才能予以豁免。所以，在中世纪这两种婚姻都是有可能缔结的。但是到了英国宗教改革的时候，由于亨利八世个人的需要，新教教会规定与兄弟遗孀的婚姻是被绝对禁止的，而且没有任何的特许能够豁免。既然如此，娶亡妻姐妹的婚姻也被完全禁止，这种婚姻还在1835年被以法律的形式确认为非法婚姻。虽然社会上仍然有人要求能够缔结这类婚姻，但直到1907年英国才通过一项法案认定与亡妻姐妹的婚姻合法。

第二，在英国革命期间，清教教派中的长老派和独立派先后掌握政治权力，清教的思想得以通过政权的力量贯彻到社会生活之中。这种局势又使婚姻方面的改革呈现另一种态势。清教要求净化宗教，也要求净化社会，要求使整个社会生活宗教化，体现出一种极端的宗教主义和理想主义。清教在改造英国社会生活和道德方面取得了很多成就，产生了很大影响。清教的思想也对婚姻观念的变迁起了很大的促进作用，但在制度层面清教徒对婚姻法的改革在当时没有取得成效。

清教的社会理想使长老派和独立派对通奸这类有伤风化的行为深恶痛绝。长老派在掌握政治权势时就对打击此类行为提出了一系列的法案。由于长老派在掌权初期主要注重的是确立自己的一统地位，它在道德尤其婚姻方面的改革比较滞后，它的统治又非常短暂，所以它在社会道德和婚姻方面的改革没有形成气候。这一任务是由清教中的激进派来完成的，因此在婚姻上的改革体现出了强烈的极端主义色彩，甚至还有些不切实际。

《圣经·旧约》规定将通奸者处死。在宗教改革后，支持离婚的人都主张既然当时社会早已废弃定通奸为死罪的做法，那么应该用离婚来处罚这种罪大恶极的罪过。进入到17世纪后，以独立派为代表激进派反对通奸可以导致离婚，越来越主张恢复死刑的做法。当独立派登上政治舞台后，并没有在离婚方面有所革新，而是将上述极端观点付诸实践，在1650年通过了《反通奸法》。该法将通奸定为重罪，规定如果没有神职人员担保，通奸者以及乱伦者要被处死。这种将道德过失处以刑事处罚的做法显然太极端，也不可能能够贯彻下去。

独立派反对用离婚取代死罪，它对通奸的处罚过于严厉，反而不可能产生实效。结果，独立派不仅对通奸惩治不力，在离婚改革方面也没有什么作为。

独立派的这种特征还体现在它对婚礼仪式的改革上。1653 年议会通过“婚姻及婚姻登记法”，它规定要用世俗婚礼取代教堂婚礼，共和国的法律不认可任何以其他形式缔结的婚姻。当然，婚姻就其本质首先应该是一种个人的民事行为。随着社会的世俗化，婚姻的管理权也理当归属世俗政府。尽管自中世纪以来一直存在其他缔结婚姻的仪式，但是几百年来教堂婚礼一直是英国人缔结婚姻的重要途径。即使人们为了避人耳目而缔结秘密婚姻，他们也希望能够在教堂由牧师为自己主持婚礼。对教堂婚礼的重视一方面是因为教会的要求，另一方面也是因为婚姻作为个人的终生大事人们也希望在上帝面前见证这一神圣时刻，通过婚礼的庄严肃穆增添婚姻的神圣色彩。教堂婚礼体现的是人们赋予婚姻的一种特殊尊严和荣耀，超脱了单纯的宗教含义，而演化为人们的一种生活习俗，形成了一种风俗习惯。所以，承认世俗婚礼并将之确立为缔结婚姻的一种方式，这本身没有什么不妥，但是如果强制性地要求人们完全废弃已经植根于内心的传统，那就走得太远了。这种无视社会现实、违背社会传统的做法不仅不会收到什么实效反而会伤害民众情感引起对抗。结果，独立派的改革不仅没有解决当时秘密婚姻的问题，也没有能够确立统一的结婚仪式，反而制造出更多的混乱。

第三，近代早期英国婚姻观念变迁在引发婚姻法改革方面存在一定的局限性。除了上述清教徒的激进立法改革外，英国的婚姻立法一般体现出较大的保守性。作为一个新教国家，英国的婚姻法改革显得尤为滞后。离婚法的制定不仅滞后于其他新教国家，甚至还滞后于天主教国家。规定秘密婚姻无效的立法也大大落后于天主教世界。婚姻到底是该通过教堂婚礼还是世俗婚礼缔结？这个问题自宗教改革后就开始出现了，但直到 19 世纪它才真正得以从法律上得到解决。

在婚姻的解除方面，宗教改革后，大陆新教国家基本上都抛弃了婚姻不可解除这一中世纪的原则，并且立法允许离婚，当然准许离婚的具体条件各国之间会有所差异。苏格兰在与罗马教会决裂后不久就开始准许人们离婚，1573年苏格兰的一项法令规定离婚的理由是夫妻一方的通奸和遗弃行为。随着18世纪个人自由和天赋人权学说的兴起，欧洲大陆的离婚立法日益朝着更加开明化的方向发展。在19世纪，一些罗马天主教国家也认可了离婚的合法性，甚至天主教教徒之间的婚姻也可以解除。[1]而英国在克服重重阻力之后，直到1857年英国才通过第一部民事离婚法，并且专门成立了一个“离婚与婚姻诉讼法庭”来执行婚姻司法权。至此离婚的大门才真正向社会各阶层敞开。

在整饬秘密婚姻方面，英国规定秘密婚姻无效的立法要比天主教世界滞后了近两百年之久。宗教改革时期，天主教教会在内外交困的处境下也开始内部的改革。针对教会婚姻规范在婚姻缔结程序方面存在的缺陷，1563年特兰特宗教会议宣布秘密婚姻是无效婚姻，因此摆脱了秘密婚姻既非法又有效所产生的困扰。英国社会虽然对此也一直争论不休，但是直到17世纪末期国家开始征收结婚税，秘密婚姻意味着税收的流失，而且进入18世纪后秘密婚姻有日益泛滥之势，英国才在1753年的婚姻法中规定秘密婚姻无效。

婚姻的圣事性与民事性的争论关系到婚姻的缔结仪式问题。民事论的兴起逐渐使一部分人开始主张结婚应该通过世俗的婚礼仪式，而婚姻圣事地位的丧失使这一主张有了合理理由。不过在教堂婚礼已经形成为一种社会习俗后，这种仪式其实与婚姻的圣事性没有多大关联。所以，教堂婚礼与世俗婚礼本身不再具有圣事性与民事性之间的那种矛盾，两者都应该得到认可。自1653年独立派的改革流产后近一个世纪，英国在结婚仪式上的规定一直模糊不清。1753年婚姻法又规定婚姻的缔结必须经过教堂婚礼。这种一刀切的做法和1653年的规定一样不能真正解决问题。结果这一问题一直延续到1836年才得到解决。1836年婚姻法承认教堂婚礼仍然是结婚的重要形式，同时也肯定通过世俗的婚礼仪式缔结的婚姻是合法婚姻。由此，这两种结婚形式都得到了法律认可，一直延续至今。随着西方文化在世界范围内的扩散和传播，教堂婚礼或其中的

[1]　[芬兰] E. A. 韦斯特马克著：《人类婚姻史》，李彬译，北京：商务印书馆2002年版，第1213页。

一些内容甚至进入了非基督徒的婚礼之中。

本书主要梳理和阐述都是不同于中世纪规范的一些婚姻观念，毋庸讳言的是在这样一个新旧混杂的过渡时期还存在着相当强大的保守势力，每一种新观念都有一个强大的对立面。在这种形势下，政府在推行制度层面的改革时往往显得尤为审慎，英国婚姻制度现代化的进程也显得尤为漫长。这些现代婚姻制度的内容都是在16、17世纪就开始争论不休的问题，其中所包含的婚姻观念都是在16、17世纪就出现过的，但是最终形成法律却经历了两三百年，甚至更久。

当然英国在婚姻法尤其是离婚法改革上的这种保守和审慎虽然有碍个人的婚姻自由，对社会并不一定是完全有害的。总体而言，近代早期英国的婚姻在观念上和制度上的改革逐渐使婚姻脱离了宗教的束缚，同时这种改革特别强调社会在个人婚姻事务上的利益，对个人幸福和家庭福利的兼顾也往往是出于最终会有利于社会的考虑。个人的婚姻不必再服务于神学的需要，而需要服从国家和世俗社会的要求。

婚姻本身是个人事务，但是个体婚姻行为的很多方面都会牵涉到家庭的稳定、子女的教育与成长等诸多问题，进而也会影响到整个社会的稳定、和谐与发展。所以婚姻是兼具个人属性和社会属性的事务。在传统社会，个人情感被湮没在各种家庭利益、宗教要求或社会责任之中。人作为历史的主体，应该是会引领历史，朝着越来越有利人的幸福和满足的方向发展。如果作为个体的人在社会中受到外界的强大压制，感到沉重的内在的压抑感，这应该说明社会的文明化程度还有限。在现代社会，个体的价值和自由得到越来越大程度上的重视和张扬，有关婚姻的立法也越来越人性化，体现出对个体自由和幸福强烈的人文关怀。婚姻的社会属性也逐渐被剥离，传统的婚姻本质也逐渐被异化。如果婚姻只是个人事务，它所承载的家庭和社会责任被忽略或被抛弃，那么这种极端的个体性无疑终会损害整体的利益。所以，婚姻的社会性与个人性的矛盾该如何调和、如何使二者达到一种理想的和谐平衡状态以利于个人和社会，这恐怕是文明社会需要不断思考的一个问题。

参考文献

1 英文文献

1.1 Printed primary sources

[1]Aughterson, Kate(ed). *The English Renaissance : an anthology of sources and documents*, London and New York : Routledge, 1998.

[2]Clair, William St & Maassen, Irmgard(eds). *Conduct literature for women,1500 to 1640*, 6 Vols., London : Pickering & Chatto, 2000.

[3]Clark, Elizabethan & Richardson, Herbert(eds). *Women and Religion : a feminist sourcebook of Christian thought*, New York : Harper & Row, 1977.

[4]Crawford, Patricia & Gowing, Laura(eds). *Women's Worlds in Seventeenth-Century England*, London and New York : Routledge, 2000.

[5]Davis, Lloyd. *Sexuality and Gender in the English Renaissance*, New York : Garland Publishing, 1998.

[6]Douglas, David C. *English historical documents,* v5, London & New York: Routledge, 1996.

[7]Englander，David(ed). *Culture and Belief in Europe 1450-1600 : an*

anthology of sources, Oxford : Basil Blackwell, 1990.

[8]Henderson, Katherine Usher & Mcmanus, Barbara F.(eds).*Half Humankind : contexts and texts of the controversy about women in England, 1540-1640*, Urbana & Chicago : University of Illinois Press, 1985.

[9]Tawney, R.H. & Power, E.(eds). *Tudor Economic Documents*, v3, New York: Longmans, 1953.

[10]Thompson, Torri L.(ed). *Marriage and its dissolution in early modern England*, 4 Vols, London : Pickering & Chatto, 2005.

[11]Tilney, Edmund, edited and with an introduction by Valerie Wayne. *The Flower of Friendship*, Ithaca & London : Cornell University Press, 1992.

[12]*Statues of the Realm*. Buffalo : William S.Hein & Co., INC., 1993.

1.2 Works

[1]Abbott, Mary. *Family Ties : English families 1540-1920*, London and New York : Routledge, 1993.

[2]Abbott, Mary. *Life Cycles in England 1560-1720 : cradle to grave*, London and New York : Routledge, 1996.

[3]Amussen, Susan Dwyer. *An Ordered Society : gender and class in early modern England*, Oxford : Basil Blackwell, 1988.

[4]Aries, Philippe & Bejin, Andre(eds). translated by Anthony Forster, *Western Sexuality : pratices and precept in past and present times,* Oxford : Basil Blackwell, 1985.

[5]Ben-Amos, Ilana Krausman : *Adolescence and Youth in Early Modern England*, New Haven & London : Yale University Press, 1994.

[6]Bonfield, Lloyd. Smith R. M.&Wrightson K.(eds). *The World We Have Gained : histories of population and social structure*, Oxford : Basil Blackwell, 1986.

[7]Bray, Alan. *Homosexuality in Renaissance England : with a new afterword*,

New York : Columbia University Press, 1995.

[8]Bray, Gerald. *Tudor Church Reform*, Woodbridge : Boydell Press, 2000.

[9]Brigden, Susan. *London and the Reformation*, Oxford : Clarendon Press, 1989.

[10]Bridgenbaugh, Carl. *Vexed and Troubled Englishmen 1590-1642*, Oxford : Oxford University Press, 1967.

[11]Brooke, Christopher N.L. *The Medieval Idea of Marriage*, Oxford : Oxford University Press, 1989.

[12]Carlson, Eric Josef. *Marriage and the English Reformation*, Oxford : Blackwell, 1994.

[13]Collett, Barry(ed). *Female Monastic Life in Early Tudor England : with an edition of Richard Fox's translation of the Benedictine rule for women, 1517*, London: Ashgate, 2002.

[14]Collinson, Patrick. *The Birthpangs of Protestant England : religious and cultural change in the sixteenth and sevevteenth centuries*, London : Macmillan Press, 1988.

[15]Coster, Will. *Family and Kinship in England 1450-1800*, New York: Longman, 2001.

[16]Coster, Will. *Baptism and Spiritual Kinship in Early Modern England*, London : Ashgate, 2002.

[17]D'Avray, David L. *Medieval marriage sermons : mass communication in a culture without print*, New York : Oxford University Press, 2001.

[18]Dean, David. *Law-making and Society in Late Elizabethan England*, New York : Cambridge University Press, 1996.

[19]Deming, Will. *Paul on Marriage and Celibacy : the Hellenistic background of 1 Corinthians 7*, Cambridge : Cambridge University Press, 1995.

[20]Dipiero, Thomas & Gill, Pat. *Illicit Sex : identity politics in early modern*

culture, Athens & London : the University of Georgia Press, 1997.

[21]Duffy, Eamon. *The Stripping of the Altars, traditional religion in England 1400-1580*, New Haven : Yale University Press, 1992.

[22]Durston, Christopher. *The Family in the English Revolution*, New York & Oxford : Basil Blackwell, 1989.

[23]Eales, Jacqueline. *Women in Early Modern England, 1500-1700*, London & New York : Routldge, 1998.

[24]Elliot, Dyan. *Spiritual Marriage, sexual abstinence in medieval wedlock*, Princeton : Princeton University Press, 1993.

[25]Erickson, Amy Louise : *Women and Property in Early Modern England*, London and New York : Routledge, 1993.

[26]Farge, James K.(ed). *Marriage, Family, and Law in Medieval Europe : collected studies*, Cardiff : University of Wales Press, 1996.

[27]Fleming, Peter. *Family and Household in Medieval England*, New York : Palgrave, 2001.

[28]Fletcher, Anthony & Stevenson, John(eds). *Order and Disorder in Early Modern England*, Cambridge: Cambridge University Press, 1985.

[29]Fletcher, Anthony & Roberts, Peter (eds). *Religion, Culture and Society in Early Modern Britain*, Cambridge : Cambridge University Press,1994.

[30]Foyster, Elizabeth A. *Manhood in Early Modern England : honour, sex and marriage*, London & New York : Longman, 1999.

[31]Gies, Frances & Gies, Joseph. *Marriage and the Family in the Middle Ages*, New York : Harper & Row, 1987.

[32]Goody, Jack. *The Development of the Family and Marriage in Europe*, Cambridge : Cambridge University Press, 1983.

[33]Grassby, Richard. *Kinship and Capitalism : marriage, family,and business in the English speaking world, 1580-1720*, New York : Cambridge University Press,

2001.

[34]Guerra, Anthony. *Family Matters : the role of Christianity in the formation of the western family,* New York : Paragon House, 2002.

[35]Guy, John. *Tudor England*, Oxford : Oxford University Press, 1989.

[36]Haigh, Christopher. *The English Reformation Revised*, Cambridge : Cambridge University Press, 1987.

[37]Haigh, Christopher. *Reformation and Resistance in Tudor Lancashire*, London : Cambridge University Press, 1975.

[38]Hanawalt, Barbara A. *The Ties That Bound:peasant families in medieval England*, Oxford : Oxford University Press, 1986.

[39]Hanawalt, Barbara A. *Of Good and Ill Repute' : gender and social control in medieval England*, Oxford : Oxford University Press, 1998.

[40]Harrington, Wilfrid J. *The Promise to Love*, London : Geoffrey Chapman, 1968.

[41]Harris, Barbara J. *English Aristocratic Women, 1450-1550*, New York : Oxford University Press, 2002.

[42]Hegy, Pierre & Martos, Joseph(eds). *Catholic Divorce : the deception of annulments*, New York : Continuum, 2000.

[43]Helmholz, R.H. *Canon Law and the Law of England*, the London: Hambledon Press, 1987.

[44]Hill, Christopher. *The World Turned Upside Down: radical ideas during the English Revolution*, New York : Viking Press, 1972.

[45]Houlbrooke, Ralph. *Death, Religion, and the Family in England,1480-1750*, Oxford : Clarendon Press, 1998.

[46]Houlbrooke, Ralph. *The English Family 1450-1700*, New York : Longman, 1984.

[47]Hounston,R.A. *The Population History of Britain and Ireland*,Cambridge &

New York : Cambridge University Press, 1995.

[48]Hudson, John. *The Formation of the English Common Law*, New York : Longman, 1996.

[49]Hufton, Olwen. *The Prospect before Her : a history of women in western Europe volume one 1500-1800*, New York : Alfred A. Knopf, 1998.

[50]Hunt, Margaret R. *The Middling Sort : commerce, gender, and the family in England 1680-1780*, Berkeley : University of California Press, 1996.

[51]Ingram, Martin. *Church Courts, Sex and Marriage in England, 1570-1640*, Cambridge & New York : Cambridge University Press, 1987.

[52]Kaeuper, Richard W. *Violence in Medieval Society*, Woodbridge : Boydell Press, 2000.

[53]Kelly, Henry Ansgar. *Love and Marriage in the Age of Chaucer*, Ithaca and London : Cornell University Press, 1975.

[54]Kindregan, Charles P. *A Theology of Marriage: a doctrinal, moral, and legal study*, Milwaukee : Bruce Pub. Co., 1967.

[55]Laslett, Peter. *The World We Have Lost*, London : Methuen and Company Limited, 1965.

[56]Laslett, Peter. *Family Life and Illicit Love in Earlier Generations : essays in historical sociology*, Cambridge : Cambridge University Press, 1977.

[57]Laslett, Peter(ed). *Household and Family in Past Time*, Cambridge : Cambridge University Press, 1972.

[58]Lindberg, Carter. T*he European Reformations: Sourcebook*, Oxford : Blackwell Publishers, 2000.

[59]Kaartinen, Marjo. *Religious life and English culture in the Reformation*, New York : Palgrave, 2002.

[60]Lindsey, Karen. *Divorced, Beheaded, Survived, a feminist reinterpretation of the wives of Henry VIII*, New York : Addison-Wesley Publishing Company, 1995.

[61]Macfarlane, Alan. *Marriage and Love in England: modes of reproduction 1300-1840*, Oxford : Basil Blackwell, 1986.

[62]Macfarlane, Alan. *The Origins of English Individualism : the family, property and social transition*, Oxford: Basil Blackwell, 1978.

[63]Marshall, Peter & Ryric, Alec(eds). *The Beginnings of English Protestantism*, Cambridge : Cambridge University Press, 2002.

[64]McClanan, Anne L. & Encarnacion, Karen Rosoff(eds). *The Material Culture of Sex, Procreation, and Marriage in Premodern Europe*, New York : Palgrave, 2001.

[65]Mendelson, Sara & Crawford, Patricia : *Women in Early Modern England, 1550-1720*,Oxford: Clarendon Press, 1998.

[66]Mertes, Kate. *The English Noble Household 1250-1600 : good governance and politic rule*, Oxford : Basil Blackwell, 1988.

[67]Miller, Naomi J. & Yavneh, Naomi (eds). *Maternal Measures : figuring caregiving in the early modern period*, London : Ashgate, 2000.

[68]Mitterauer, Michael. *A History of Youth*, Oxford & Cambridge : Blackwell, 1993.

[69]Morrison, Susan Signe. *Women Pilgrims in Late Medieval England : private piety as public performance*, London & New York : Routledge, 2000.

[70]O' Day, Rosemary. *The Family and Family Relationships 1500-1900*, London & New York : Macmillan, 1994.

[71]Okin, Susan Moller: *Women in Western Political Thought*, Princeton : Princeton University Press, 1979.

[72]Olsen, Glenn W. *Christian Marriage, a historical study*, New York : Crossroad Publishing Company, 2001.

[73]Outhwait, R.B.(ed). *Marriage and Society : studies in the social history of marriage*, London : Europa Publications Limited, 1981.

[74]Ozment, Steven E. *When Fathers Ruled : family life in Reformation Europe,*

Cambridge : Harvard University Press, 1983.

[75]Parish, Helen L. *Clerical Marriage and the English Reformation: precedent policy and practice*, London : Ashgate, 2000.

[76]Pedersen, Frederik. *Marriage Disputes in Medieval England*, London & Rio Grande : Hambledon Press, 2000.

[77]Pennington, Donald & Thomas, Keith(eds). *Puritans and revolutionaries: essays in seventeenth-century history presented to Christopher Hill*, Oxford : Clarendon Press, 1978.

[78]Phillips, Roderick. *Putting Asunder : a history of divorce in western society*, Cambridge : Cambridge University Press, 1988.

[79]Plakans, Andrejs. *Kinship in the Past : an anthropology of European family life, 1500-1900*, Oxford : Basil Blackwell, 1984.

[80]Plowden, Alison. *Tudor Women : queens & commoners*, Gloucestershire : Sutton Publishing Limited, 1998.

[81]Pound. John. *Poverty and Vagrancy in Tudor England*, New York : Longman, 1982.

[82]Powell. Chilton Latham. *English domestic relations, 1487-1653 : a study of matrimony and family life in theory and practice as revealed by the literature, law, and history of the period*, New York : Russell & Russell, 1972.

[83]Powell, Ken & Cook, Chris. *English Historical Facts 1485-1603*, London : Macmillan Press, 1977.

[84]Prior, Mary(ed). *Women in English Society 1500-1800*, London and New York : Routledge, 1996.

[85]Razi, Zvi. *Life, Marriage and Death in a Medieval Parish : economy, society and demography in Halesowen 1270-1400*, Cambridge : Cambridge University Press, 1980.

[86]Barry,Reay(ed).*Popular Culture in Seventeenth-Century England*,London &

Sydney : Croom Helm, 1985.

[87]Scarisbrick J. J. *Henry VIII*, London : Eyre Methuen, 1981.

[88]Segalen, Martine, translated by J. C.Whitehouse & S. Matthews. *Historical Anthropology of the Family*, Cambridge : Cambridge University Press, 1986.

[89]Sharpe, J. A. *Early Modern England : a social history 1550-1760*, London : Edward Arnold, 1987.

[90]Sim, Alison. *The Tudor Housewife*, Gloucestershire : Sutton, 2000.

[91]Slack, Paul. *The English Poor Law, 1531-1782*, Cambridge : Cambridge University Press, 1995.

[92]Sommerville, Margaret R. *Sex and Subjection : attitudes to women in early modern society*, London : Arnold, 1995.

[93]Spring, Eileen. *Law, Land & Family : aristocratic inheritance in England, 1300 to1800*, Chapel Hill & London : the University of North Carolina Press, 1993.

[94]Spufford, Margaret. *Contrasting Communities : English villagers in the sixteenth and seventeenth centuries,* Gloucestershire : Sutton Publishing Limited, 2000.

[95]Stenton, Doris Mary. *The English Woman in History*, London : Macmillan Press, 1957.

[96]Stone, Lawrence. *Road to Divorce in England 1530-1987*, Oxford : Oxford University Press, 1990.

[97]Stone, Lawrence. *The Family, Sex and Marriage in England 1500-1800*, New York : Harper & Rows, 1979.

[98]Stretton, Tim. *Women Waging Law in Elizabethan England*, Cambridge : Cambridge University Press, 1998.

[99]Sommerville, Margaret R. *Sex and Subjection : attitudes to women in early modern society*, London : Arnold, 1995.

[100]Thatcher, Adrian. *Living Together and Christian Ethics*, Cambridge :

Cambridge University Press, 2002.

[101]Thomas, John A. F. *The Western Church in the Middle Ages*, London : Arnold, 1998.

[102]Thomas, Paul. *Authority and Disorder in Tudor Times, 1485-1603*, Cambridge : Cambridge University Press, 1999.

[103]Todd, Mary. *Christian Humanism and Puritan Social Order*, Cambridge : Cambridge University Press, 1987.

[104]Volz, Carl A. *The Medieval Church*, Nashville : Abingdon, 1997.

[105]Wall, Richard(ed). *Family Forms in Historic Europe*, Cambridge : Cambridge University Press, 1983.

[106]Warnicke, Retha M. *The Marriage of Anne of Cleves: royal protocol in early modern England*, Cambridge : Cambridge University Press, 2000.

[107]Wiesner, Merry E. *Women and Gender in Early Modern Europe*, Cambridge : Cambridge University Press, 1993.

[108]Witte, John, *Law and Protestanism, the legal teachings of the Lutheran Reformation*, Cambridge : Cambridge University Press, 2002.

[109]Wrightson, Keith. *English Society 1580-1680*, London : Routledge, 1993.

[110]Wrightson, Keith & Levine, David. *Poverty and piety in an English village: Terling, 1525-1700*, New York : Academic Press, 1979.

1.3 Articles

[1]Bjorklund, Nancy Basler. "A Godly Wyfe Is an Helper: Matthew Parker and the Defense of Clerical Marriage.", *Sixteenth Century Journal*, XXXIV/2(2003).

[2]Cressy, David. "The Seasonality of Marriage in Old and New England.", *Journal of Interdisciplinary History*, Vol.16, No.1, 1985.

[3]Foyster, Elizabeth. "Parenting Was for Life, Not Just for Childhood: the role of parents in the married lives of their children in early modern England.", *History*,

Vol.86, No. 283, pp313-327(2001).

[4]Fudge, Thomas A. "Incest and Lust in Luther's Marriage : Theology and Morality in Reformation Polemics.", *Sixteenth Century Journal*, XXXIV/2(2003).

[5]Hair, Philip E. H. "Bridal Pregnancy in Rural England in Earlier Centuries.", *Population Studies*, 20(1966).

[6]Hindle, Steve. "The Problem of Pauper Marriage in Seventeenth-Century England." *Transactions of the Royal Historical Society*, Vol.6, No.8, (1997).

[7]Johnson, James, T. "The Covenant Idea and the Puritan View of Marriage.", *Journal of the History Ideas*, Vol.32, No.1, 1971.

[8]Johnson, James T. "English Puritan Thought on the Ends of Marriage.", *Church History*, Vol.38, No.4(1969).

[9]Muller, Miriam. "The Function and Evasion of Marriage Fines on a Fourteenth-Century English Manor.", *Continuity and Change*, 14(2)1999.

[10]Peters, Christine. "Gender, Sacrament and Ritual : the making and meaning of marriage in later medieval and early modern England.", *Past and Present*,No.169(2000).

[11]Peters, Christine. "Single Women in Early Modern England: attitudes and expectations.", *Continuity and Change*, 12(3)1997.

[12]Razi, Zvi. "Family, Land and Village Community in Later Medieval England.", *Past and Present*, No.93(1981).

[13]Shanley, Mary L. "Marriage Contract and Social Contract in Seventeenth Century English Political Thought.", *The Western Political Quarterly*, Vol.32, No.1, 1979.

[14]Smith, Preserved. "German Opinion of the Divorce of Herry VIII.",*The English Historical Review*, Vol.27, No.108.

[15]Stapleton, Barry. "Family Strategies : patterns of inheritance in Odiham, Hampshire,1520-1850.", *Continuity and Change*, 14(3)1999.

[16]Wall, Alison. "For Love,Money,or Politics ? a Clandestine Marriage and the Elizabethan Court of Arches.", *The Historical Journal*, Vol.38, No.3(1995).

[17]Whittle, Jane. "Inheritence, Marriage, Widowhood and Remarriage : a comparative perspective on women and landholding in north-east Norfolk, 1440-1580.", *Continuity and Change*, 13(1)1998.

[18]Yost, John K. "The Reformation Defense of Clerical Marriage in the Reigns of Henry VIII and Edward VI.", *Church History*, 50(1981).

2 中文文献

2.1 中文专著

[1] 傅新球著：《英国转型时期的家庭研究》，合肥：安徽人民出版社 2008 年版。

[2] 侯建新主编：《经济—社会史：历史研究的新方向》，北京：商务印书馆 2002 年版。

[3] 吴于廑、齐世荣主编：《世界史·古代史编（下卷）》，北京：高等教育出版 1994 年版。

2.2 外文译著

[1] [英] 比德著：《英吉利教会史》，陈维振、周清民译，北京：商务印书馆 1991 年版。

[2] [英] 勃里格斯著：《英国社会史》，陈叔平等译，北京：中国人民大学出版社 1991 年版。

[3] [英] 托马斯·莫尔著：《乌托邦》，戴镏龄译，北京：商务印书馆 1982 年版。

[4] [意] 加林著：《意大利人文主义》，李玉成译，北京：生活·读书·新知三联书店 1998 年版。

[5] [日] 栗生武夫：《婚姻法之现代化》，胡长清译，北京：中国政法大学出版 2003 年版。

[6] [美] 克莱登 · 罗柏兹、[美] 大卫 · 罗柏兹著：《英国史》，贾士蘅译，台北：五南图书出版社 1986 年版。

[7] [英] 洛克著：《政府论》（下篇），叶启芳、瞿菊农译，北京：商务印书馆 1983 年版。

[8] [芬兰] E. A. 韦斯特马克著：《人类婚姻史》，李彬等译，北京：商务印书馆 2002 年版。

[9]《圣经》，南京：中国基督教协会 2000 年编。

2.3 中文期刊

[1] 薄洁萍：《试论中世纪基督教婚姻思想中的矛盾性》，载于《世界历史》1999 年第 5 期。

[2] 薄洁萍：《乱伦禁忌：中世纪基督教会对世俗婚姻的限制》，载于《历史研究》2003 年第 6 期。

[3] 陈勇：《近代早期英国家庭关系研究的新取向》，载于《武汉大学学报》（人文社会科学版）2002 年第 1 期。

[4] 侯建新：《西方两性关系史述评》，载于《天津师范大学学报》（社会科学版）1993 年第 3 期。

[5] 林中泽：《16 世纪新教婚姻与性爱观评析》，载于《世界历史》1997 年第 4 期。

[6] 林中泽：《西欧中世纪教会法中的婚姻与性》，载于《历史研究》1997 年第 4 期。

[7] 刘新成：《略论过渡时期的西欧家庭》，载于《首都师范大学学报》（社会科学版）1998 年第 2 期。

[8] 刘新成：《西欧中世纪基督教婚姻观》，载于《首都师范大学学报》（社会科学版）1995 年第 3 期。

[9] 刘永涛：《对英国伊丽莎白时代婚姻社会的分析和思考》，载于《复旦大学学报》（社会科学版）1994 年第 1 期。

[10] 石德才：《当代国内外学者对欧洲中世纪婚姻问题的研究》，载于《史学理论研究》2003 年第 1 期。

[11] 俞金尧：《中世纪晚期和近代早期欧洲的寡妇改嫁》，载于《历史研究》2000 年第 5 期。

[12] 俞金尧：《中世纪欧洲寡妇产的起源和演变》，载于《世界历史》2001 年第 5 期。

2.4 学位论文

[1] 薄洁萍：《西欧中世纪基督教会对婚姻的规范》，北京大学 1999 年博士学位论文。

[2] 李龙：《试论中古西欧婚姻中的教俗冲突》，首都师范大学 2002 年硕士论文。

[3] 刘永涛：《英国伊丽莎白时代的社会婚姻状况》，复旦大学 1993 年博士学位论文。

[4] 张成凯：《西欧中世纪家庭财产转让与妇女地位》，首都师范大学 2001 年硕士学位论文。

[5] 左家燕：《现代化早期英国社会的婚姻与家庭状况研究》，天津师范大学 2001 年硕士学位论文。

3 参考的主要网站

[1]http://www.newadvent.org.

[2]http://www.ctsfw.edu.

后记

时光真是太匆匆，转眼数年的漫漫攻博生活即将随风而去。这既是一段充满快乐和喜悦的学习知识之旅，也是一段历经困惑与彷徨的锤炼心智之路。当我终于走向了目的地时，转身回望，那一路曾给我指引和鼓励的明灯依然是那样清晰可见。

早在读博之前，我就曾与导师陈勇教授有过数面之缘。先生儒雅的风范、睿智的谈吐、深邃的见解以及平和的心态都给我留下了非常深刻的印象。能够投入先生门下亲聆先生的教诲对我来说真是莫大的幸运。这几年来，先生不仅在学业上对我严格要求、精心指导，而且还从我个人学术生命的前途出发，不断激励我前进。这篇论文从选题直到最终定稿每一个细微的环节，先生都严格进行了把关，指出错误不妥之处，并提出改进建议。在课程学习和论文写作过程中，先生传授给我的知识、治学方法以及做人的道理都使我受益良多，而先生对待学生那片切切的赤诚之心更使我深为所动。这些都将是我研习学术、教书育人之路上的无价的精神财富。

本论文的选题、开题和写作还得到了武汉大学李工真教授、向荣教授、张德明教授、韩永利教授、罗志纲教授和鲁西奇教授的关心和指导。他们的观点和意见给了我很大的启发和帮助。他们以自己丰富的学术造诣、严谨的治学态度和良好的学术品格培育了这一方沃土，滋养了所有像我这样的求学者。每每因感到前途渺茫而甚感沮丧、踟躇难前时，正是这些老师淡泊名利、执着学术的精神给予了我坚持下去的决心和勇气。

湖北大学的宋瑞芝教授作为我的硕士导师为我的入学和就业都花费了大量心血。读博期间她仍然关心我的学习，不断地提醒我、鼓励我，她还像母亲一样关心我的生活琐事，为我排忧解难。在北上查阅资料的一个月里，宋老师和她的丈夫张祥辉教授主动热情地为我提供食宿，无私地为我提供多种帮助。湖北大学历史文化学院的各位领导和老师也对我的学习给予了大力支持，在工作上也时时关心我、帮助我、提携我。

在武汉大学的这几年我还有幸与同门学友张宗华、张佳生、徐熠、龚敏和陈娟相识相知。无论是相聚时的笑谈风云，还是互诉烦恼，或是共探学术，都是我能够顺利走过这一段求学路的支柱，都将是我人生中最美好的回忆。

我的丈夫一直默默地陪伴着我、守护在我身边，这一段风雨路，甘苦他最知。我们双方的家人也一直都非常关心和挂念我们，竭尽所能地帮助我们。尤其是我的母亲这几年来任劳任怨地为我们承担了所有的家务，无微不至地照顾我们的生活。正是这浓浓温情驱散了深夜苦读时的寂寞与寒冷。

回首过去的点点滴滴，真是感觉这篇论文集万千宠爱于一身，可惜由于我个人的才疏学浅，文中难免会有错误不当之处，还望读者能够批评指正。

感谢那些人！感谢那些事！感谢那照亮我来时路、指引我继续前行的一盏盏明灯！

宋佳红

2006年4月于水果湖寓所

再　记

本书是在博士论文基础上形成的，回想当年答辩后的复杂心情，至今还是五味陈杂。一方面觉得自己文中有太多不足，不忍直视，另一方面又有一种敝帚自珍的感觉，既不感直接拿出来示众，又不忍一直将其束之高阁，总是希望能够好好修改，给自己一个最好的交代。但是，怎奈自己就此陷入诸多生活琐事难以自拔，岁月也逐渐侵蚀了精进学问的豪情。就这样寒来暑往，一晃将近十载。

十年来学术界的新成果可谓层出不穷，劳伦斯·斯通的著作曾经启发我、指引我进入近代早期英国婚姻研究领域，当时读的是英文原版，而此书的中文译本《英国的家庭、性与婚姻 1500—1800》已于 2011 年由商务印书馆出版，成为“汉译世界学术名著丛书”之一。国内学术界，在近代早期英国的家庭史研究方面，有傅新球的《英国社会转型时期的家庭研究》（安徽人民出版社，2008 年）一书的出版，具体到书中有关婚姻的部分，作者对英国人的择偶标准、择偶自主权、婚姻的解体以及婚姻中夫妻的情感进行深入细致研究，提出在 16 世纪到 19 世纪的社会转型时期，在以上方面英国都没有发生多大改变。该研究成果与本书所关注的问题以及所持的观点均有所不同，大体可以视为相互补充吧。也有人开始从法律层面展开对英国历史上的婚姻与家庭的系统研究，其中代表性的著作有李喜蕊的《英国家庭法历史研究》（知识产权出版社，2009年）。由于英国在婚姻家庭方面立法的滞后性和渐进性，也出于自己对社会观念变迁的执着兴趣，当时做博士论文时选择了从观念层面研究近代早期英国的婚姻问题。本书主要是在解读原始文献的基础上独立思考所得，所以在选题和内容方面都还不至于惨遭淘汰。当然，限于本人的学识和能力，书中难免有不当甚至错误之处，恳请方家批评指正。

这十年也是我个人努力经营自己婚姻的十年，面对现代婚姻所遭遇的各种挑战，我一直苦苦思索婚姻以及家庭的前途与命运。回望历史，文明的发展伴随着人类社会各种共同体的解体。在这个过程中，作为个体的人获得了越来越多的自由，这无疑是一种进步。但是，这个解体的过程有没有限度呢，是不是一夫一妻制的家庭也不能幸免呢？一夫一妻制的婚姻是不是有朝一日也将不复存在呢？如果真的有这么一天，维系人类社会的纽带将会是什么呢，人类社会将呈现出怎样的一幅图景呢？我认为如果真有这么一天，那将是人类的灾难。作为一个女人，我相信母性是植根于女性基因的本能，所以我需要生育孩子，而孩子需要得到父母双方的爱与照顾，那么我就需要和谐的婚姻以及稳定的家庭。因此，努力经营好自己的婚姻与家庭是母亲的职责。放眼整个自然界，如果某一物种连自身的繁衍以及子代的发展都不关心，那么这个物种的命运是可想而知的。我不反对单身主义，不反对丁克家庭，不反对同性恋，也不反对同性组成家庭甚至以各种方式拥有孩子，但是，在对过去的史料进行一番爬梳、对现实的问题进行一番思考后，我仍然坚信一个男人与一个女人通过婚姻建立稳定而持久的家庭，是最符合人性的，这是人类进化的选择，也是历史发展的选择。所以，现在再重读近代早期英国的思想家们对婚姻的赞美、对家庭责任的阐述，我仍然感到有共鸣之处。近代早期英国的婚姻观念，在时空范畴都距离我们甚为遥远，但是婚姻本身却关乎每个人的现实生活，我认为，对婚姻本质的思考、对婚姻荣耀地位的辩护，仍然具有极大的现实意义。

在本书的策划编辑同时也是湖北大学世界史硕士的于光明先生的关心下，我终于鼓起勇气把博士论文拿出来与大家见面，本书的出版离不开于光明先生的督促与协助，在此表示诚挚的感谢。

非常感谢武汉大学的陈勇教授慨然为本书作序。陈勇教授是我的博士导师，原文后记已表达了我求学陈门的感谢，近十年来，陈老师对我这个落后弟子的理解与关心，任何语言表达出来的感谢都会显得那么苍白无力，惟有今后脚踏实地不懈努力才是对先生最好的感谢。

最后也要感谢我的家人，尤其是我五岁的女儿，这一路的坎坷与艰辛，都让我对生命，对人生，对婚姻，以及对家庭都有了更深刻的感受和体悟。

宋佳红

2015 年 3 月